U0089347

古代歷史文化研究輯刊

三一編

王明蓀 主編

第16冊

琉球歷史研究（下）

李理 著

國家圖書館出版品預行編目資料

琉球歷史研究（下）／李理 著 -- 初版 -- 新北市：花木蘭文化事業有限公司，2024〔民113〕

目 4+224 面；19×26 公分

（古代歷史文化研究輯刊 三一編；第16冊）

ISBN 978-626-344-668-7（精裝）

1.CST：歷史 2.CST：琉球

618　　112022531

ISBN-978-626-344-668-7

古代歷史文化研究輯刊

三一編　第十六冊　　ISBN：978-626-344-668-7

琉球歷史研究（下）

作　　者　李　理

主　　編　王明蓀

總 編 輯　杜潔祥

副總編輯　楊嘉樂

編輯主任　許郁翎

編　　輯　潘玟靜、蔡正宣　美術編輯　陳逸婷

出　　版　花木蘭文化事業有限公司

發 行 人　高小娟

聯絡地址　235 新北市中和區中安街七二號十三樓

電話：02-2923-1455／傳真：02-2923-1452

網　　址　http://www.huamulan.tw 信箱 service@huamulans.com

印　　刷　普羅文化出版廣告事業

初　　版　2024 年 3 月

定　　價　三一編 37 冊（精裝）新台幣 110,000 元

琉球歷史研究（下）

李理 著

目次

第十一章　日本實施「吞併琉球」的第一步

日本明治維新後，採取多邊交涉或武力入侵的手段，有計劃地對外進行領土擴張。與薩摩藩有著藩屬關係的琉球，自然成為第一個領土目標。但琉球早在明朝就接受中國的「冊封」，視中國為「正朔」，日本對此亦予以默認。琉球的兩屬問題，一直困擾著維新後的明治政府。1871 年 7 月「廢藩置縣」的實施，使琉球的歸屬成為必須著手解決的大問題。鹿兒島縣便借機向外務省提交了《鹿兒島藩琉球國處理意見書》(1871 年 7 月)〔註 1〕，拉開了「琉球處分」的大幕。要使琉球事實上完全歸屬日本，必須斷絕其與中國的關係。於是日本利用當時發生的「山原號」〔註 2〕難船事件，策動了明確琉球歸屬關係，並且染指臺灣的「一石二鳥」出兵征討行動。日本在秘密準備出兵臺灣時，又在沒有告知琉球國王的情況下，通過一系列的內部決定，單方面將琉球由一個獨立的王國，變成了日本的屬地。

一、井上馨吞併琉球的建議及左院的意見

在薩摩藩閥占主導地位的明治新政府內部，對由薩摩藩而來的「鹿兒島縣」所提出《鹿兒島藩琉球國處理意見書》十分重視，並由井上馨親自向正院

〔註 1〕〔日〕《鹿児島藩琉球國事由取調書》，JCAHR: A03030094900。

〔註 2〕一般研究者認為該遇難船名為「山原號」，但都沒有具體的出處。根據筆者查閱資料，「山原」本是運船的一種，琉球國在明朝時曾賜於舟工三十六戶，據以建造所謂之「山原船」，進行海上貿易事業，故是否誤將「山原船」稱為「山原號」還有待於進一步考證。

提出收琉球入版圖的建議。

1872 年舊曆五月三十日，大藏大輔井上馨向正院正式提出將琉球國收入日本版圖的建議書。建議書內容如下：

> 慶長年間，島津義久征討琉球，擒獲中山王尚寧，使之服從皇國以來，該國被視為薩摩附庸，諸事委與薩摩，延至今日。查其版圖離合之概略，姑且不論其中與始祖舜天，乃源為朝後裔之說。就其服從以來，參見修禮，獻納幣帛，恭順表誠而言，歷世代不懈。且語言、風俗、官制、地名之相類，概為披中我光，不泄一證。察其地理形勢，與我薩摩之南岬，相距僅數十里，與無人之伊豆八太島、北海之薩哈林等接近內地之比較，基本相當也。故而，彼國為我國山之餘脈，起伏於南海之中，乃一方要衝，皇國之翰屏，猶如手足之於頭目，盡運作之職，可供捍護之用，此事無需喋喋贅論。然彼從前奉中國正朔，接受冊封，我未匡其攜貳之罪，上下曖昧相蒙，以致數百年，甚為不妥。就君臣大體而言，我雖涵容，但彼則應恪守人臣之節，不能稍有悖戾之行。況且，現今百度維新，終究不可置之不理，宜肅清從前曖昧之陋轍，採取措施，擴張皇國規模。但不可挾持威力，行侵奪之舉，當接近彼之酋長，招至闕下，譴責其不臣之罪，且列舉前述慶長大捷後之情況，詳述順逆之大義，土地之形勢，以及其他傳記、典章、待遇、交涉上之證據，使彼悔過謝罪，知曉茅土不可私有，然後速收其入版籍，明確歸我所轄，扶正制度，使之國郡制置、租稅調貢等，悉如內地一軌，一視同仁，以洽浹皇化，是之所望，尚乞廟議，特此具陳。〔註 3〕

從井上馨建議書的內容分析來看，他認為琉球「自古為皇國屬島」，並將慶長十四年以後薩摩對琉球王國的控制作為日本已經擁有琉球的前提與基礎，以「問攜貳之罪」，無視琉球國的政治主權獨立性，更無視中琉的臣屬關係，也不顧琉球王國的意願，企圖單方面採取措施，將琉球據為己有。

舊曆六月二日，正院綜合井上馨的意見，向左院提出審議吞併琉球的建議：「琉球從來附屬於薩摩藩，謹修覲禮，恭獻幣帛，但其又奉支那為正朔，受其封冊，其循數百年之久，故我方未問攜貳之罪，今方之時，明確其歸屬，

〔註 3〕〔日〕《井上大藏大輔琉球國版籍收入建議並左院 問答議》，JCAHR: A0303 0095100。

馳張我綱紀，使其結束此種曖昧關係，如何運作處理，請求審議。」〔註4〕

同月，左院就此事項進行細緻的討論，議定內容共分九個部分，具體結論如下：

一、琉球國兩屬於我國與中國，乃是從前由形勢使然，無需再論。

二、琉球國從明朝開始，直至清朝，一直接受中國的冊封，奉其為正朔，但實質上是被島津氏世代支配，不僅派遣士官鎮撫其國，而且使之率使臣來朝，是為舊幕府之制。因此觀之，琉球依賴於我方更勝於清國。是故服從清國只是名義上的，實際上是歸從於我國。

三、琉球的兩屬，乃名義之不正，但現在如若匡正使其歸屬於我一方，則將與清朝發表衝突，即使不發生爭端，其手續也將複雜，而歸於無益，因名義乃為虛文，而實為要務，接受清之冊封、奉中國正朔，乃虛文之名義，而島津氏派遣士官，鎮撫其國，乃要務之實。我得其要務之實，而予清以虛文名義，故可不必糾正之。

四、如大藏省別紙所述，接待琉球使者的禮儀，不再使用如西洋各國的使節方式，這無需再論，但也不可與國內地方官之朝集相同。維新之後，這次使者初次來朝，其事件遠比國內地方官朝集重大，故由熟悉各國接待且官員齊備之外務省處理此事，較大藏省更為方便。

五、外務省僅限於接待琉球使者時，應使用國內事務的處理方式，與接待歐美各國使節加以區別，不用對等之國禮，當按屬國待之。

六、外務省提出的處理琉球三條中，停止其與外國的私交，較為可行，但將其列入華族及冊封為琉球藩王，則存在著異議。列入華族，與國內人類族群沿革不符。人有種族之別，確定皇族、華族與士族之稱，乃是基於國內之人種，不得不自然設立之。如果將其列入華族，就必須將琉球人看為國內的同種人種，實不相宜，故可以琉球王或中山王冊封之。而在國內廢藩置縣的情況下，以琉球藩王之藩號授予，就名義而言，與前令不符。且琉球兵力單薄，不堪為皇國之藩屏，世所知之。故以實際而論，也有不授藩號之理，故可刪去藩號，宣布為琉球王。

〔註4〕〔日〕《井上大藏大輔琉球國版籍收入建議並左院　問答議》，JCAHR: A03030095100。

七、皇國作為東西方盡知的帝國，其下有王國、屬國乃正常之事。冊封琉球，將其作為下屬國王或屬國，盡在我之所欲。所以，不妨廢除其藩號，冊封為琉球王，使其歸屬於我帝國。

八、如上，我方冊封之為琉球王，也可准其接受中國之冊封，可視之為兩屬。

九、援引歷來由島津氏派遣士官鎮撫之例，由九州鎮臺派出番兵駐守。與我同盟的東西方各國，依我信義與其交往，如果毀其信義，就屬犯我之土地。番兵不為抵禦外寇，而在鎮撫琉球國內，故無需大量駐軍。〔註5〕

左院的議事資料證明，日本政府非常清楚中琉間長期的宗藩關係，但由於薩摩藩對其國進行實際的統治，便主觀地認為琉球更依賴於日本，是故琉球的兩屬關係，乃屬名義上的不正，但如若明目張膽地將其納入日本領土，恐與清朝發生正面的衝突，故採取了「實為要務」的吞併策略，先將琉球事務由國外事務轉向國內事務，再冊封其為王，使琉球正式成為其屬國，派駐軍隊駐守，進行實效統治，從而否定琉球與清朝的冊封關係，事實上領有琉球。日本對琉球的領土圖謀，是學習帝國主義擴張理論後的第一次親自實踐，故其不能在人種上接納琉球人，這主要是受長期以來形成的社會等級觀念，及華族優秀論的影響所致。另外還議定冊封琉球王，並不因接受中國冊封而視其為兩屬關係，由九州鎮臺派出番兵駐守。

二、日本吞併琉球的第一步

日本朝野策劃將琉球納入日本領土後，馬上實施第一步吞併計劃，即利用琉球朝拜之時，將琉球事務從「外國事務」納入到外務省，利用其「待遇」的改變，使其成為國內事務，以實現其實際上的「吞併」。1872年正月時，鹿兒島縣派縣吏奈良幸五郎和伊地知貞馨前往琉球，「示諭本朝沿革及宇內形勢」，要求琉球王進行改革，但琉球人不得要領，伊地知貞馨認為琉球上下「僻陋頑固之風，凝結於人人心肝，一時難以使之釋然」。〔註6〕日本政府便強迫琉球人來朝，以實施併吞計劃。

〔註5〕〔日〕《井上大藏大輔琉球國版籍收入建議並左院　問答議》，JCAHR: A03030095100。

〔註6〕〔日〕下村富士男編：《明治文化資料叢書》第四卷，風間書房，1962年，第6頁。

（一）日本強迫琉球使來朝

6月1日，日本政府派出禮儀官右松五助與今藤宏到那霸，要求琉球國王派遣使節到東京朝賀日本天皇親掌大政〔註7〕，以便實施強制性的吞併行為。

6月22日，鹿兒島縣的官員到琉球國，要求盡快派遣王子和三司官出使日本。

6月25日，琉球王府宜野灣親方（琉球國官名）和龜川親方等向尚泰王報告，國王立刻決定指派伊江王子和宜野灣親方二人為正、副使者。

日本為確保慶賀使早日到達，於7月1日派出鹿兒島縣廳典事官右松佑永，大屬官今藤宏兩人作為日方使者，乘坐豐瑞丸號進入那霸港，迎接琉球方面的慶賀使。兩人在首里城晉見了琉球國王，並將鹿兒島縣參事大山綱良的信交給了中山王尚泰。此信內容如下：

> 鹿兒島縣參事大山綱良謹致書於琉球國中山王座下：
>
> 琉球自先王以來，世服屬於我，想當年德川氏之宰天下，先王每遣王子從藩候如江戶，朝見於政府，略如藩臣之禮。前年德川氏謀不道，自取禍敗，於是王室始中興，天子躬總攬乾綱，振舉百度，以欲與宇內強國對立。乃更察時變，懲積弊，遂廢藩置縣，四海同軌，政令劃一，國勢浸浸日進於文明之域，海內翕然靡不向化矣。夫琉球在幕府僭竊之時，猶且行朝見，而況當今王室中興之時，闕焉不修朝賀之禮？甚非所宜，在我亦無辭於朝廷。琉球素貴禮教，自先王事我，具盡恭順，我之待琉球亦不為不厚。今當此國勢一變之時，欲使王更能纘前緒，以不失我之歡心，保境安發以傳福祚於無窮，此其事莫急於入朝者矣。故今特命權典事右松佑永，權大屬今藤宏為使夾書以往布以腹心。然是非專出於綱良私意，其實有所受朝旨，義不容暫緩，王亦焉能得暈然而自之呼哉？書至之日王其亟命王子與兩使俱共來。抑昔時王子之來，其儀仗甚盛，貢獻極豐，其費用蓋不貲。今也朝廷庶事皆從簡省，四方從者不得過一人。凡此皆非自輕其位，乃所以寬民力，養國本也。故今王子之來亦宜悉改前規，扈從重臣限以三四名，其他從者止足給事。凡百事簡之又簡，不至耗財用，煩民力，此亦王所以示承朝廷之化也。俟王子到此，即命有司護送至東京，往回俱中此。願王察綱良之誠，速發遣

〔註7〕〔日〕《大日本外交文書》第五卷，第374——375頁。

王子，勿遲疑以自貽悔焉。〔註8〕

大山綱良的信，內容充滿了威逼的味道，並以「簡省」為藉口，要求琉球使節人數從簡，以便實施其吞併計劃。

日本還有目的地利用此次琉球使者上京的機會，將琉球事務由外國事務轉並到日本國內事務。根據外務省的記錄，正院於 8 月 13 日曾下令給外務省：「這次琉球人上京之時，其旅舍及待遇，與國內人相等同。」〔註9〕

（二）接待禮儀從「外賓」轉向國內地方官「朝集」

外務省在 8 月 15 日向正院提出「琉球使臣入京接受待遇之事」的報告：「近日琉球人上京接待對策，建議改變以前對其使用外國人的接待禮儀，開始使用客禮。與琉球人一同前往的鹿兒島縣官員部分屬於本省。上述接待對策是自明治維新以來最優厚的接待方式，請速將此回告本省及鹿兒島縣。」〔註10〕

鹿兒島縣在 18 日給外務省回覆說：「當縣管轄之琉球國攝政三司官三人及其他隨員二十七八人已經從縣府出發，近日到達。」〔註11〕

19 日，太政官下令給外務省，正式將接待任務並給外務省：「此次琉球使攝政三司官三人及其隨行者二十七人來朝，諸般事務由外務省自由處理。也可指令鹿兒島縣所隨行官員處理份內事務。」〔註12〕

同日，鹿兒島縣告之：「琉球人的接待方式通知書已經收悉。」〔註13〕

太政官 8 月 19 日給外務省的指令，是日本政府吞併琉球第一步中的關鍵環節。琉球本為一個國家，雖然與中國、日本保持著朝貢關係，但以近代國家觀看來，其主權沒有改變，故在此前日本政府都是將其視為外國，並採取與外國使節一樣的禮儀。此次日本政府將琉球人的接待禮儀從以前的對外禮儀轉變為國內禮儀，並不能從單純的禮儀簡省來解釋，而是其吞併琉球重要的一個步驟，是將琉球併入日本國的一項措施。

8 月 20 日，正院向外務省下達旨意，就琉球人上京之旅館、飲食、寢浴

〔註 8〕〔日〕那霸市總務部市史編集室編：《那霸市史》資料編第二卷中 4《史料本稿》，那霸：那霸市，1969 年，第 370 頁。

〔註 9〕〔日〕《琉球國使來朝接待ノ儀》，JCAHR: A03030095400。

〔註10〕〔日〕《琉球國使來朝接待ノ儀》，JCAHR: A03030095400；《琉球處分》全三冊，《明治文化資料從書》第 4 卷，風間務，昭和 62 年，第 13 頁。

〔註11〕〔日〕《琉球國使來朝接待ノ儀》，JCAHR: A03030095400。

〔註12〕〔日〕《琉球處分》全三冊，《明治文化資料從書》第 4 卷，第 13 頁。

〔註13〕〔日〕《琉球國使來朝接待ノ儀》，JCAHR: A03030095400。

具等進行布置，並給予一萬日元的準備金，特命大藏省先行撥出五千日元。

8 月 22 日，大藏大輔井上馨向「史官御中」提出「琉球人攝政三司官等來朝之接待委任於外務省」的報告：「以往對琉球使入朝的接待，在事實上與歐美各國特派使節的接待沒有什麼差別，但這已經是陳規陋習。但此次將其作為特殊區域的外賓，這樣就不會涉及到國家主權。如果他們認為有什麼不妥，或不願意提出抗議之時，也不可授之於把柄。此次接待之禮儀，大致可以看作為版圖之內，改革舊習漸次達到，與各地方官朝集一般的處置。」〔註 14〕

從井上馨的報告中可以看出，日本政府企圖吞併琉球而單方面將琉球使節變為國內地方官的做法，並沒有事先徵求琉球的同意。日本政府對此事涉及到「國權」心知肚明，也擔心琉球使臣不會接受。

8 月 24 日，外務省租借東京「愛宕下毛利高謙宅邸」，作為接待琉球入京使臣的旅館。

可能日本政府內部也擔心琉球使節會對接待禮儀變化有所不滿。外務省特別在 9 月 3 日向「史官御中」提出了「琉球國使者接待之議」的報告：「如別紙所附大藏省的報告，琉球使者的待遇，不再視其為外國的使節，但也不能在當天就告訴他們，將其視為國內地方官的朝見。此次琉球人的來朝，是明治維新以後的第一次，其事務遠比地方官的朝集更為重要，因此，要讓那些熟悉各國接待禮儀的官員來負責準備各項事務，由外務省權衡掌握比財務省掌握更為便利。外務省可參照舊的幕府對下接待方式，將琉球人的接待作為國內事務，不再使用屬國接待之禮儀，但要同於歐美各國特派使節特別事務相當的禮儀。」〔註 15〕

從外務省的觀點來看，他們可能還是有擔心琉球人不接受以大臣的禮儀朝見，因此不能用屬國禮儀，而是將其作為外國特別使來對待。

（三）參觀軍事設施以進行威嚇

琉球當時赴日本的特使以伊江王子為首，另外還有宜野灣、喜屋武、山裏、翁長、與世田、伊波、仲嶺、安田、比嘉上士等二十七人，及鹿兒島縣參事權原與右衛門、同權典事右松五助等十二人。

日本方面認為琉球民風落後。為了讓這些特使接受日本明治維新後的新思想，外務卿副島種臣向正院提交了「琉球人橫濱及橫須賀遊覽的建議書」：

〔註 14〕〔日〕《琉球處分》全三冊，《明治文化資料從書》第 4 卷，第 14 頁。
〔註 15〕〔日〕《琉球處分》全三冊，《明治文化資料從書》第 4 卷，第 14 頁。

「琉球偏於大海一隅，對西洋各國的兵制及機械工藝等沒有任何瞭解，請求讓這次上京的琉球使，至別紙所附的實地參觀，使他們能夠在短期內獲得大的進步，並請與海軍省與工部省聯繫。」〔註 16〕

當時日本政府計劃讓琉球人參觀的內容如下表：

第一	海軍省各種器械	第四	乘軍艦回到橫濱
第二	乘軍艦到橫須賀製炮所	第五	橫濱參觀
第三	製炮所諸器械	第六	乘火車回京

此表根據《琉球處分》所收藏之《琉球人橫濱及橫須賀遊覽的建議書》中內容整理而成。

從上表來看，主要是現代化的軍事相關機械、槍炮及海軍船艦等，其目的可能為威嚇琉球人。

（四）將作為國家主權象徵的「貨幣」賜給琉球

從古代開始就有的貨幣制度，一直以來都是與國家的主權（也包括諸侯的、城邦的、地區的政治權力）不可分割地結合在一起的。操縱一國貨幣的發行與流通，也意味著對這個國家的控制。筆者對琉球當時的貨幣制度沒有專門研究。但從日本人所記來看，當時日本是最早開始仿鑄中國的方孔圓錢寬永、通玉等錢，而且這種貨幣在琉球是作為流通貨幣的，這一方面證明日本、琉球與中國歷史的藩屬關係，也證明中國文化對日本及琉球的影響。日本為實現對琉球的吞併，有計劃地將日本貨幣投放到琉球。

9 月 10 日，為了在經濟上進一步控制琉球，以期早日吞併，日本外務省向正院提出了「為琉球藩內流通而下賜貨幣」的申請：「此值今日琉球國主列為藩臣之時，卻沒有顯示同國之義的貨幣。琉球從來都是寬永、通寶等作為流通貨幣，此時將新發行之新貨幣及紙幣相混合，賜給琉球王三萬元，以感戴皇恩布及全國之潤澤。」〔註 17〕

9 月 13 日，正院向外務省下達指令，就日本賜琉球使的禮物及貨幣進行了安排：「琉球國主及使節一併賜給貨幣及物品的申報已經通過，可早日進行準備，尤其是貨幣按正院所議定，給予國主三萬日元。」〔註 18〕

9 月 15 日，日本就下賜給琉球藩王的三萬貨幣進行了具體的規定，即是

〔註 16〕〔日〕《琉球處分》全三冊，《明治文化資料從書》第 4 卷，第 15～16 頁。
〔註 17〕〔日〕《琉球處分》全三冊，《明治文化資料從書》第 4 卷，第 20 頁。
〔註 18〕〔日〕《琉球處分》全三冊，《明治文化資料從書》第 4 卷，第 16 頁。

各種面值按照一定比例，其中金貨（一萬圓）：二十圓五十枚計千圓、十圓百枚計千圓、五圓三百枚計一千五百圓、二圓一千五百枚計三千圓、一圓三千五百枚計三千五百圓；銀貨（各種三千七百五十兩，計一萬五千圓）：五十錢七千五百枚、二十錢一萬八千七百五十枚、十錢三萬七千五百枚、五錢七萬五千枚；新幣（各種一千貳百五十兩，計五千圓）：五圓二百五十枚、二圓六百二十五枚、一圓一千貳百五十枚、半圓二千五百枚。〔註19〕

（五）封尚泰為「琉球王」列為華族

為使吞併琉球合理化，日本政府決定對琉球王進行冊封，這是日本改變日琉關係最重要的一步。9月14日，日本政府下詔將尚泰封為「琉球王」，列為華族。〔註20〕天皇在詔書中稱：「朕膺上天景命，克紹萬世一系之帝祚，奄有四海，君臨八荒。今琉球近在南服，氣類相同，文言無殊，世代為薩摩之附庸，而爾尚泰，能致勤誠，宜予顯爵，著升為琉球藩王，敘列華族。諮爾尚泰，當藩屏之重任，立於眾庶之上，切體朕意，永輔皇室。」〔註21〕

同年6月，外務省提出的「琉球處分」三條曾經提到將琉球列入華族與日本國內族群沿革不符。如果將其列入華族，就必須將琉球人看為國內的同種人。〔註22〕但到此時，日本已經不顧這些，將「琉球王」直接列入了華族，將琉球人種納入到日本人種之中。對日本歷史稍有瞭解的人都知道，這是1869年「版籍奉還」、1871年「廢藩置縣」政策實施以來的唯一例外。將琉球人納入到日本民族，意在將琉球國變成日本的屬地。

（六）副島種臣提出的琉球藩屬體制

9月15日，副島種臣擬定了《琉球藩屬體制建議》，提出了吞併琉球的具體計劃。這份建議書中的「此次代琉球使臣尚泰謹領冊封詔書」的說法，暴露出日本試圖單方面決定琉球的歸屬。「建議書」所提出的吞併琉球具體建議有

〔註19〕〔日〕《琉球國融通貨幣下賜ノ儀》、《藩內融通ノ為メ貨幣三萬円下賜》，JCAHR: A03030095700、A01000029800。《琉球へ新貨幣及紙幣下賜アラセラレ度旨上申ノ件及二之二對スル太政官決裁》，《日本外交文書》第五卷，外務省編纂，昭和三十年七月十八日，第377～378頁。

〔註20〕〔日〕《琉球國使參朝上表貢獻ニ付島主ヲ藩主ニ付シ華族ニ列スルノ勅旨並貨物下賜ノ儀》，JCAHR: A03030095600。

〔註21〕〔日〕《琉球國使參朝上表貢獻ニ付島主ヲ藩主ニ付シ華族ニ列スルノ勅旨並貨物下賜ノ儀》，JCAHR: A03030095600。

〔註22〕〔日〕《井上大蔵大輔琉球國版籍收入建議並左院 問答議》，JCAHR: A03030095100。

五個方面：

一、琉球藩從來就與清國有著關係，現在也與福州府商民來往，另外也曾接待外國人的來航，屬邊陲要地，故本省官員必須駐勤；

二、我政治制度漸次宣布，合適與否根據將來的目的而定，為體察該藩租稅、民政及一般風俗，大藏省官員要與本省官員一同前往駐在；

三、賜琉球王一等官銜；

四、將尚泰列為華族，其待遇要豐厚，使其歸向之志堅定，重要的是，在東京府下，賜給豪宅庭院；

五、賜給琉球藩王相應衣冠裝束及用品。〔註 23〕

從建議書的內容分析，日本明確要釐清琉球與中國的藩屬關係，將其列為自己的邊陲要地。琉球的外交權將移交至日本外務省，由外務省派遣官員在勤。大藏省則派遣駐琉官員，將日本的政治制度漸次頒布於琉球，使之租稅民政與日本一體化，並將尚泰任命為日本政府官員。

由於日本政府代琉球國王領受了 9 月 14 日日本政府的詔書，琉球國王被動地從一國之君，變成了日本的一等官。

（七）單方面完成吞併琉球計劃

9 月 27 日，日本政府的外務及大藏兩省向琉球派出了政府官員。〔註 24〕

9 月 28 日，太政官向外務省及琉球藩同時提出：「將以前琉球與其他國家締結的臨時條約，及以後的交涉事務，交由外務省掌理。」〔註 25〕

其後，太政官又向正院、外務卿副島種臣及琉球藩提出相同的通達。這些通達沒有標日期。但其內容明確將琉球的外交事務，歸併日本外務省。這意味著具有琉球國家主權象徵〔註 26〕的「對外獨立權」，至此消亡。

〔註 23〕〔日〕《副島外務卿琉球國藩屬體制建議》，JCAHR: A03030095800。

〔註 24〕〔日〕《外務大藏両省官員琉球派出達》，JCAHR: A03030096100。

〔註 25〕〔日〕《琉球藩於テ各國取結條約自今外務省管轄並小笠原島同藩所轄達付副島外務卿米國公使往復書》，JCAHR: A03030096000。

〔註 26〕主權指的是一個國家獨立自主處理自己內外事務，管理自己國家的最高權力。主權是國家區別於其他社會集團的特殊屬性，是國家的固有權利。其表現有三，一為對內最高權，即國家對它領土內的一切人（享有外交豁免權的人除外）和事物以及領土外的本國人實行管轄的權力，有權按照自己的情況確定自己的政治制度和社會經濟制度；二為對外獨立權，即國家完全自主地行使權力，排除任何外來干涉；三為自衛權，即國家為維護政治獨立和領土完整而另外值得注意的是，在同份資料中，還附有美國公使德朗寫給外務卿副島種臣的書信，以及副島種臣給德朗的回覆書信。而所謂琉球與其他國家締結的條約，主要是指 1854 年 7 月 11 日美國與琉球在那霸所定的條約，其涉及到自由通商、船舶補給、人員安全等事項。

德朗在信中寫道，知悉日本合併了琉球使其成為日本一部分，並提醒其注意美琉間在 1854 年 7 月 11 日簽訂的「規約」。副島在回信中，明確表示日本政府將繼續維持遵行此「規約」。〔註 27〕

從此份歷史記錄來看，當時美國已經明確知道日本欲吞併琉球，但沒有提出異議，並提醒日本維持其與琉球的條約，這不能不說美國在日本吞併琉球事件上是持一種認可或默許的態度。這也可以理解為什麼美國駐日公使德朗在明確知悉日本政府有意利用「難船事件」出兵臺灣時，還積極幫助介紹美國人「臺灣通」李仙得的一個原因。

9 月 29 日，太政官發布第 294 號令，任命琉球王尚泰為一等官，並賜予東京府下飯田町櫧木阪邸宅。〔註 28〕這樣，在日本政府單方面的決定之下，尚泰從具有獨立王權及領土疆域的琉球國王變成了日本政府內部僅具有部分權力的一等官員，其國家主權象徵中的「對內最高權」，也被日本政府剝奪。

10 月 10 日，大藏省向正院提出申請，免除了琉球債務二十萬円。〔註 29〕

10 月 12 日，日本以琉球內部流通貨幣為「寛永通寶」為由，下賜三萬元大小貨幣，以在琉球流通。〔註 30〕

10 月 15 日，琉球伊江王子尚健率領王室成員，赴東京祝賀明治天皇親政。明治天皇給予特別的禮遇，冊封尚泰琉球王，列位與日本舊藩主相等的華族地位。〔註 31〕

對外來侵略和威脅進行防衛的權力。主權是國家作為國際法主體所必備的條件，互相尊重國家主權是現代國際法確認的一條基本原則。喪失主權，就會淪為其他國家的殖民地和附屬國。主權和領土有著密切的聯繫，國家根據主權對屬於它的全部領土行使管轄權，反過來，主權也必須有領土才能存在和行使。

〔註 27〕〔日〕《琉球藩於テ各國取結條約自今外務省管轄並小笠原島同藩所轄達付副島外務卿米國公使往復書》，JCAHR: A03030096000。

〔註 28〕〔日〕《琉球藩王一等官取扱並邸宅下賜ノ儀》，JCAHR: A03030096200。

〔註 29〕〔日〕《琉球藩負債消卻ノ儀》，JCAHR: A03030096500。

〔註 30〕〔日〕《琉球ヘ新貨幣及紙幣下賜アラセラレ度旨上申ノ件及二之二對スル太政官決裁》，《日本外交文書》第五卷，第 377～378 頁。

〔註 31〕戴寶村著，《帝國的入侵：牡丹社事件》，第 16 頁。

琉球的藩王成為日本華族，自然琉球民族也就成為日本民族的一部分。日本政府通過以上步驟，實際上將琉球由一個獨立的王國，變成了日本的一個屬地。

小結

日本左院就琉球事務所作的議決，即所謂「琉球處分」的正式出臺，就是吞併琉球王國的計劃，開啟了近代日本對外領土擴張的第一步。日本政府在沒有告知琉球國王的情況下，通過一系列的內部決定，單方面將琉球的外交事務納入外務省，將琉球的「對外獨立權」剝奪；通過對琉球王一等官的冊封，使琉球王的「對內最高權」被日本政府所取代；而前述日本在琉球駐兵之事，則是要使其喪失構成主權三要素之一的「自衛權」。日本通過單方面的吞併計劃，使象徵琉球獨立主權的「對內最高權、對外獨立權及自衛權」都基本喪失，使琉球由一個獨立的王國變成了日本的屬地。此時的琉球上下還被蒙在鼓裏。吞併琉球，事實上的控制固然重要，但與其宗主國清朝脫離關係才是其中最關鍵的，也是明治新政府的當務之急。正當日本朝野無計可施之時，恰巧發生了琉球「難船事件」。日本原無意利用此事件，但美國駐天津公使威妥士向在北京修約的柳原前光建議利用此事件出兵臺灣，使日本得到了極好的藉口，找到了實現「琉球處分」的突破口。他們利用左院議定的「與我同盟的東西方各國，依我信義與其交往，如果毀其信義，即屬於侵犯我之土地。」〔註32〕一條，藉口「難船事件」出兵中國臺灣，藉以釐清琉球與中國的關係，同時在國內加緊了吞併琉球的步伐。

〔註32〕〔日〕《井上大蔵大輔琉球國版籍收入建議並左院 問答議》，JCAHR: A03030095100。

第十二章　琉球人飄到臺灣難船事件的原貌

日本要實現吞併琉球的目標，事實上的控制當然重要，但使其與宗主國清朝脫離關係才是最關鍵的，也是明治新政府的急務。正當日本朝野無計可施之時，恰巧發生了琉球「難船事件」。這本是一件單純的海難事件，但美國駐中國領事威妥士向在北京談判修約的柳原前光就此事進行了勸告。柳原前光與西鄉隆盛進行商議，使日本獲得了戰爭藉口，找到了實現「吞併琉球」的突破口，借為琉球「難民」伸張正義，出兵中國臺灣，以切斷琉球王國與大清的藩屬關係，以達到最後「吞併琉球」的目的。

一、琉球飄到臺灣「難船事件」的原貌

1871 年 10 月 18 日，兩艘宮古島與兩艘八重山島船，在完成對琉球國王納貢後，從那霸出發歸航。29 日，船隊突遇暴風雨的侵襲，其中八重山島船一艘，幸運地漂浮到清廷管轄地而被送到臺灣府，另一艘下落不明。宮古島帆船中的一艘後來漂泊到生島，而另一艘則於 11 月 6 日漂流到臺灣島原住民居住的番界。這艘船上共有六十九人，其中有四十六人為納貢人員，這四十六人中又有二十六人，為宮古島的政府官員。關於此事件的具體過程，筆者查閱了大量的資料，希望釐清此事件的真相。

鹿兒島縣所記之「難船事件」主要見於《鹿兒島縣大山參事問罪出師建議之議附件琉球國民漂到臺灣遭害報告書》〔註 1〕及《日本大山鹿兒島縣參事陳

〔註 1〕〔日〕《単行書・処蕃始末・辛未壬申・第一冊》，JCAHR: A03030094700。

報琉球島民於臺灣遭殺害而擬問罪案（明治五年七月二十八日）及附件琉球王子遭難始末報告》〔註2〕中。

此兩份文件內容完全一致，但其收錄在《處蕃提要》及《處蕃始末》中的排序不一致。在《處蕃提要》中，該內容以第一份文件出現；而在《處蕃始末》中，則列在《辛未七月》、《鹿兒島藩琉球國事由取調書》、《壬申五月》、《井上大藏大輔琉球國版籍收入建議並左院問答議》、《壬申八月》等文件之後。其中所藏秘密，筆者將在下一節詳細分析。

這兩份文件為 1872 年 7 月 28 日鹿兒島縣參事大山綱良向日本政府請求出兵的申述書，現存於日本國立公文書館。其主要內容是就「日本屬國琉球國宮古島民在臺灣遇難被殺」一事向日本政府提出出兵臺灣的請求：「琉球國自昔日臣服於本邦，極為恭順。然而其國遠在南海之中，其風俗難免固陋。皇朝一新之時，也難及改變其風化，故今年春天命令縣下士族伊地知壯之丞及另外二人赴琉，諭以朝廷旨意，使其變革陋習。琉球國王亦能奉體旨意，走向開明。然而琉球屬島宮古島人去年冬天漂流至臺灣，如附錄所陳述，船上六十人遭到殘殺。殘暴之行難以縱容。現命伊地知壯之丞入朝，詳細上奏此事，綱良伏請依仗皇威，興問罪之師征討彼等，故謹借軍艦，直搗其巢穴，殲滅其首領，以張皇威於海外，下慰島民之怨魂，伏請准許所請。」〔註3〕

「難船事件」的經過在這兩份報告中的附錄部分，主要是根據生還者謝敷築登、平安山築登、仲本築登及島袋築登的回憶還原的。謝敷築登與平安山築登的回憶文章較短，而仲本築登及島袋築登的筆錄則較為詳細。

（1）居住於大里間切與那原村的謝敷築登的講述，其內容如下：

> 為運送宮古島貢品而派出二十一・六丈長之帆馬艦船，船員六十九人中有四十八人為宮古島徵用工主從，去年十月十八日自那霸出航，因順風不繼，又遇退潮，而停泊於慶良間島外近海。同月二十九日自該處出帆，但遭暴風吹襲，乃扔棄行李，隨風漂流，最後亦捨棄槳板並砍斷桅杆，情況益加困難。十一月六日漂流至臺灣府內稱為生番之處，船員上岸，人煙遠隔。翌日出尋，有人靠近，於是用手勢再三請求援助。因而給與粥等，一行正感到安心，不料所

〔註2〕〔日〕《単行書・処蕃提要・第一巻》，JCAHR: A03031117200。

〔註3〕〔日〕《大山鹿児島県参事琉球島民臺灣ニ於テ遭害ニ付問罪云々上陳附琉球王子遭害始末届書》、《琉球國民臺灣漂到遭害居ニ付大山鹿児島県参事問罪出師建言ノ儀》，JCAHR: A03031117400、A03030095300。

攜帶之各種用具及衣服等皆被掠奪，故驚慌而逃。此時有四、五人持武器追來，一行人奔跑六公里餘，進入一小莊之凌老先家內，但生番多人追至該處，並剝奪身上衣服，五十四人遭到殺害，十二人逃去。其中十一人藏匿於上述凌老先及保力莊楊友旺家中，一人逃入山中被生番捉住。上述楊友旺及同莊楊阿和、楊阿二、宗國陸等四人聞知，立即趕往該處，以番錢四十五枚、布十丈八尺、牛一隻給與生番等，而救出眾人。並邀請一行至楊友旺家中，著十二人留宿一處。後送往鳳山縣及臺灣府地方，又於正月十六日乘輪船駛抵福州，由海防官交給琉館屋。由該屋接管留於該地並明嚴格管理，正在照顧中的七名病人則搭貢船而歸，經查點人數、行李並無異常。

附

一　船員中三人由本船駕駛船劃上岸時，半途被浪打翻而遭溺死。

二　楊友旺家內每日供應茶莨、燈油，及三次充足食物，對於無褲者亦各給予一件。鳳山縣亦如上同樣給與外，又各給與棉心衣服一件。送之臺灣府後，又各給與伙食、上衣及褲各一件及錢一百五十文，以為日常零用錢。〔註4〕

(2) 西村平安山築登的講述，其內容如下：

為運送八重山島貢品，而派出二十一．六丈長之帆馬艦船，船員四十六人中，二十六人為八重山島徵用工主從。去年十月二十九日自那霸川出帆，由於風波洶湧，而扔棄行李，並砍斷上桅杆，隨風漂流。同十二日見一不知名島嶼，隨後漂流至該處。遂立即派出兩人，探尋該處情況，卻被當地眾人圍住。不久數十人乘船劃近本船，欲將本船拉上岸邊時，鳳山縣內打狗口李成忠者駕船靠近，打手勢通知該處為臺灣府內稱為生番之處，生番人心懷叵測。故眾人皆捨棄本船，改乘李成忠船，船抵達打狗口後，搭乘輪船被送往臺灣府。且於生番地上陸之兩人被五、六十人持弓箭刀槍等包圍，將要被殺害時，幸好寄居於該處之郭潛者，前往眾人群中，不斷商議，

〔註4〕〔日〕《大山鹿兒島県參事琉球島民臺灣ニ於テ遭害ニ付問罪云々上陳附琉球王子遭害始末居書》、《琉球國民臺灣漂到遭害居ニ付大山鹿児島県參事問罪出師建言ノ儀》，JCAHR: A03031117400、A03030095300。

而將兩人接出，藏於其住處。翌日拂曉前往相隔八公里之尤魁家中，半途約有二十人攜帶武器追來，遂又與其商議，但皆不聽，且頻頻露出殺氣。故使眼色示意兩人快速逃離，兩人皆逃入前方人家內，幸而是前述尤魁家，將兩人藏匿於家內廁所，自己則走到外面，與前述郭潛兩人費心照料保護，並時常派人打聽至臺灣府之船期，並通報事情的演變。正好府衙派出大批人員打探消息，使者聞知，便立即前來，與前述尤魁父子商量共同守護，一行人出外前行八公里，搭乘小船。當時又有持武器者追來圍住，三人和言以對，不斷相勸，但仍不聽，而欲行兇。上述使者拿出番錢十五枚及白布十八丈相贈，才允許通過。到達臺灣府衙後，前述難民等皆被送往福州，交給琉館屋，由該館接管照顧，十九人搭乘接貢船回航，如同前述查點，並無異常。

附

一 船抵達打狗口，逗留期間，該船主供給米、藥粉、燈油，以及錢千文。由本府贈送上衣、褲、棉衣各一套，並給與為首者兩人各一千文錢，其餘人各五百文錢。出航前共給全體人七千九百文。錢則零花於各處。

二 上述人數中，八重山島之一人於臺灣府生皰瘡，未能治癒而死。府方給予棺材、衣服等，並處理葬喪、燒香等事宜。且該島十人抵達福州後生皰瘡，未能治癒而死去。

三 上述兩艘人員抵達福州以來，又布政司給予糧銀及米，以為逗留期間之生活費。

四 上述人等皆因失去船隻，僅以身免，而備受困苦，故由總督府院發給恤銀，每人十分銀四十目。

五 上述兩艘船員內二十人難以一同搭乘接貢船，故而逗留。

六 漂流在清期間報告二冊，依照人數精簡為一冊呈上。〔註5〕

（3）鹿兒島縣官員詢問其中的宮古人仲本築登、島袋築登，並將其回答內容做成筆錄，其內容如下：

辛未十月十八日宮古島、八重山島船四艘（各二艘）自那霸港

〔註5〕〔日〕《大山鹿児島県参事琉球島民臺灣ニ於テ遭害ニ付問罪云々上陳附琉球王子遭害始末屆書》，JCAHR: A03031117400。

出帆，停靠計羅間島（據那霸二十八公里）附近，同月二十九日自該處出帆，翌十一月一日午夜，遙望見宮古島，但因風向為北北西，因而無法轉港，而任由風吹漂流。

八重山船一艘漂流至臺灣清政府統治範圍內，而被送往府城，另一艘至今下落不明。宮古船一艘後來順利抵達生島，另一艘即仲本等人搭乘之船。

同月五日看見臺灣外山，六日靠近該地方，故約四十人搭乘小船上岸，由於舟小浪大，而有三人溺死。又駕駛舟回本船，接運剩餘之人，本船不久損毀，六十六人上岸，徘徊找尋人家。遇到清國人兩名，詢問有無人家。兩人告知說：往西方有大耳人，會砍頭，應往南方走。遂由兩人帶路前往南方。但兩人卻盡可能地奪取六十六人所攜帶之衣服等物，其餘則扔入山中，並樹立木標以為記號。一行認為其有許多同類，故而畏縮不敢反抗。

太陽將下山時，兩人指著路旁洞穴說：人家尚遠，今晚在此洞中一宿。由於並非可供六十餘人住宿之洞穴，故眾人都表示不願意，雖然兩人強迫，但仍不答應。兩人大怒說：不聽我的話就不理你們。眾人皆認為此兩人是盜賊之類，叫我們往南方走必定有詐。於是與兩人分開，轉往西方。由於夜已深，故當晚宿於路旁小山。（此日上午在船中用過餐後什麼也沒吃）

七日發現南方有山有人家，故向前行去。（至七點多到達該處，行程約十二公里）果然有人家（茅屋）十五、六間。有男女居住，（耳大幾垂肩）不久用小貝殼盛飯給六十六人。初更時分，用芋頭與米混合，以約二升大的鍋來煮，給予二鍋。

兩名清國人奪取而剩下之物，全被此家之人奪去。閩浙總督文煜等人陳報北京奏摺有云：誤入牡丹社生番鄉內，投宿此家時，半夜時分，一人於左手握著火把，右手拿著刀，（長連柄三尺，單刀）推開門進來，剝取兩人之貼身衣服而去。八日清晨，男子五、六人各攜帶槍支向宮古人說：我們要去打獵，必定要留到我們回來以後。眾人皆表示要轉往他處而欲辭行。其餘之土人皆強迫其留下，宮古人更加心生疑惑，而以兩人為一組分散逃走，再會合一起。行約四、五公里，遇一小河，在此處休息，有男三、四人、女四人追來，於是渡河再逃走。路旁有人家五、六間，窺看其中一屋內，有一老翁（七十三歲）出來相應，說道：琉球人吧？是首里或那霸？這話聽來親近，故進入老翁家休息。翁之子（三十歲）說若記下姓名，就可送到府城。仲本等人要了紙筆，正要寫下姓名時，先前追來之人陸續趕來，共有三十餘人，（各自拔刀）立於中庭，剝取宮古人之簪、衣服、每次帶一、二人走出門外，僅剩下二十二、三人時，一人裸體從門外跑回，說大家都會被殺了。仲本、島袋等恍然大悟，出去偷看，看到他們正在用刀子斬首。

（兩人談到有吃人肉，用人腦作藥材等說法，但不明白他們殺人之理由。）

於是眾人驚慌往四方逃散，仲本、島袋等九人躲藏在老翁家中，（兩人認為老翁家大概位於清國管轄地之境界）該夜宿於老翁家中，九日上午老翁女婿（在文煜奏摺書中云：在土民楊有旺家中始得保全）前來，說此地非常危險，來我家吧！而勸九人到老翁女婿家。（路程十二餘公里，有山川，有平地，各處皆有人家）過兩日後，宮古人三名依照老翁之指示，來到老翁女婿家中。三人說：其餘之人都在山中被殺害了。眾人在此家中逗留四十餘日。（總共被殺五十四人）

此地為清國所管轄，人家三十五、六間，讀漢書、學漢字，逗留期間每日供應三餐，有蔬菜、醃菜、醬油等，亦有將芋頭放入米中煮飯。時常有鄰居招待，設有酒菜雞豬之筵席等，酒則類似清國之老酒或燒酌之類。氣候暑熱，十一、二月穿單衣一件亦不覺寒冷。

十二月二十二日由翁婿同伴出行，走陸路，（行程即十二公里，為山路，無坡）再搭小船，航行二十餘公里，再走陸路，夜晚三更時分，投宿於翁婿朋友家。（逗留二日，有千餘人家，不知村名）二十五日逆旅主人坐轎帶路，（陸路三十六餘公里，為野地小路，無山路，處處有村落、田圃，翁婿自昨日晚上辭行。）傍晚抵鳳山縣境，二十六日抵鳳山縣（逗留二日，有數千人家，有清國兩名官員來盤問。）之日，招待粥飯，自翌日起早上供應粥飯，中午為八碗菜、及米飯，並給予十二人每人一件棉衣。（往西北走，故稍覺寒冷。）二十八日被護送行陸路，宿於一大村。（行程約二十四公里，有山川，各處有村落，此地亦非常繁榮。）二十九日隨著護送人啟程抵達臺灣府城。（路程三十二公里，無山，有村落、田園，逗留期間每日二次飲食，八樣菜。）八重山之漂流難民亦老早護送之此地。壬申正月十日與八重山人一同搭乘大輪船（臺灣府之官船）送往清國福州府，十六日抵達福建（於福州河口停泊二日），進入琉球館，六月二日搭乘琉球唐歸船，自該處出帆，同月七日抵那霸。〔註6〕

（4）事件親歷者——陳阿三〔註 7〕在日本佔領臺灣後，對前往臺灣南部踏查的伊能嘉矩講述了當時的經過：

最初六十九名琉球人漂流到牡丹灣時，被牡丹社番強拉到牡丹山中，其中五十四名被殺於社外，當時經常出入於番地的一個土人跑到埔力莊（保力莊）通報這一件事。莊民楊阿告一聽到這消息，立即和他的弟弟阿和一起從石門入山，他們在雙溪口再過去的地方，看到死屍累累於途，屍體都失去頭顱，太悲慘了，慘狀簡直無法形容。

這時候，他們看到有兩個人從森林中跑出來，定睛一看，原來是異族，似乎在哀求救助。阿和略知漢文，所以在地上寫幾個字問這些異族是什麼人？這兩個人也跟著在地上寫「我們是琉球人，同伴多人慘死於番人刀下」。他們隨即向林中大聲叫喊，有九個人應聲而跳出來，臉上洋溢著喜色。這時候，牡丹社番聽到叫聲又出來要殺人。楊阿告原來從事與番人交易的工作，很會說番語，向牡丹社番保證提供酒、牛、豬、布，以換取十一個琉球人的生命，這樣才把琉球人接回埔力莊，安頓於他的家裏。

楊阿告憐憫五十四個琉球人的慘死，向番人交涉用酒肉交換番人割取的首級，番人最初不肯，但後來又答應了。楊阿告就和統埔莊民林九（林並獅的父親）計議，將領回的首級和身軀一起葬在雙溪口，然後寫了一份告狀呈交漢人的衙門。另有一名琉球人逃到山中的 Kusku（高士佛社），隨後安然下山到楊阿告的家中。〔註8〕

〔註 6〕〔日〕《大山鹿児島県参事琉球島民臺灣ニ於テ遭害ニ付問罪云々上陳附琉球王子遭害始末届書》，JCAHR: A03031117400。

〔註 7〕日本出兵臺灣時，日軍派猴洞社頭人陳阿三及統領埔的頭人去偵察番社動靜，並勸誘番社投降。因此對日軍有功。

〔註 8〕伊能嘉矩：《臺灣踏查日記》上，第 305～306 頁。

（5）《京報》的記載。在時任上海領事的品川發回本國的公文中，有一件彙報中國北京消息的報告書，其中抄錄了當時北京的京報，日期為同治十一年四月初五日。此報轉載了文煜等奏報處理琉球難民事件的消息。截至目前為止，這是中國政府方面對琉球船難事件的最詳細記載。文煜等奏報的內容是：

為琉球國夷人遭風到閩，循例譯審，撫恤夷伴，有被臺灣生番殺害，現飭認真查判，恭摺馳奏，仰祈聖鑒事。竊據署福防同知張夢元詳報：同治十一年正月十七日，准臺灣縣護送琉球國兩起難夷，松大著、島袋等五十七名至省，當即安插館驛，妥為撫恤。一面飭傳該國留閩通事謝維垣譯訊，據難夷松大著供：伊是頭目官，馬依德是夷官，連同跟丁舵水一共四十六人，俱係琉球國八重山島人，坐駕小海船一隻，裝載方物，往中山府繳納，事竣。於同治十年十月二十九日由中山府開行，是（夜）陡遇颶風，漂出大洋，折斷帆桅，船隻任風漂流，十一月十二日飄至臺灣洋面，幸遇民船，救護伊等四十四人登岸，原船沖礁擊碎，該處民人將伊等帶赴鳳山縣衙門，轉送臺灣縣安頓公所，尚有同伴二人，並蒙鳳山縣續送至臺灣縣衙門，蒙給衣食錢文。詎跟伴永森宣一名，患痘身故，給棺收斂，一面派委員辦，將伊等配船護送來省。又據夷島袋供：同船上下六十九人，伊是船主，琉球國太平山島人，伊等坐駕小海船一隻，裝載方物，往中山府，交納事竣，於十年十月二十九日，由該處開行，是夜陡遇颶風，漂出大洋，船隻傾覆，淹斃同伴三人，伊等共十六人，鳧水登山。十一月初七日誤入牡丹社生番鄉內，初八日，生番將伊等身上衣物剝去。伊等驚避保力莊，地方生番探知，率眾圍住，上下被殺五十四人，只剩伊等十二（亦說十一）人，因躲在土民楊友旺家始得保全。二十一日將伊等送至鳳山縣衙門，轉送臺灣縣安頓均家，給有衣食，由臺護送來省，現在館驛等供。由布政使潘尉造冊詳情，具奏聲明，牡丹社生番圍殺球夷，應由臺灣文武前往查辦等情前來。臣等查琉球國世守外藩，甚為恭順，該夷人等在洋遇風，並有同洋被生番殺害多人，情殊可憫，應自安插館驛之日起，每人日給米一升，鹽菜銀六釐，回國之日，別給行糧一個月，照例加賞對象，折價給領於存公銀內動支，一併造冊報銷。該難夷等船隻傾覆擊碎無存，俟有琉球便船，即令附搭回國。至牡丹社生番，見人嗜殺，殊形化外，現飭臺灣鎮府道認真查判，以儆強暴，而示懷柔，除諮部外，臣等謹合詞恭摺馳奏，伏乞聖鑒，謹奏。軍機大臣奉旨攬奏，已悉著照例判裏，並著督飭該鎮道等，認真查判，以示懷柔，欽此。〔註9〕

（6）《臺灣史與樺山大將》中所記載的「琉球官員報告書」及「川平頭目等四人的申報書」之內容，與《鹿兒島縣大山參事問罪出師建議之議附件琉球國民臺灣飄到遭害報告書》及《日本大山鹿兒島縣參事陳報琉球島民於臺灣遭殺害而擬問罪案（明治五年七月二十八日）及附件琉球王子遭難始末報告》之內容基本相同，在此省略。〔註10〕

從以上各版本對「難船事件」經過的記載來看，宮古人仲本築登、島袋築登所敘述的內容最為詳細，筆者從內容分析推測，琉球人被殺的原因，有可能是彼此間的誤解造成的。因該記述曾有「不久用小貝殼盛飯給六十六人。初更時分，用芋頭與米混合，以約二升大的鍋來煮，給予二鍋」的記載，說明臺灣的原住民在遇到漂流民後，還是給以幫助，但由於原住民剝奪了難民的衣物，致使難民內心恐懼，在原住民要出去打獵，要求他們別離開，但他們還是偷偷離開而導致與原住民之間「失信」，造成了後來的獵首屠殺。

實際上原住民並非日本人所說的「野蠻生蕃」，只是「他們對善惡是非有著特殊的觀念」。〔註11〕由於臺灣南部是東亞最重要的航路之一，在海盜猖獗的時代，或許有白色人種曾經與原住民有過衝突，使臺灣番人「相信白種人曾經殺害他們，所以以為對漂流者做那種暴行是正當的報復」。〔註12〕

1867年3月曾經發生過美國漂民遭難事件（「羅妹號難船事件」），當時美國派軍艦到臺灣番地。美國駐廈門與臺灣的領事李仙得避開清朝官員，利用英商北麒麟，通過當地各莊及熟番頭人的關係，與番人酋長卓杞篤面議了和約。李仙得問及卓杞篤難船事件原因時，卓杞篤表述了前述理由。

其實，歷史上琉球難民遭風漂到臺灣的事件是經常發生的，絕大部分都得

〔註9〕〔日〕《品川上海領事ヨリ清國北京消息報知書抜抄》，JCAHR: A03031117500；中國第一歷史檔案館編：《清代中琉關係檔案選編》，中華書局1993年4月版，第1079～1080頁。

〔註10〕《臺灣史與樺山大將》，臺北：海峽學術出版社，2003年，第156～161頁。

〔註11〕C.W.Le Gendre（李仙得）：《廈門與臺灣》，《臺灣經濟史九集》（臺灣研究叢刊），臺北：臺灣銀行，1952年，第156頁。

〔註12〕C.W.Le Gendre（李仙得）：《廈門與臺灣》，第156頁。

到了妥善的救助和撫恤。根據學者的研究，在清朝統一臺灣以後的175年間，共有64起琉球難民因遭風漂往臺灣，平均每隔兩三年就有一起。〔註13〕

清代琉球難船漂到臺灣案例統計：

年代	康熙	雍正	乾隆	嘉慶	道光	咸豐	同治	光緒	總計
次數	1	3	13	15	13	5	5	8	63

此表根據楊彥傑：《臺灣歷史上的琉球難民遭風案》文後所附之「清代臺灣所遇琉球遭風難民事件一覽表」內容整理而成。

根據楊彥傑的研究，在清領臺灣的二百餘年間，目前尚能找到的64起琉球難民遭風漂往臺灣案例中，不管在什麼地方難民都得到當地民眾（包括原住民）和官府很好的幫助和撫恤，使他們最終能安全地返回故土。

另據James Davidson的統計，從1850年到1871年底，臺灣（含澎湖）附近海面，共有44件難船事件，其中21艘遭島民搶劫，部分船員被殺，這其中僅4件為原住民所為。1882年至1885年，共31次難船事件，其中有6件劫船者為漢人。當時漢人有名的海盜巢穴在國賽港（今天台南七股鄉三股村及十份村附近）、白沙屯（今桃園觀音鄉），此外鹿港、淡水、南崁、布袋、澎湖沿海地帶，均有海盜行為存在。有關國家曾派人到臺灣東海岸探查。較為有名的有：1858年美艦馬其頓號（Macedonian），1855年美艦雄雞號（Hancock），1858年英艦不屈號（Inflexible），1867年英艦西維亞號（Sylvia），他們皆負有探測臺灣東海岸生地，搜尋白人船員的任務。〔註14〕

另據湯熙勇的統計，清朝統治臺灣時期，共有182件外籍難船的記錄，其中以琉球船68件及英國船54件最多。以時間劃分，1842年以前，琉球難船數最多；以後，以英國難船居首位。〔註15〕所以，1871年的「難船事件」並不是空前的，只是因為受難者人數較多。琉球學者又吉盛清在《日本殖民下的臺灣與沖繩》中認為，此船上之人並非一般史書所云的普通漁民，他們是宮古島赴琉球中山國朝貢的頭人及官員，皆為貴族階層及其隨員。

筆者也進行了一些資料考證，僅《光緒朝硃批奏摺》中的琉球部分，就記載了幾十件的難船漂到事件。需要特別指出的是，就在日本侵臺事件發生以

〔註13〕楊彥傑：《臺灣歷史上的琉球難民遭風案》，《福建論壇》2001年第1期，第66～70頁。

〔註14〕愛德華·豪士著，陳政三譯述：《征臺記事——武士刀下的牡丹花》，臺北：原民文化，2003年，第10頁。

〔註15〕愛德華·豪士著，陳政三譯述：《征臺記事——武士刀下的牡丹花》，第21頁。

後，中琉之間的朝貢貿易人為地遭到阻斷，但漂到臺灣的琉球難民仍然得到一如既往的救助和撫恤，直至光緒二十年即日本割占臺灣前夕才停止。

大量的資料證明，琉球難民不僅在大陸，同時在臺灣都得到了很好的救助，並形成了一整套撫恤制度，儘管也有極個別的例子，如難民被漂到後山而遭到「生番」殺害，但這些絕不是歷史的主流。

二、美國駐京公使教唆日本利用「難船」事件出兵臺灣

「難船事件」發生之時，日本已明確將琉球納入版圖的目標，並著手實施各項吞併政策。明治政府深知琉球與清帝國的關係，恐與清朝產生矛盾，正無計可施。資料證明，日本在作出「琉球處分」之時，還不知曉「難船事件」，不論是井上馨給正院的建議書，還是左院的辯論，都沒有提及此次事件。

臺灣學者藤井志津枝研究認為，日本政府最初獲得「難船事件」消息的來源，是柳原前光寄給外務卿副島種臣的信件。

信的落筆時間為 1872 年 4 月 13 日，〔註 16〕當時柳原正與清政府交涉修約事件。但信件何時轉到副島手裏，藤井志津枝沒有提出資料證明。筆者也查找了相關資料。此信是柳原在當日夜間在天津府三岔河公館書寫的，收信人是副島外務卿及寺島外務大輔。信中還特意強調：「恐怕鹿兒島縣還不知道此事」，並在此字段下面標上重點注點。〔註 17〕

根據筆者收集到的新資料顯示，外務省收到信件的準確日期是 5 月 17 日，同時此信被轉給正在東京出差的鹿兒島官員，6 月 5 日被送達到鹿兒島縣廳所在地。〔註 18〕

值得玩味的是，井上馨（1872 年 5 月 30 日）就吞併琉球進行上議之時，此「事件」似乎沒有起什麼作用。井上馨的建議及上院的議論，都沒有提及此事件，或許可以這樣推斷，此時的日本政府，根本沒有意識到可以利用此事件來釐清琉球的歸屬問題。

那麼「難船事件」怎樣成為日本吞併琉球的突破口？一般研究者認為，借

〔註 16〕藤井志津枝著：《近代中日關係史源起》，臺北：金禾出版社，1992 年，第 49 頁。

〔註 17〕〔日〕《臺灣征討／86 臺灣征討事件補足四柳原外務大丞ヨリ西鄉參議宛》，JCAHR: B03030121800。

〔註 18〕〔日〕《臺灣征討／86 臺灣征討事件補足四柳原外務大丞ヨリ西鄉參議宛》，JCAHR: B03030121800。

「難船事件」出兵臺灣的主要策劃者是那些薩摩藩士。這似乎是長久以來的一個定論。但實際的情況並非如此，最先鼓動日本政府藉此事件出兵臺灣的，是美國駐中國的領事威妥士。

柳原前光作為日本政府派出清朝的官員，在 4 月 13 日給日本外務卿的信中，只是向政府進行例行通報。信中附有「同治十一年四月初五日京報漢文一通（閩浙總督上奏文）及同上日文翻譯一件」。〔註 19〕這些資料說明，知悉「難船事件」的柳原前光並沒有什麼其他的想法。

是什麼讓日本政府產生了利用這次事件的想法呢？時在北京修約的柳原前光，因與李鴻章談判遇到困難，欲想回國，臨行前袂別拜會紫竹林各國領事。在 5 月 28 日拜訪美國領事威妥士時，威妥士向柳原就此事進行了勸告：

> 威妥士:「您沒有聽說不久前琉球人在臺灣遇害一事嗎？您作為日本國公使，必定與此事相關聯，如果西方各國發生此類事件，軍艦就會直接開去，懲戒其暴，謀取償金。」〔註 20〕
>
> 柳原 :「琉球人遇害一事令人憐憫，我也曾將京報中的一節抄錄轉寄給外務卿，琉球雖是我管下之地，國君和使臣也經常有往來，但還不是我們的屬國，如若是我附屬之國，此事當然要如您所說的那樣處理。」〔註 21〕
>
> 威妥士:「我開始就知道琉球不屬於貴國，只是非常厭惡其暴行，也恨其救助寡少。」〔註 22〕

這份資料充分證明，日本政府之所以想利用「難船事件」出兵征討臺灣，是出於美國人的勸告。從柳原前光的答語也可看出，當時日本政府並沒有把琉球當成自已的屬國，而威妥士的建議，給柳原提供了一個釐清琉球關係的新思路。柳原也因威妥士的勸言，而產生了出兵臺灣的想法。

柳原前光最先就此事與西鄉隆盛〔註 23〕進行商議。當時西鄉表示：「隆盛

〔註 19〕〔日〕《臺灣征討／86　臺灣征討事件補足三柳原小弁務使ヨリ外務大少丞記宛》，JCAHR: B03030121700。

〔註 20〕〔日〕《臺灣征討／86 臺灣征討事件補足二柳原外務大丞兼少弁務使米國領事「メットホルス」対話》，JCAHR: B03030121600。

〔註 21〕〔日〕《臺灣征討事件／86　臺灣征討事件補足　二　柳原外務大丞兼少弁務使米國領事「メットホルス」対話》，JCAHR: B03030121600。

〔註 22〕〔日〕《臺灣征討事件／86　臺灣征討事件補足　二　柳原外務大丞兼少弁務使米國領事「メットホルス」対話》，JCAHR: B03030121600。

〔註 23〕西鄉隆盛（1827～1877）和木戶孝（桂小五郎），大久保利通並稱「維新三傑」。

生長於薩摩，通曉琉球事情，這次陪同聖駕，近日將到鹿兒島，告之縣官此事，並以快船報琉球，讓他們必須成為我真屬。」〔註24〕柳原當時還擔心地對同行的高崎正風說：「在廢藩的同時，鹿兒島縣廳應盡快派使向琉球通報，求得以新的方式交往，但琉墨守成規以久，恐不是易事。」〔註25〕

這份資料是6月23日報給日本外務卿的，其具體內容包括「就琉球人在臺灣橫死一件在天津與美國領事的應答」及「西鄉隆盛的意見等的報告之件」。資料顯示，當時在北京的柳原前光，曾經與西鄉隆盛就琉球難船事件的處理有過商議。西鄉已經計劃把美領事的提議告之鹿兒島縣官，並希望琉球盡快成為日本的屬國。這涉及到琉球的歸屬問題，也說明他們已經在考慮美國領事提出的出兵問題了。

目前歷史學界就此事件的研究，都認為日本出兵臺灣的緣起，是鹿兒島縣參事大山綱良的意見書，而大山獲取的信息是由當時鹿兒島縣派到琉球的使者伊地知貞馨帶回的。大山綱良在「建白書」上假借琉球王之名，建議「仗皇國之威，興問罪之師，出兵征討彼等，故謹借軍艦，真搗其巢窟，殲其巨魁，上張皇威於海外，下慰島民之怨魂」。〔註26〕

根據「大山綱良建議書的附言」，琉球難民是在6月7日才回那霸。而柳原前光的信在6月5日就已經到達了鹿兒島縣廳。實際上，鹿兒島的薩摩藩士們比琉球王還要先知道此次的難船消息。

以上的分析表明，實際的情況可能是鹿兒島縣的薩摩藩士諸如樺山資紀、桐野利秋、西鄉從道等人，在伊地知貞馨通報之前就已經通過西鄉隆盛知道了

1866年3月在京都同長州藩倒幕派領導人木戶孝允等人締結薩長倒幕聯盟密約。1868年1月3日，與岩倉具視、大久保利通等人發動王政復古政變，推翻了德川幕府的統治，建立明治新政府。在同年的戊辰戰爭中任大總督參謀，指揮討幕聯軍，取得了戰爭的勝利。因他在倒幕維新運動和戊辰戰爭中的功勳，在諸藩家臣中官位最高，受封最厚，成為明治維新的元勳之一。1870年初，由於與大久保等人在內政方面的分歧，辭職回鹿兒島任薩摩藩藩政顧問，後任藩大參事，參與藩政改革。1871年到東京就任明治政府參議。1872年任陸軍元帥兼近衛軍都督。在此前後，參與廢藩置縣、地稅改革等資產階級改革。他鼓吹並支持對外侵略擴張。

〔註24〕〔日〕《臺灣征討事件／86 臺灣征討事件補足 三 柳原小弁務使ヨリ外務大少丞記宛》，JCAHR: B03030121700。

〔註25〕〔日〕《臺灣征討事件／86 臺灣征討事件補足 三 柳原小弁務使ヨリ外務大少丞記宛》，JCAHR: B03030121700。

〔註26〕〔日〕《臺灣征討事件／3 二 鹿児島県ヨリ外務省宛》，JCAHR: B03030113200。

此事件，並已經開始謀劃出兵征討臺灣，以求得補償金。而當難船回到那霸時，薩摩藩士們已在醞釀出兵征討臺灣的計劃。〔註 27〕

由於薩摩大名的封建權力已交還中央政府，無權處理此事，於是他們建議琉球派遣使者赴東京反映此次難船事件，兼嚮明治政府商議琉球歸屬問題。這樣才有鹿兒島縣吏向宮古島民仲本築登之和島袋築登之等人尋求證據筆錄，大山綱良提出欲出兵臺灣問罪復仇的「建白書」，並委託伊地知貞馨將「建白書」轉呈給外務卿副島種臣。大山綱良的「建白書」標注時間為「7 月 28 日」。〔註 28〕從 6 月 5 日柳原的信到達鹿兒島縣廳，到 7 月 28 日大山綱良的出兵「建白書」，中間間隔了近兩個月，這也說明了其中的問題。

小結

根據以上內容分析來看，日本於 1871 年「廢藩置縣」後開始著手解決琉球的歸屬問題，於是出臺了所謂「琉球處分」。切斷琉球與中國的藩屬關係，是實現吞併琉球計劃的重中之重。而此時發生的「難船事件」，恰好為無計可施的日本提供了契機，美國人也參與其中，暗中挑唆日本出兵。大山綱良提出的「出兵臺灣」計劃，也是有預謀的，是精心策劃的。正是這個至今還沒有研究者道出真相的大陰謀，將所謂「琉球處分」與出兵臺灣聯繫起來了。日本政府表面上出兵大清帝國的屬地臺灣，實則向全世界明確琉球的明確歸屬，而謀取賠償金等是次要的。同時，此時的「出兵臺灣」計劃還沒有包含欲殖民臺灣番地的性質。而事後日本政府的一系列行為，也能驗證「出兵臺灣」的關鍵在於為實現「吞併琉球」服務。

〔註 27〕〔日〕《琉球國民臺灣漂到遭害屆二付大山鹿児島県参事問罪出師建言ノ儀》，JCAHR: A03030095300。

〔註 28〕〔日〕《琉球國民臺灣漂到遭害屆二付大山鹿児島県参事問罪出師建言ノ儀》，JCAHR: A03030095300。〔日〕《臺灣征討事件／3 二 鹿児島県ヨリ外務省宛》，JCAHR: B03030113200。

第十三章　為釐清「中琉」關係的《北京專約》

日本出兵侵略臺灣以後，清政府已經知道日本要殖民臺灣番地及全島的野心，便全力維護臺灣領土的安全，強烈抗議日本的侵略行為而要求其撤兵。日本雖然提出臺灣番地無主論以對抗中國，但其理論不能獲得廣泛的共鳴，尤其難以說服列強各國。當時日本還不具備對外發動戰爭的能力，李仙得又被清政府拘留，於是日本在對清政府的談判中改變策略，以先實現釐清琉球與中國的關係為要旨。柳原前光以日本佔領臺灣已經成現實，要求清政府承認日本出兵為「保民義舉」，並以清政府的賠償，來換取日本的撤兵，並以之作為琉球人成為日本之「民」法理依據，達到切斷琉球與中國的附屬關係的目的。

一、確保「義舉」出兵為目的的清日談判

1. 天皇敕旨大久保利通全權談判

鑒於清政府對臺灣番地所屬權的堅決維護，而且出兵行動引起列強的堅決反對，日本政府認為殖民臺灣番地的計劃難以實現，便退而力求清政府承認日本出兵為保民義舉。

為達此目標，日本除以武力佔據臺灣番地為後盾壓迫清政府外，還加緊實施吞併琉球的種種措施。7 月 12 日，日本政府匆忙地將琉球事務從外務省轉移到內務省管轄，以表明琉球與日本的關係非國際關係，而是中央與地方的行政關係，從形式上完成了將琉球變為日本領土的國內程序。

7 月 14 日，日本政府擬定對琉球藩的公告，其中言稱日本已經攻破牡丹

社，此後如有漂民遭殺事件的遺屬想要赴臺，須先行通知長崎蕃地事務局：

> 臺灣蕃地處分之趣旨已於本年第六十五號公佈在案，西鄉都督渡蕃後，剿憮得其所，蕃人往往前來軍門投降，目前全蕃地幾已趨向皇化，現正全力搜捕先前劫殺之藩民凶徒，如此獲得平定，且都督率兵仍駐於蕃地期間，慘死者之親屬等，若有赴蕃地祭拜墳墓、遺骸之素志者，絲毫勿須掛念，亦可渡蕃，航海船班等事宜，請向蕃地事事務局長崎支局提出申請即可獲得照料，希知照。〔註 1〕

7 月 20 日，海軍省秘書偵察員兒玉利國攜帶給琉球藩民的公告前往琉球，正式藉此事件向琉球民眾宣布吞併的決定，將以後琉球難民遺屬及民眾赴臺的審理權歸入蕃地事務局，向琉球人表示日本政府從此正式統治的姿態。〔註 2〕

日本政府經過精心運作，力圖使「外征」臺灣轉為「內治」琉球問題，將出兵變成日本內治問題，爭取在國內取得出兵的正當名義。同時，為了向外表明琉球為日本所屬，日本政府派遣內務部長大久保作為全權辦理大臣繼續前往中國交涉，使清政府承認日本出兵為義舉，宣揚清政府承認琉球歸屬日本的假象，來證明琉球是日本的內治問題。

6 月 13 日，臺灣蕃地事務參軍赤松則良提交一份作戰報告，即是針對雙方開戰後的應變之道。文中共列有 9 項要點，主要是以琅嶠為根據地，北上進攻臺灣府（臺南市），並以海軍攻佔澎湖，切斷臺閩的聯絡；必要時再從長崎調一大隊攻擊雞籠，並循著河流入據艋舺（臺北市萬華區）；此時若與清廷談判破裂，再從長崎速調 12000 名軍隊佯攻臺灣，實開赴天津突擊，另在鹿兒島新募 3000 名軍隊，速攻浙江舟山，擾亂上海附近的航運、通商。〔註 3〕7 月 27 日，大限重信向正院建議，日本在外交和軍事的危機之下，必須先籌劃對中國宣戰時的具體措施，並提出具體的「密議條件」，促使政府迅速採取行動。〔註 4〕雖然大限的建議有文官干涉軍事的批評，〔註 5〕但是卻促使政府認真考慮大久保全權出使的問題。因為在爭論蕃地平定後日本政策之初，大久保就提出「以外交攻勢使中國屈服，如中國不服，日本不惜一戰」的開戰論。此時的大

〔註 1〕〔日〕《大隈長官ヨリ蕃地勦撫ニ付琉球藩へ御達ノ儀云々伺》，JCAHR: A03031130900。

〔註 2〕〔日〕《処蕃類纂》第八卷，第 163 頁。

〔註 3〕〔日〕伊能嘉矩：《臺灣文化志》下，第 106～107 頁。

〔註 4〕〔日〕《大隈関係文書》第二卷，第 411～414 頁。

〔註 5〕〔日〕《岩倉具視関係文書》第六卷，第 185 頁。

久保進一步向政府提出備忘錄。〔註 6〕

7 月 28 日，政府決定「海外出師之議」〔註 7〕和「宣戰發令順序條目」〔註 8〕，表示如中國不屈服於外交，日本將不惜一戰，來堅持出兵為義舉目的的強硬政策。

此種政策決定後，大久保便進入實施階段，他首先要落實軍隊的指揮和調動準備工作。7 月 29 日，大久保與海軍大輔川村純義達成協議，海軍方面支持他全權辦理外交，〔註 9〕並不斷與陸海軍各方面人士開會討論，協調他們配合自己的外交活動。〔註 10〕

日本政府為了強化權力基礎，對政府成員進行了一定的調整。

8 月 1 日，大久保被正式任命為全權辦理大臣。〔註 11〕

8 月 2 日，左院議長伊地知正治、開拓廳次官黑田清隆和陸軍卿山縣有朋就任參議，大久保內務卿的職務暫由工部卿伊藤博文代理。

8 月 3 日，太政大臣三條實美給陸軍大臣及海軍大臣發出秘密通知，讓他們進行戰爭準備：「臺灣蕃地處分之後，如先前之秘密通知，今後萬一開啟戰爭時，有關軍事方略事宜，皆由爾等專任，應協議後上奏為要。」〔註 12〕

8 月 5 日，大久保與山縣有朋之間達成協議，〔註 13〕陸軍方面也支持其實施強硬外交。

同日，天皇下旨給大久保，要求其必須要貫徹日本的理論，並維護日本為止義舉兵的榮譽。〔註 14〕天皇下旨委任狀內容如下：

> 大日本國皇帝宣示：凡瞻諟書者，往歲有我人民破船漂到臺灣島，被彼土人橫暴者，以之命我委員往問其罪，且派兵屬之，以警不虞。有此舉也，或恐有事出，謬傳交際生釁，因以命我派駐清國全權公使柳原前光，令與大清國政府，將懇親之意，妥為商議在前，而邇後致啟種種論端。朕又為事屬至重，宜別簡於朕之信重大臣，

〔註 6〕〔日〕《大久保利通文書》第六卷，第 19～22 頁。
〔註 7〕〔日〕《大久保利通文書》第六卷，第 30～34 頁。
〔註 8〕〔日〕《大久保利通文書》第六卷，第 34～35 頁。
〔註 9〕〔日〕《大久保利通日記》下卷，第 292～293 頁。
〔註 10〕〔日〕《大久保利通日記》下卷，第 293～295 頁。
〔註 11〕〔日〕《大久保利通日記》下卷，第 292～293 頁。
〔註 12〕〔日〕《處蕃提要卷六》，JCAHR: A03031133600。
〔註 13〕〔日〕《大久保利通日記》下卷，第 295～296 頁。
〔註 14〕〔日〕《大久保利通日記》第六卷，第 44～46 頁。

以其熟知朕意且近所望者，委付全權令往，便是參議兼內務卿大久保利通。朕深信其有才幹，且忠直能堪厥任，乃茲授為全權辦理大臣，著往清國，令與大清國皇帝所派該其同權大臣，或議定條約，或議成約書，以副朕意所望為要。而其所議定之約，准即用朕名批准，以便令其盡權從事，好為收局也。凡此行辦事，即與朕親臨做主無異，準此為憑。〔註 15〕

另外，在同旨中，明治天皇委任給大久保事項如下：

一、全權公使柳原前光及田邊太一所持綱領，以不予變動為原則，實際不得已時，得便宜取捨；

二、談判的主要目的在保全兩國的親善關係，如不得已，則有決定和戰之權；

三、有指揮駐在中國的各級官員的進退之權；事實上不得已，雖為武官亦有指揮進退之權；

四、李仙得雖有天皇之委任，但必要時，亦有進退指揮其之權力。〔註 16〕

天皇不僅給大久保對清政府談判全權及指揮各級官員的權力，還為其配備了在日本司法省從事刑事法熟悉國際法的法國專家布瓦索拿德（Gustava Emile Boissonade），並親自下敕語給布瓦索拿德，望其能「勉勵從事」。

在接到天皇敕旨之後，8 月 6 日大久保率領太田資政等十六名官員和法律顧問法國專家布瓦索拿德從橫濱出發，開始踏上出使中國之路。19 日到達上海與上海領事品川忠道會合，7 月 21 日與李仙得會合。

9 月 1 日，大久保抵達天津，在津期間見到前來迎接的田邊太一，聽取其關於北京情況的彙報。3、4 日，再次與李仙得會談。10 日，越過北洋大臣府衙，未與李鴻章進行交涉，只是與李鴻章交換了禮貌上的名片，直接前往北京。大久保抵京後，仔細閱讀柳原和總理衙門的往返文書，認為如此反覆地辯論下去毫無意義，不如直接針對其論點提出問題。14 日大久保一行前往總理衙門，會晤奕忻、文祥、寶鋆、董恂、沈桂芬、崇綸、崇厚、成林、夏家鎬等大臣，進行第一次談判。

〔註 15〕〔日〕《大久保弁理大臣へ勅旨》，JCAHR: A03031133900；《日本外交文書》第七卷，第 176～177 頁。

〔註 16〕〔日〕《大久保弁理大臣へ勅旨》，JCAHR: A03031133900。

2. 大久保利通先發制人的談判策略

9 月 14 日，大久保與清政府進行第一次談判。大久保首先陳述日本政府派遣辦理大臣的目的，明確表示仍然保證柳原公使的權限。對於清政府官員的「貴大臣之言皆是貴朝廷之意嗎」質問，大久保答道：「可將本大臣之言視作本政府之言」。〔註 17〕

談判開始，大久保就採取反客為主、先發制人的策略，不再糾纏日本出兵侵臺的理由，而直接把談判的話題指向臺灣的番地不屬清政府版圖，展開外交攻勢：

大久保　本大臣想問貴政府對生蕃究竟有幾許實地治理呢？

文祥　至於實地治理問題，一時難以詳述，一言以蔽之，自有臺灣之地既有生番。猶如廣東省有瓊州，其島中雖有開港場，但周圍居住著很多象生番那樣的人們。

大久保　既然說是屬地，當然就要置官派兵加以治理，因此希望領教當地治理的詳細情況。

文祥　中國地域廣大，在此難以詳細說明，難以回答貴大臣的問題。

大久保　如此說來本大臣便難以理解了，生蕃之是非自今日生，自五月至今，今日本大臣奉命正式前來當面商討，應該可以得出明瞭的回答才對，但是，如果貴大臣說不能回答的話，今日的商議當然就毫無意義，而且歷來和柳原公使談判時所謂的蕃地為其所屬的言論決難相信。

文祥　我政府事務繁忙，各官分司其職，因此我一時難以作答，作為證據這裡有臺灣府志。已然在照會中詳細說明，別無可言。

大久保　引用府志的照會已拜讀過，然而在實地到底有何證據呢？公法上講，荒野之地，某國對此實際佔領，且在當地設置官府，如不能從其地得到利益，其所領有之權及主權將得不到承認。〔註 18〕

大久保的狡猾在於將談判的問題歸納為「蕃地無主」，即「簡而言之，貴

〔註 17〕〔日〕《単行書·使清弁理始末·完》，JCAHR: A04017223600。
〔註 18〕〔日〕《単行書·使清弁理始末·完》，JCAHR: A04017223600。

國政府認為生蕃乃為屬地，本國則認為其為無主野蠻之地」。他實質上在用「臺灣番地是化外之地，即是近代國際法的無主之地」的邏輯操控談判的主動權。他利用國際法上的實際統治理論追問中國政府官員，將談判話題轉向中國無法瞭解的收稅問題，令中國官員無以答對，從而轉變了對清政府有利的談判話題，迫使清官員從此開始跟著自己的話題：

沈桂芬　自古此地就歲歲繳納稅餉，顯而易見此地是大清國的屬土。（此時書記官遞給大久保一紙文書，內容是：生番等處，宜其風俗。聽其生聚。叛者征之。服者容之。向不設官設兵。其輸餉等事，已詳照會。）

文祥　貴大臣的問題是虛辯，根本無法回答。因此一定要把出處搞清楚。

大久保　此種輸稅之事，至今有官管理嗎？

沈桂芬　由當地頭人先行徵收，然後再一併繳納。

大久保　向何處繳納？

沈桂芬　向縣衙。

大久保　像牡丹社這樣的地方向那個縣衙繳納呢？

崇厚　向鳳山縣衙。

大久保　本大臣聽親赴當地的日本官員調查報告所說，據當地土人所言，不曾有過交稅之事。在此有文書為證，不妨一閱。〔註19〕

大久保還當場出示了副島九成和臺灣車城人借地的筆錄。文祥見此筆錄，回應說：「我國不僅在生番之地，而且在內地如此管理的地方也不少。租稅主要由村官統一上繳，百姓可能不瞭解詳情。」〔註20〕大久保反駁道：「既然是貴國屬地，按照常理應該定期派官，租稅也應定期徵收，對於此問貴中堂的回答開始說一切具備，後來又說是由民莊來做。貴中堂所言前後不符，本大臣尤為不解。」〔註21〕文祥再駁說：「言語可能會有錯雜或者難於理解之處，但是貴國和本國是同文之國家，即使文字有分疏，自己本身還是應該明白。」〔註22〕

大久保雖以番地沒有實際管轄為尋找藉口，並以清政府在當地並無納稅

〔註19〕〔日〕《単行書・使清弁理始末・完》，JCAHR: A04017223600。
〔註20〕〔日〕《単行書・使清弁理始末・完》，JCAHR: A04017223600。
〔註21〕〔日〕《単行書・使清弁理始末・完》，JCAHR: A04017223600。
〔註22〕〔日〕《単行書・使清弁理始末・完》，JCAHR: A04017223600。

之例，以此否定清政府對番主權的主張，但在中方的反論下，也使大久保的說法很難成立。

3. 大久保無視《臺灣府志》的證據

9月16日午後一點，總理大臣董恂、沈桂芬、崇綸、崇厚等四名官員前往大久保居住的旅館，雙方進行第二次會談，清方對大久保提出兩點質疑。總理衙門大臣們提出，《臺灣府志》有臺灣生番曾經納稅二十兩的記載，憑此可以證明清政府對其擁有主權，並附以書面答覆：

> 第一條查臺灣生番之地，中國宜其風俗，聽其生聚。其力能輸餉者，則歲納社餉。其質較秀者則進入社學。即寬大之政以寓教養之意，各歸就近廳州縣分轄，並不設官也。特中國政教由漸而施，毫無勉強急遂之心。若廣東瓊州府生黎亦然，中國似此地方甚多，亦不止瓊州臺灣等處也。況各省各處辦法均不相同，而番黎等辦法尤有不同，此即條約中所載兩國政事禁令也各有異同之意。
>
> 第二條查中國與各國通商友好，遇有各國官商民人船隻意外遭風，及交涉案件各國商民受虧等事，一經各國大臣將詳細事由情形照會本衙門，必為立即行文查明妥辦。雖辦理有難易遲速不同，卻從無置擱不辦之件。如此案生番，貴國如有詳晰照會前來，本衙門無不查辦。且本衙門甚不願有此等情事，此後尚須設法妥籌保護以善將來。〔註23〕

清政府還以《臺灣府志》及戶部冊籍為證，反駁日方云：「番地」並非全無政教，生番要繳納名為社餉的租稅，優秀的番童也要進入社學來學習。而「土番」的行為，則根據各國使臣及領事的照會，予以處罰。這一事件，日本如有照會，自當查辦，向無放置之理。即對臺灣，亦須法設官以轄之，而盡中國自主之權，請勿無謂干涉。〔註24〕

大久保則當場對以《臺灣府志》作為清政府擁有番地主權的說法提出質疑：

> 大久保　貴國的答覆書待熟讀後再行申告，雖然答覆中所說的蕃地就和廣東瓊州相仿，但是將此地同樣看待之事難以苟同，

〔註23〕文慶等奉敕纂：《籌辦夷務始末》卷九七，臺北，國風出版社，1974年版，第39～40頁。

〔註24〕〔日〕《単行書・使清弁理始末・完》，JCAHR: A04017223600。

況且發生蕃人殺害我國人民之事，引用其和內陸地方相類似來加以論辯，本人難以認同。

中方大臣　無法事事皆以書面作答應該可以以此來答覆。

大久保　就像前天曾說過的那樣，僅憑府志上交納了二十兩稅收便可作為生蕃屬於貴國的證據嗎？

中方　雖以府志為徵，但也不是年年都固定徵收，因為終歸還是有豐收和災年免稅的情況。〔註25〕

此次會面並未進行太多的辯論，因為大久保的策略是揪出對方的錯誤，而清政府方面則是被動回答對方的質問，以期證明對番地的所屬權。此種「釋疑解惑」的想法及其做法，當然無法應對專以對方失誤獲取外交主動的大久保，造成被對方控制的局面。

4. 無果而終的第二次談判

9 月 19 日，第三次談判在總理衙門進行。會談剛開始，大久保為了將清官員的氣勢壓下去，率先提出兩條質疑，雙方對臺灣番地所屬展開激烈的辯論：

大久保　答覆書中存在答非所問的情況，臺灣蕃地如果確實是貴國的版圖，前日的答辯還是不能解釋。夫版圖者，須確有證據。如果政權不曾波及，公法上非政權管轄之地，不承認其為某國的版圖。我相信蕃地決不是貴國的版圖。

文祥　正像前日會晤時詳細陳述的那樣，如果互相詰難地辯論的話，最終也難有結局。不妨現在約定，在和約中商定兩國政事禁令有異同，存在事先未知的事情。按照此條約各司其政，此乃本人的談話要點。貴大臣如果也有和好之意圖，可達成友好，這對商議本身來說至為緊要。

又說　萬國公法乃近來西洋各國創立的，未曾記載我國之事，因此不應使用它來商議，應該用正理友好地商談。如果說生番之地我國政令不及，好像是咎問我國政事。生番之事可由我國辦理，而且以政事不及就認為不在我國管轄，無論辯論幾次，我也無法解答。

〔註25〕〔日〕《單行書．使清弁理始末．完》，JCAHR: A04017223600。

大久保　我也並非喜歡辯論，奉使來華的宗旨是為了友好，本來關於生蕃之事已經派了柳原前來，現今本人又來貴地，更加表明本國為了友好之意。然而貴國依然稱生蕃為自己的版圖，今日的話題實際上是關於生蕃到底是否屬地的辯論，所以不得不反覆加以辯論。儘管知道中日修好條規中規定不干涉對方的政事禁令，但是蕃地之事與此無關。正如一直表述的那樣，蕃地人及其兇惡，將殺害他國人民之事視為平常，以至於釀成現在這樣的事情。我國認為並非貴國所屬，所以自己著手處理。貴國如果堅持是自己的屬地，就請問證據何在呢？

文祥　若問在實地有多少政令，我確實難以回答。但也不能因此就說我國未對生番實施政令。像如此之處，尚有四川雲南湖南湖北瓊州等地，即使在京師附近也有類似之地，不設官之地很多。如果藉此例證來詰難不是本國版圖的話，那我國可就為難了。貴大臣所說的我國懈怠於管理的事情或許存在，但是如果詢問版圖的證據，確是難以一一指證，更不能說我沒有證據。按照彼此不干涉政事禁令的規定，由我國自己處理番地之事才是理所當然。貴大臣如果不信任我，本國政府該如何是好呢？

大久保　內地之說前些天已領教過了，但是生蕃之地並非同日而語。為何蕃地兇暴的人殘殺外國人，堂堂政府卻置之不問不理呢？貴大臣稱其為自己的屬地，本人更是難以理解。本來並無妨礙貴國自由行使權力之心，但稱其為版圖，又看不到實證，才不得不反覆辯論。〔註26〕

從上述對話內容來看，清政府認為具有番地的主權，而日本提出的政教不及非為所屬之說，是在干涉清政府的內政，和中日修好條約相違背，是不友好的行為。大久保堅持認為，既然是屬地就應有實地管轄的實證，而清政府並無實證，所以不具有番地主權，日本可以自由處置；並引用萬國公法為據，反駁清方的觀點。眾所周知，此時的清政府對萬國公法並不十分熟悉，

〔註26〕〔日〕《単行書・使清弁理始末・完》，JCAHR: A04017223600。

日本以前述西方領土殖民標準來衡量臺灣主權，〔註 27〕將根本風馬牛不相及的兩種情況牽強地作比，清政府官員當然無法理解和接受，所以雙方談判未有進展。

二、英國公使威妥瑪調停

為了避免列強阻力以順利進行接下來的談判，大久保從第一次談判後的次日就開始相繼拜訪英美等國公使館，採用矇騙手段進行外交斡旋，取得了很好的實效。9 月 16 日，英國公使威妥瑪還到大久保處登門造訪。根據日本外交文書的記載，當時談話內容如下：

威妥瑪　今日有一問題前來相見，如果無妨的話想請教一下。

大久保　請講無妨。

威妥瑪　臺灣之事據斯伊爾帕克來信，日本外務卿講支那如果說日本征番之事非理的話，便可退兵，此事可否屬實？

大久保　此種說法差異很大。

威妥瑪　大意有何等差異？

大久保　日本行動前已曾就此事發布聲明。

威妥瑪　就像如此闡述嗎？明後日本國的船隻會來此，因此為瞭解現今的狀況，以便向本國彙報。本國人在支那地方很多，為了根據形勢派出很多船隻保護國民等事，所以不顧貴大臣嫌煩而前來詢問。

大久保　貴公使的擔心不無道理。

威妥瑪　明晚可應家人之許到達京城，明後日即快速地向政府呈遞書函，因此特向貴大臣詢問。

大久保　家眷住於何處呀？〔註 28〕

大久保與列強使節的交往，目的在於獲得他們的支持，卻不願讓對方瞭解

〔註 27〕即使按照西方國際法的條款，中國也有臺灣東部的領土主權，因為當時的公法中規定：「國人徙居荒地遂據為己有者」，「開墾新地……若人民擅行於先，國家允准於後，亦無不可。」中國的《臺灣府志》，完全可以看作是中國政府的允准。參見《公法便覽》，卷一，第二章，第 16 頁，以及《公法會通》卷三，第二百七十九章，第 2 頁。同時，公法中的「某國人民遷徙墾荒，佔據海岸，其附近之內地，應從而歸之」，也證明臺灣全島完全是中國的土地。參見《公法會通》卷三，第二百八十二章，第 3 頁。

〔註 28〕〔日〕《単行書・使清弁理始末・完》，JCAHR: A04017223600。

自己的真實想法。所以當威妥瑪想要瞭解日本的行動真實情況時，大久保就避開話題，與他嘮起家常。可見其唯恐洩漏談判機密，給英方等列強以干涉的機會，這會影響日方通過談判獲取更大利益。這是極端狡黠的伎倆。

對於大久保牽強地以實效統治為藉口徹底否定中國臺灣東部屬權的強硬做法，清政府最初冀望英國公使「公評」。英國公使自然願意在中日談判中表達本國的利益，施加對中日兩國的影響，便於 9 月 22 日給總理衙門遞交了一份節略，〔註 29〕迫不及待地探聽清政府的授權界限。當時清政府只是將日本侵臺合理與否交各國公使發表意見。中日雙方第三次談判後，9 月 26 日，英國公使前往日本外交官一行的旅館，再一次前來探聽雙方談判的情況，但大久保為了掌握談判的主動權，堅持本國既定的行動計劃，還是避開話鋒，始終未向威妥瑪透漏出自己的真實意圖和談判底線。

威妥瑪　據心腹稟告，據我所知好像臺灣全島歷來屬於支那，但是近日日本卻派兵前往，征伐土番。支那政府稱此地為其屬地，常常向我討論曲直。本人不能以偏聽之言來回答，所以貴政府如果說非其屬地有何根據嗎？本人願聽貴方賜教。

大久保　根據很多，很是錯綜複雜，非一朝一夕所能說明，但正如前述，隨著不斷商議道理自然會明瞭。不出幾日雙方便會討論出結果，屆時將會有所奉告。

威妥瑪　現在想要瞭解的是臺灣的日軍打算長期駐紮嗎？或者根據事情發展情況可以退兵呢？如果決不退兵，兩國間可能會出現紛爭，如果出現此種情況，本國要事先做出準備，所以希望告知一下。

大久保　本國未說決不退兵，具體要根據商議情況而定，現在尚無

〔註 29〕節略中稱：1. 我是否瞭解正確，總理衙門所謂「公評是非之處」意即公斷，或者僅僅意味著，根據目前一方所述，論其曲直，如係後一種看法，我願知道中國是否仍然盼望提出公斷？2. 如果提議公斷，中國將以什麼問題交付公斷？3. 總理衙門和在京日使往還中，有無某些情況說明日本政府準備提交外國公使公斷？交給所有外國公使或只是某幾個國家的公使？4. 如遇必要，是否準備接受日本的條件？5. 為使英國政府瞭解情況，我願知道，如果日本拒絕提交公斷，中國意圖採取什麼辦法？威妥瑪致德比，第 222 號，北京，1874 年 11 月 16 日，附件 2 號，威妥瑪致恭親王節略，北京 1874 年 9 月 28 日，F·O·17/676·轉引自王繩祖著：《中英關係史論叢》，北京人民出版社 1981 年版，第 57 頁。

法詳細回答。

威妥瑪　根據情況退兵那是日本政府決定的事情，本人充分瞭解。本人會力圖讓中國政府接受此種結局。

大久保　承蒙厚意，我想正如前面所說，近日兩國政府間便可做出決定。所以不再麻煩您了。

威妥瑪　此事本來與我並不相干，但正如閣下所知，本國國民的商社在此地有二百餘家，每年的貿易額達到四億元。如果真出現兩國交戰的話，本國不得不保護本國商人的利益，所以十天後，本人想到上海和水師提督面商，事先做些準備。所關心之事非本人私事，而是和本國人民利益相關。

大久保　高論確實有理，前幾天已領教過貴公使的高論，此事讓貴公使顧念，所以希望早一天達成和平的結局。〔註30〕

雖然英國公使威妥瑪接受了清政府的請求，試圖在中日間進行調停，但更主要的是英國擔心戰爭會影響本國商人的利益，因此主張和平解決爭端，既實現懲罰番人杜絕危害遇難船民生命、從而保護今後英國商業利益的目標，又不會因為戰爭而影響本國商人的貿易活動。但大久保並不想給外國人支配的權力，認為通過本身的狡黠可以促使清政府做出退讓，既能佔據臺灣，又能使中國在不明就裏的情況下承認琉球歸屬日本的事實。當日威妥瑪並未得到日本撤兵的條件，一時難於左右中日談判的進程。

三、大久保搬弄國際法威懾清政府

10 月 5 日，大久保到總署與文祥等進行第四次談判，其談判內容大體如下：

大久保　貴照覆中稱本大臣無端揣測，但是貴方所謂的社餉及一旦有外國照會必然查辦，任由英美自辦的例證是本大臣隨意猜測的嗎？

中方大臣　儘管責備不明確回答，但是這樣的語言我們不相信是出自總理衙門之口。

大久保　是呀，難以相信。

中方大臣　此事雖經幾次答覆仍不相信。

〔註30〕〔日〕《単行書・使清弁理始末・完》，JCAHR: A04017223600。

大久保　不是猜測，我們確實有證據。請就外國有知照不會耽擱、府志的社餉等詳細予以答覆。

中方大臣　我們已經用證據答覆完畢。

大久保　尚未對我的疑問給予詳細答覆。我詢問的各節未曾有答覆，如果再如此下去的話，就又會說不奉政教等，這是保持兩國和好嗎？

中方大臣　此事自柳原大臣來京後就曾詳細闡述過，之後和貴大臣會面及照會中已然非常詳細說明了。再無需陳述了。貴國說生番不屬我管轄，我畢竟難以苟同。如果堅持狡辯生番非我所管轄的話，那就有違貴大臣所說的和好的宗旨。

大久保　我歷來認為生蕃之地為無主野蕃，但貴方卻主張轄屬。不回答我的問題就不是追求友好之道，即使說一經外國知照就行查辦等事，也絕難相信。貴大臣越是曖昧地回答，本人就越是相信非中國版圖。

中方大臣　有外國的知照一定處理，但是查辦有快慢、事情有難易之分，決無放置不問之理。

大久保　貴大臣所說的作為證據的府志，也明顯地說明蕃地非貴國版圖，而且當地也有非貴國管轄的證據。我所詢問的至今尚無明確的答覆，雖然已經是數十回了，但還是不得不辯論，這是我奉使的任務。

中方大臣　雖然責備應該舉出證據，但近來的會面和照會，該答覆的我們已經言盡了。

大久保　以一己之私見，不值得再三詰問。既然府志上記載明瞭，而且一經知照即行查辦，那我這裡有一確證，請貴大臣詳閱。

（此時大久保拿出臺灣府官員發給廈門美國領事的照會，請中方大臣們閱覽。）

大久保　曾經稟告過幾次，都是一樣不變的。副島大臣派兩個人通告，當時明確地回答和貴國無關。因為貴國回答是化外蕃地，所以才以此意來行事。

中方大臣　貴大臣如果引用副島大臣之事來辯論，我絕對未曾聽到。回顧當時情形，我未說過無主之言。

大久保　幾次辯論皆如此，應該相信去年的答覆。

（此時文祥對鄭永寧說：談論到此種程度，白白的破壞友好，貴翻譯官注意一下此處，請給予說明。）

大久保　去年答覆副島的話應該相信，與貴大臣討論了幾次都無結果，近期將停止談判回國。

毛大臣　去年的事我也未曾說過無主這樣的話。

文祥　我們雖然該回答的都回答，如果要回國也不強留。〔註 31〕

此次談判，大久保特別拿出一八六七年的「羅妹」號事件時臺灣府給廈門領事李仙得的照會為證，還以副島使清時的言質為由，逼迫總署承認臺灣番地非中國所屬。

雙方都不肯在此事上讓步，且都試圖迫使對方退讓，大久保甚至以停止談判來要挾。對於臺灣番地，清政府從當時的東亞國際政治角度，認為臺灣理所當然地應該為中國領土，但大久保再次牽強地引用西方的標準否定中國的主張，謂「一國新占曠地，該國如非實際領有，且於其地建設館司，獲得實益，則公法不承認其主權」、「一國雖有掌管邦土之名，而無其實者，他國取之，亦不為侵犯公法」。〔註 32〕彼此之間展開了激烈爭辯。

此次談判中，大久保搬出李仙得關於番地無主論的意見，以及布瓦索拿德的國際法知識。李的意見主要記載於 1874 年在上海匿名出版的《臺灣番地是中華帝國之一部乎？》（Is Aboriginal Formosa a Part of the Chinese Empire ?），即「番地所屬論」。在談判中，李仙得一再給大久保送意見書，據大久保的日記記載：「今晚李仙得意見書，由吉原報告大意。」〔註 33〕李仙得的意見書即是他的「番地所屬論」，他在此著作中引證「羅妹」號事件認為：第一，中國對於臺灣番地，並無任何權利，縱使中國過去獲得其權利，但在番地未嘗開發之時，這種權利也是不完全的，即是一時的。這是因為中國過去在此地區實施政權之時，曾有一種遂行義務的約束，現在則看遂行的意志及能力如何。第二，中國在條約上所得的權利，乃由其對「生番」怠忽實行義務之日起而告消失。即所有放任未開土地的管轄主權，概自消失；這與文明國的下述情形相同：租地人如果不付租金，或租地人對於租地契約所列的義務未經履行，

〔註 31〕〔日〕《単行書・使清弁理始末・完》，JCAHR: A04017223600。

〔註 32〕〔日〕《単行書・使清弁理始末・完》，JCAHR: A04017223600。

〔註 33〕〔日〕《大久保利通日記》下卷，第 312～317 頁。

則地主可以驅逐租地人。第三，對於無主之地最初著手經營的文明國，亦即對於先人完全放棄之地最初著手經營的文明國，必須以此土地相贈與。日本佔領臺灣番地，著手經營番人開發事業，故有充分權利可以請求其土地。另外，番地經日本軍隊佔領以後，經過與讓受別國領土的同樣的順序，可以付出相當的賠償金而求和解之方。〔註34〕同時他還教唆大久保，說：「日本已盡應盡的義務與責任，中國如果以日本這次舉動為非是，不為懇篤的協議，反欲襲擊日本，則日本不惜與中國一戰。戰事一旦開始，日本豈能墜其祖先的勇名。」〔註35〕

由於清方寸步不讓，大久保仍然無法在外交上取勝。清政府對前年副島使清時的言質提出反論：清政府給李仙得的照會解釋說，這是地方官之失誤而中央政府不為其負責任；副島未就臺灣生番一事提出正式照會，清政府當然不用去查辦，而且柳原與大臣毛、董會談時，並未表明日本擬定查辦之語，故清方認為只是一場會談而已，沒想到日本會真的舉兵侵臺。同時，清政府一再強調，中國官員雖說是化外番地，但未曾說是無主之地。〔註36〕

清政府不能漠視日本明目張膽地佔據臺灣領土，更不會承認日本以牽強的藉口侵略臺灣的土地，日本圖謀臺灣的目的不可能輕易實現。大久保以停止談判回國來向清方施壓，因為觸及核心關注與最大利益，清政府當然不能相讓，於是日本的態度迫使談判無法進行下去，雙方不歡而散。

但是出於維持最低談判利益的目的，大久保仍想繼續談判下去，以期獲得中方對出兵性質的承認，所以主動提出了兩國改換話題，尋求彼此皆能接受辦法的建議。經過幾次談判，大久保察覺臺灣番地所屬論爭絕不是達成兩國協議的方法，必須另謀其他方法解決。他發現總理衙門雖然堅持主權及日軍撤退，但也同樣地宣稱要保全中日兩國的和平，所以不再與其爭論臺灣主權問題。如果趁中國防範琉球心裏薄弱的空隙，獲得出兵為義舉之名，並得到清政府的賠償是極為可能的，還可以為以後延伸解釋琉球主權預設鋪墊。所以他提出了「兩便辦法」的主張。

大久保認為，在外交談判上未獲正當名目之前，即使談判破裂、使節回國、拒絕邦交的情形真的發生，也不能由日本來宣戰，只能等待清政府開戰；但是

〔註34〕〔日〕《大久保利通日記》下卷，第321～322頁。
〔註35〕〔日〕《大久保利通日記》下卷，第322頁。
〔註36〕〔日〕《大日本外交文書》第七卷，第255～256頁。

沒有任何跡象顯示，清軍真的會攻擊西鄉的征臺軍。反之，如果先由日本發動戰爭，則反而陷入中國的策略，因為日本沒有任何正當的理由先行宣戰。〔註37〕所以大久保為維護日本發動「征臺」的「正當名譽」，不願意輕易放棄由外交途徑來解決糾紛。於是他在10月10日照會給總署，呼籲停止兩國代表的論辯，為達成和好由中國方面提出「兩便辦法」，〔註38〕試圖保持住談判底線，維護「征臺」的所謂名譽。照會云：

本大臣自奉命入京以來，日夕耿耿以思，臺蕃一案，兩議殊岐，紛無了期。致從而為兩國大事，兩國生靈終為何狀未可知焉。是豈兩國大臣弄詞鬥辯之日乎哉？惟天下理無兩是，事必歸一。（中略）貴國所轄治也。今我勞師耗財，劈蓁除梗。衿柬蕃民，污言相加，多辭相擾。實出意外。貴王大臣易地措身試一思之，亦豈所堪哉？侵越云，犯約云，實案未具加人以不容之罪。及其反覆討論情事漸露，猝又諉以不好辯論，斥以不堪煩瀆，所謂情誼相推者何在？至柳原大臣依例請覲而不見，許有輕侮中國等語。本大臣明知貴王大臣已不以好意待我國也。夫兩國大事不同於匹夫匹婦口角勃窣隨罵隨笑者，今日之事知有所定。是天未欲成兩國之好也。本大臣亦何所求，而久躑躅於都門哉？抑我國再三派使，不為不恪，本大臣輸誠致矣，不為不竭，啟釁滋端，其咎孰任，盡言至此，萬非得以。祈貴王大臣中夜清閱，一再致思，衡平鑒明之間，固已瞭然矣。今期五日，欲知貴王大臣果欲保全好誼，必翻然改圖，別有兩便，辦法是實，見大國雍雍氣象也。我國素非貪土加兵者，兩國人民之慶。本大臣固有深望，若乃過期不復，別無改圖，則是貴王大臣口說保全和好而其實委之塗泥也。本大臣臨去倦倦於兩國和好，莫非以盡其分也。〔註39〕

第二天，總理衙門發出兩封公文。一封是回覆大久保4日的照會，針對美國處理「羅妹」號事件和清政府的照會事宜，糾正日本所說的自己帶兵前往的說法。正如前文所述，當時的情況也確實非自行處理的，美國方面包括李仙得多次向清政府通報情況，而且清政府還曾派官員帶兵去處理。這一系列說明番

〔註37〕〔日〕《大久保利通日記》下卷，第80～83頁。
〔註38〕〔日〕《大久保利通文書》第七卷，第261～264頁。
〔註39〕〔日〕《單行書·使清弁理始末·完》，JCAHR: A04017223600。

地所屬的事實。

另一封信是對於日本十日最後通牒的回答。信中並未對大久保的說辭采取相應的回辯，只是回覆說因為恭親王等要隨皇帝去南苑，所以五日的期限不可能給予回答。於是大久保同意再推遲三天。

在此期間大久保重視起了外國的反應，特意派遣李仙得前往美國使館、布瓦索拿德去法國使館、皮特曼赴英國使館活動，利用這些雇傭的外國顧問搜集外國和清政府的情報，以利準備今後的談判工作。

大久保自己則於 10 月 14 日主動登門拜訪英國公使威妥瑪，企圖利用英國迫使中國在談判上做出讓步，他們交流內容如下：

大久保　臺灣之舉本是因為我國五十餘名遇難船民，去年遭遇生蕃殺害，我政府為懲戒此地蕃民而開化指導他們。這同時保護了我國及護世界各國航海者的安全,期望以此杜絕後患。五月份，我國西鄉都督率兵前往當地。去年春季時分我國副島大使在北京期間，據前件所述，曾告知中國總理衙門要派遣人員赴當地查辦，因為生蕃之地與中國相接壤，所以為珍重兩國友好才加以通告。但是總理衙門毫無異議地回答說生蕃是化外之地乃政權不及，於是我政府日益認定是無主野蠻之地。(中略)去年春天副島告知時，回答說毫無異議，因此我國將其視為無主野蕃，更加應該開化此地蕃民，保護我國及各國航海者安全，除去將來的患害。關於此情形，可以在以往的照會及商議中得到證據。期待五天後中國總理衙門能夠翻然改圖，形成兩便的辦法，使雙方繼續進行深入的談判能夠達成和約這才是本人的使命。本大臣歷來重視兩國和好，希望解除中國的疑惑，平穩地將事情處理好。(後略)

威妥瑪　副島公使在北京告知的內容是用公文方式嗎？

大久保　不是，是讓柳原代理，面見總理衙門大臣相告的。

威妥瑪　是那樣啊。

大久保　一到期限應該有可否的回答。根據答覆的情況決定回國的時間，出使已經兩個月有餘了，近日本國特意派船來傳達政府的命令，我也想盡早回國。

威妥瑪　前幾日到貴寓，曾經詢問是否可根據情況來退兵，退兵是當然的，但是事情現在還難說，現在可以聽聽事情的進展嗎？

大久保　此次出兵本是我國的義舉，懲罰蕃人並加以教化，不僅保護我國人民而且還有各國航海者，杜絕將來的後患，這是我國的本意。不敢貪圖土地，只要能保住名譽便可退兵。

威妥瑪　涉及名譽問題，不退兵無須詢問。除此事之外還有什麼希望的嗎？

大久保　正如貴公使所知，此舉最初是向本國國民發誓要完成的義務。而且在當地的士兵們風餐露宿非常艱苦，甚至還有死傷，耗費了巨大的經費。因此，如果不能滿足政府的要求，以及足以向人民說明的理由，便難以退兵。

威妥瑪　如何才能夠滿足貴國的要求呢？

大久保　這應該由中國來思考。

威妥瑪　任憑他們的主張嗎？

大久保　是的。

威妥瑪　回國時是與柳原公使一同還是公使留下呢？

大久保　此事尚未決定，屆時再定。

威妥瑪　所談之事已然瞭解了，多少對本國也有益處。本來已知悉中國的詳情，今日方知日本的意見和事情的進展情況，承蒙告知，多謝。〔註40〕

為了拉攏和利用英國公使，此時大久保終於將交涉的進展情況向威妥瑪作了介紹。英國公使發現和日本有了共同的利益，於是開始協助日本壓制中國，迫使其不追究日本出兵的理由，並予以適當賠償。大久保的說教果然見效，從此威妥瑪便開始了這項工作，日本的外交達到了意想中的目標。

為了更好地達到目標，大久保還於當日拜訪了法國公使館，期望得到法國公使的支持。大久保似乎是帶著期望而來，但是法國公使卻未表示出幫助的意向，因此，他便簡單陳述了一下要達成撤兵條件的理由，就告辭而別。〔註41〕可見大久保也想借用法國來向中國施壓，迫使中國接受日本的條件。

〔註40〕〔日〕《單行書・使清弁理始末・完》，JCAHR: A04017223600。
〔註41〕〔日〕《單行書・使清弁理始末・完》，JCAHR: A04017223600。

四、大久保脅迫清政府以賠償換撤兵

大久保於10月10日提出的「兩便辦法」，顯然就是包含著中國賠償的要求，其實這也是清政府準備妥協的方向，而且鑒於日本已在臺灣番地登陸的實際，也不得不放棄對日本出兵是非的追究，為了日本退兵也可以在金錢方面讓步。

10月16日，總理衙門給大久保發出公文，同意基於大久保的提案，由總理衙門大臣前往日本大臣所居住的旅館，開始兩國關於兩便辦法的談判。

10月18日，清總理衙門大臣董恂、沈桂芬、成林、夏家鎬，同日方全權辦理大臣大久保、柳原全權公使、鄭永寧翻譯官、太田資政、金井之恭書記官開始第五次會談，此時雙方代表都表示贊成商討兩便辦法，大久保先提出賠償問題，於是會談雙方開始討論補償問題：

大久保　前日的答覆書已經詳細閱讀，本大臣所書的書信畢竟是重視兩國和好的精神。尋求兩便的辦法。而貴大臣也當然是帶著和好的意願，為商議兩便的辦法，大駕光臨弊處，這是非常高興的事情。本大臣以為，今日的交談是事關兩國和好存否的重大事件，本日的談論決定可否，而且不可更改，這些皆在於貴大臣的權利。

沈桂芬　正如貴大臣所言，兩國的大事，待商議後可決定今後該如何。

又說　萬事皆須和恭親王文祥等商議才可，兩便的辦法可與此兩人商議。

大久保　如此說來，本日四大臣在此難於決定可否了？

沈桂芬　可決定的當然可以，不可決定的當然不可以。貴大臣所說的未必是不可的事情。

大久保　此事不在說完之後是無法知道的。

沈桂芬　根據貴大臣的談話便知可否，希望不出現以往的議論情況。關於兩便的辦法，一定是可以商量的，如果是單方的辦法，就不得不與恭親王和文祥等商量了。

大久保　關於今日的兩便辦法，貴政府可有意見，希望先請貴大臣詳細陳述一下。

沈桂芬　我認為兩便的事，非主張我一方的便利，貴大臣也是如此

認為吧，因此先聽聽貴大臣的陳述。（中略）

大久保　文中堂給柳原公使的書信中，曾說過，如果日本撤兵，將來可以處分生蕃。現在如果是此種意思的話，決不是兩便的辦法，那時貴政府自己的偏見，希望能得到明確的回答。

中方大臣　可以撤兵不是本國所說，我們沒有對貴公使下命令的權利。我們只是以和好為宗旨，不然就會指責向我管內派兵非常不友好的舉動。

大久保　貴國認為蕃地是其管轄，要求我們撤兵。我國不予承認是因為有所見為證。我政府討蕃的目的是保護國民、開導蕃民、保護將來航海者的安全的大義，我國士兵風餐露宿吃盡艱苦，特別是還失去了不少士兵的生命，加之我政府為了達到此目的耗用了莫大的費用。現今要撤兵蕃民有對我應盡的義務，現在貴政府如果有也可以。傷亡者的祭資自不待說，蕃地非常不便，我們需要的物資絲毫沒有，以至於修建營房和道路及士兵的糧食等，費用相當巨大。這些當然可由貴政府賠償，貴政府如果拒絕的話，本國政府可以為達目的繼續處理。為了始終不變的重大義務而努力，豈是貪圖領土之舉？

董恂　本國本來就未說貴國討番的目的有何不是。

又說　我政府認為番民殘害貴國人民，因此來報復，最初不知是本國土地，知道是我國版圖後，已經作了一定的處分，今日妥議後，消除以往的事故痕跡。（中略）

大久保　正如以往所稟告的那樣，如果說討蕃之舉是不對的話，我政府對天地神明、對各國政府也絲毫不覺得可恥。我人民遇害之事已經在照會中說明了，特別是在蕃地他們挑起戰端。今日的辦法不是沒有條理，仍堅持查辦之說於今日是不合適的，對談判也是無益的。

中方大臣　不是我們拒絕辦法，考察一下雙方情況，此事我們是可以辦的。我們覺得換個角度考慮，牽強的按照貴國的意圖的話確實不是辦法。今日所提出的賠償之談，若不查辦則難以詳細回答，卻說我政府不辦。

大久保　過去的五日論辯已經結束，已經該談論回國之事。所以今日的兩便辦法，是改變前論，以和好為目的。但今日所說查辦等事，我認為好像不是辦法。

沈桂芬　查辦生番之事如果不經過一定順序，對於我國來說則會失去顏面。

大久保　既然如此那該如何來做呢？

沈桂芬　前往生番實地去查辦，籌劃將來保護難民的方法。

大久保　如不如此前述之事就不能做嗎？

沈桂芬　我們的意思是不去生番查辦是不可以的，請容我們向親王和文祥等申告後，在回覆貴大臣的問題。

大久保　既然如此領教四位大臣的意見，不然就失去了和各位大臣談判的意義。

沈桂芬　我們認為不可。今日直接拿出償金的事情，事關我政府臉面的問題，難以立刻回答。

大久保　本大臣回國日期已經臨近，本來以今日為期和貴大臣相商，還要不得不與親王和文中堂商議，前述之事可否的決定，請於明日後日兩天給予回答，不再聽其他的議論。〔註 42〕

此次談判，大久保首先宣稱這是一次關乎兩國友好的重要會議，決定的事項不可更改，圖謀迫使清政府做出最後的讓步；且明顯表示出對繼續談判下去極不耐煩的態度，直接提出自己對兩便辦法的觀點，聲稱清方曾提出的日本先撤兵、將來再對生番加以處分之說，決不是兩便辦法，而是對清政府單方面有利的辦法。同時表示了日本認為的兩便辦法：「我政府討蕃的目的是保護人民、開化蕃民、以維護將來航海者的安全為大義」,「耗費巨大，蕃民不能補償的話，貴政府便有補償的義務」,「傷亡者的祭資且不說，修建軍營及士兵的糧食等所需非常巨大。」〔註 43〕

如此一來，清政府就需要做兩件事，即承認日本的義舉和負擔數額巨大的軍費。總理衙門大臣在當時表示對日本出兵之事不予追究，這是清政府方面做出的善意和退讓。按照清政府最初的想法，是要詰問日本出兵理由的，但既然兩國都想尋求「兩便辦法」，那就權且當作日本最初不瞭解番地所屬問

〔註 42〕〔日〕《単行書・使清弁理始末・完》，JCAHR: A04017223600。
〔註 43〕〔日〕《単行書・使清弁理始末・完》，JCAHR: A04017223600。

題，不知者不怪，不再加以追究。很顯然，不追究出兵理由只是為尋求和解所做出的退讓，並非是對日本為琉球人問罪的認可。大久保將賠償作為兩便辦法，要求中國直接接受。總理衙門大臣認為此事需要繼續商議，雖然已經決定用撫恤來換取日本的退兵，但是對於賠償金額和名目也還是有必要再商量。因為此兩件事為「兩便辦法」的重要內容，無論哪個國家都不能簡單做出允諾，所以沈桂芬推說需要查辦之，向恭親王申告後才可回答，並未在當時輕易做出答覆。

五、清政府妥協以撫恤換撤兵

10月20日，大久保全權辦理大臣、柳原全權公使、太田鐵道權頭、鄭永寧外務一等書記官、金井之恭權少內史等，前往總理衙門，與總理衙門大臣文祥、董恂、沈桂芬、成林等進行第六次會談。《使清辦理始末》中詳細記載了會談的具體情況：

大久保　前天四位大臣來到弊舍，當時本大臣談了關於兩便辦法的意見。覺得和親王與各大臣協議後，應該有明確的答覆，於是本日特地前來領教。特別是昨天接到照會，今日能夠和各位大臣一同相見，希望能得到可否的最終決定。

文祥　正如昨天照會所說，前天四大臣告知的事情我是同意的，但貴大臣說過以兩便辦法解決，我認為這對本國政府來說可是大大不便。本大臣認為，僅就事情本身來討論，應結束不必要的雜論，以達到雙方和好為目的。

大久保　本大臣認為前天所闡述的便為兩便的辦法，況且討蕃之事本來是我國政府上下協議後才著手的，決不可中途停止。正如前日所說，如果貴政府想要擁有此地，對於我國有義務，便是理所當然的。況且也可聽聽貴政府的意見，本大臣認為這就已經是兩便辦法了。

文祥　對於今日貴大臣的高論本人並不想辯駁，主要以和好為宗旨。但是在此之前也說過，貴大臣所言是否真實呢？如果貴大臣果真希望出現結局，就請將貴國的不便詳細闡述一下，也能傾聽一下我們的不便。

大久保　貴政府所說的不便，本大臣不敢相信。看不出貴政府有何不便，貴大臣的談話似乎並不屬實。

文祥　如果說有難處可能未必瞭解，但確有其事，此事過後有各位大臣向貴大臣陳述，首先想傾聽一下貴國的不便。

大久保　既然如此，就將我國政府有所不便不得不說之事說明一下。

文祥　貴大臣不必再詳細述說，前日四位大臣已經將貴大臣的意思詳細轉達給我了。貴大臣和我坦誠地將心裏表達出來，互相吐露實際難處，和平地商量一下，這才是彼此容納的方式。

大久保　前日在旅館時，已經說過的話是本大臣的肺腑之言。我國政府討蕃的義務在舉國上下都曾發過誓言，不可中途停止。而且費用皆是出自國民，若想讓我們退兵，也需對人民有個交代，使本國政府達到滿足的程度。

文祥　雖然貴大臣的撤兵方案已經很詳細了，但正如昨天所陳述的那樣，如果不先對生番查辦的話，於我國政府確有不便。既然貴國是為了義務而來，我國政府也不能不對人民盡義務。現今向我國屬地派遣軍隊還需要我國賠償，以此來換取貴國退兵，這對我國來說太無顏面了。所以不經我國政府查辦後無法讓人民出錢賠償。貴國的討番之義舉我國政府如果認同的話，貴國豈不為義而來，為義而歸呢？這不是聖明之舉嗎？

大久保　經過貴政府的查辦，如果難於說出賠償的話，那將如何呢？一切都難以預料。查辦後雖然說一定處分，但其後用何方式來處理，卻不得而知。

文祥　因為剛剛病後初愈，談話可能會有不周全之處，特以書面文字加以陳述，請過目。

（此時文祥拿出一紙文稿）

文祥　此書是答覆貴大臣的書信。貴國此舉對於我國來說是極為恥辱之事，對此就不再多加議論了。現在貴國政府如果為義而來為義而歸的話，其後可向貴國陳報事情處理的結果，今日有書信在此可以相信。希望深刻瞭解難以面對天下人民的苦衷。

大久保　拜閱了貴書信，也領悟了貴大臣的意思。但如此一來不就又返回到前面所說的屬與不屬之辯嗎？繼續討論此事是徒勞無益的，貴大臣不也是同意了嗎？因此想瞭解一下將來的辦法。

董恂　正如前天所說，待查辦後便可報知。

大久保　查辦的方法以及查辦後如何報知呢？

沈桂芬　查辦在撤兵後進行，我國政府也像這樣報知，絕不會違約反悔。

大久保　我國撤兵後查辦與報知會達到什麼程度呢？

沈桂芬　貴國撤兵後的查辦方式是，加強人民對外國的友好教化，難以對貴國軍隊賠償。但我大皇帝可以補償貴國的難民，請體察此意並予以考量。貴國撤兵後我國政府決不做有異議的事。

大久保　可否以文字記述？

文祥　應該以文字陳述，但我國大皇帝的補償難以用文字記載，具體金額現在還很難明確。貴國退兵後，我國皇帝可向難民提供補償，這就好像貴大臣拿著劍來談判，事情很難談，放下劍來談判，事情就很容易一樣。這是本大臣的心裏話，貴大臣也許不理解。我國本來對貴國的義舉沒有異議，也知道賠償金額，只是現在不便說，貴大臣也不應該說，我們還是以名義為重。

大久保　那樣的話是貴國的便宜，對於我國而言，上難對政府下難對人民有所交代，將難以撤兵，我國政府決不是希望金錢。

沈桂芬　貴大臣的高論也有道理，所陳述的情況也已瞭解，但如能體察一下我國的不便，我政府必能格外地去處理此事。具體賠償金額確實恐怕外泄，請予諒解，這是格外的處理方式。說數目不明確就難以撤兵就難辦了。

大久保　沒有此等事情，償付金額不明確難以承允。貴政府如果未有明確的答覆我該如何向皇帝覆命呢？又以什麼面對我國人民呢？貴大臣所說的是貴國之便，如此的兩便辦法肯定不會是解決辦法。我已經再三請求明確的給了答覆（此時

拿出文件）

大久保　領教了四條方案，但對於我國來說，經過充分考量，謀求兩便的辦法。但貴國政府卻破壞此方法，我們絕對難以如此就撤兵。沒有確鑿的證據的話，即使我承認，本國政府和人民也難以承允。正如本月五日通告那樣，貴政府如果不想和好，我將非常遺憾，不得不停止談判回國。

沈桂芬　不能說拿不出證據，本日談話中就可以公文的形式明確稟告，貴大臣空無憑據地說回國不是解決問題辦法。（中略）

大久保　有緊急的事可於明日面商，如果有所不方便也希望明後日也必須面商。

沈桂芬　明日和恭親王商量一下，請告知何時能來衙門，希望明日午後兩三點鐘，鄭永寧能來衙門。

大久保　可以，希望明日即可面晤。〔註44〕

總理衙門大臣們在此次交涉中提出了四條解決方案，希望以此平息中日間的衝突。這四條方案是：

（一）貴國從前兵到臺灣藩境，既係認臺藩為無主野蠻，並非明知是中國地方而加兵。夫不知中國地方加兵，與明知中國地方加兵不同，此一節可不算日本之不是。

（二）今既說明地屬中國，將來中國於貴國退兵之後，中國斷然不再提起從前加兵之事，貴國亦不可謂此係情讓中國之事。

（三）此事由臺番傷害漂民而起，貴國兵退之後，中國仍為查辦。

（四）貴國從前被害之人，將來查明，中國大皇帝恩典酌量撫恤。〔註45〕

以上內容明示了腐朽的清政府妥協和懵懂無知已到了極致。將日本盡速退兵為首務，在此前提下，不得不承認已經無法扭轉的、日本出兵並佔據臺灣番地的現實，自己卻放棄了正當的立場。清方不僅未就日本出兵臺灣加以責斥，更為關鍵的是被對方計謀所牽制，不加區別地將被害人說成「貴國」的屬民，沒有明確限定是小田縣人，而非琉球人。這讓日本人又抓住可以延伸解釋的口實，成為了清政府承認琉球人是日本屬民的證據，為日本吞併琉球埋下了

〔註44〕〔日〕《単行書・使清弁理始末・完》，JCAHR: A04017223600。
〔註45〕〔日〕《大日本外交文書》第七卷，第289頁。

伏筆，再一次中了日本的下懷。

翌日，日本的鄭永寧書記官來到總理衙門，與各位大臣就具體的賠償問題進行了一番交涉，主要話題是賠償金的總額及其名目等：

鄭永寧　昨日沈大臣告知我國辦理大臣，請本人今日前來，故應約而來，不知有何事相告？

周家楣　沈大臣因為有事不得不出去，命本人先暫時與您談談。昨天大久保大臣所說的金額，希望多少數量為好呢？今天可直接向我說明。

鄭永寧　顧慮貴政府的名義，辦理大臣還未最後決定數量，請先詢問貴政府答應的數目，是否適合我國的要求，可用書信確認。

周家楣　您可知大概的費用？

鄭永寧　據我辦理大臣所說，現今實際花費總額是五百萬美元，除去購買戰艦器材的費用二百萬美元，番地的實際費用是三百萬美元。因此貴國政府名義之事可像昨日商議那樣處理，三百萬的數目不能有所增減。（中略）

沈桂芬　本衙門的宗旨是以兩國和好為主，採取此種辦法就是為保存雙方的體面，希望不以兵費的形式來表述。但是除暴安良的詞句出現在前面的話，和好之意何在呢？

鄭永寧　這是敘述本國出兵的意圖，不是加入辦法中的詞句，不應該指責此事。只是辦理大臣為了保護兩國今後的和好，以免引起本國政府和人民的非議，是平息軍民情緒的辦法。因此只要賠償數目確定適合本政府的要求，當然就不存在其他麻煩了。

沈桂芬　我國皇帝所說的撫恤，是為救助難民的優待，自己雖然有數，但是貴國所稱的計算兵費賠償之事，外國看來和我國體有極大關係，所以數目難以預定。

周家楣　據傳說貴國實際耗費不是五六十萬嗎？

鄭永寧　不知這是何人之說，此舉耗費很大，番地之事不是他所能知道的。

沈桂芬　貴國此舉我國耗費也很大。

鄭永寧　我辦理大臣說過，我國政府出於保護人民的義務進行的此舉，故本來無暇計算費用，但是既然為了兩國和好，進行商議兩便的辦法，時至今日，已經逗留日久，考慮到兩國生靈塗炭的苦難，不管昨天交涉之事成否，明日應該再次晤談，問過諸大臣方便的時間，我便告辭。（後略）〔註 46〕

此次交涉中，總理衙門大臣們採取的對策並無太多不妥之處，而且也努力地作了爭取，但仍然難抵狡黠的日本。儘管他們知道事情的結局難逃賠償一劫，但並沒有完全聽其自然，基本上是步步為營，充分利用談判的機會儘量減少賠償數額，並將其性質定義為撫恤難民。清方提出日本應該義成而退，由清政府賜給難民撫恤金。這種息事寧人的態度和防範心理不足的弱點，還是被日方談判代表捕捉到，他們將問題誘導到軍費開支上，並談起了軍費實際耗費數量。起初主張金額不得表明，但被日方所堅決反對。清方為早日平息事態的目標而努力，但是日方避實就虛地引誘清方代表誤入他們設計好的圈套，利用其息事寧人的態度，誘使清方承認日本是義舉；並且不滿足於清方提出的撫恤難民的賠償方案，得寸進尺地要求賠償日本軍費開銷，還要明確在文件中表示。

10 月 23 日，日本全權辦理大臣大久保利通、全權公使柳原前光再次來到總理衙門，中國的大臣文祥、毛昶熙、沈桂芬參加，雙方開始第七次談判，繼續就賠償方式進行再次辯論：

（前略）

沈桂芬　對於近來貴大臣提出的兩便辦法，我們陳述了四條方案，貴大臣和柳原大臣可協議一下。正如以前所說，貴國為義而來為義而歸，我們並不是不出金錢。我們也瞭解貴國耗費了巨大的費用，閣下來京後也屢屢地懇談，希望事情結束以便回國。恭親王等互相進行過協議，撫恤和兵費數目到底還是有著極大不同，國內議論紛紛。至於兵費補償，畢竟與我國名分有關，因此我國撫恤的數目和貴大臣的意思差別很大，所以很難在書面上記載。

大久保　本是為和好而進行商議，知道貴大臣也是十分希望和好的，但是本大臣得到明確的證跡，不得不回朝覆命。如果數目

〔註 46〕〔日〕《単行書・使清弁理始末・完》，JCAHR: A04017223600。

和約定書還未有，只是空言模糊的話則難以覆命。特別是像如此重大的事件，兩國間連一紙約書都沒有的話，當然是不可能的。如果換個角度考慮的話，也應該理解。雖然討蕃之舉已經多次陳述，但是如按照貴政府的要求撤兵的話，貴政府也應承擔應盡的義務，這是毫無疑問的。請貴大臣加以考慮。

沈桂芬　本來為了兩國和好而表示撫恤，但是貴大臣在前天的書信中卻提到賠償金，這是不符合雙方友好的主張，而且金錢的數目取決於皇帝的意願，現在做臣子的無法決定。貴大臣如果顧慮和親國之友誼的話，能夠要求賠償不要撫恤嗎？特別是雙方金額不符合的話將更是難事。

大久保　貴大臣本來曾說過待查辦生蕃後再解決，本國政府承擔的義務，本來應由貴國政府來承擔，所以請求貴國補償費用。但貴政府卻不贊同，藉口有難處只以恩典的名義來處理，我們同意了此種說法，現在又說金額不符合難以定約書，貴大臣之言如果如此的話，本大臣決難接受。

沈桂芬　現在請問一下別的問題，貴大臣認為處分番民之事，對於中國來說是理所當然地接受還是不得不接受呢？

大久保　此次本國討蕃之義舉，自五月以來就一直和貴國交涉屬於不屬的辯論之中，結果也未見分曉，並於五日後又出現兩便辦法，於是有今天的局面。正如所詢問的那樣，再回溯以往毫無益處。我國政府本不貪圖蕃地的土地，已經按照貴政府的要求捨去以往的爭論，討論將來的事情。

沈桂芬　關於費用之事，我想，交際上討論費用問題好像很不得體，今日之事以和親交際為第一，費用問題為次。公然要索費用恐怕對貴國體面不利吧？

大久保　這是貴國的想法，讓出土地撤退軍隊之事，如果說名目不好那是什麼說法呢？本大臣難以理解。以往所論的屬與不屬之事未曾有結論，貴國將其說成是貴國所屬，本大臣是難以認同的，這是將來也不可確定的。然而連日來就辦法一事，按照貴大臣的要求，接受了名義之說。我國政府耗費了巨大費用，傷亡了許多士兵，艱難程度難以言表，結果卻是半途而廢，貴政府坐享其成也不會安心。我國最初為義而來，現在按照貴政府的要求，為義而歸。因此蕃民所承擔的義務由貴國政府來承擔，我政府不得不義成而退，我想貴政府應該改變以往，謀劃將來。但是卻出現好像要求承認蕃地歸貴國所屬的說法，實在是出乎意外。本大臣也曾顧及體面，痛快地做出不少退讓，但是貴國所提出的四條方案，本來可依據我國授予我獨立權力直接駁回，但是卻未那樣做。本來到了五日的談判不日將可回國，討論辦法的截止日期是今天，然後便可為繼續處分蕃地，更加擴大當初的目標，本事事先告知貴大臣。

沈桂芬　本來兩便辦法非我國所要求，是貴大臣來信提出的，雙方才進行到現在如此的局面。和恭親王商談之後，我曾經吐露了心裏話，經過商議我們提出了四條方案，並認為是兩便的辦法，於是向貴大臣告知。沒有貴大臣地同意不能終止，我政府認為除了四條之外，關於經費的名目問題不需要再商議了。將番地看做無主野番的說法，正如我所陳述的那樣，番地是我屬地的主張也告知過。

大久保　四條辦法是貴國之方便，非我國方便，皇帝陛下撫恤之說太茫然，不記載具體數目，本大臣無法相信。蕃地是其屬地之說已曾領教過，我最終還是不能認為是貴國所屬。特此通告本國將貫徹最初的目的。〔註47〕

在談判中，大久保既不承認對清政府主權挑戰的失敗，又想迫使清方明確表示出軍費賠償。自己毫不讓步，卻讓對方做出無盡的退讓，這是絲毫不講求外交規則的蠻橫，也是國際交往中無法接受的自我至上行為。且不說當時的清官員仍然受到傳統的影響，習慣於皇帝撫恤受難弱者的思維和做法，即便是今日的國際交往，也沒有哪個國家願意接受對方的咄咄逼人和一味索取，以及根本不妥協的談判。此種做法不僅傷害對方的感情，而且打亂了國際交往的環境，最終必然是導致某個國際行為體私欲極端膨脹，雖然其本身的短期利益一

〔註47〕〔日〕《単行書・使清弁理始末・完》，JCAHR: A04017223600。

定程度上可以得到實現，但在長遠的國際關係上將會陷於孤立。

大久保雖然在談判時，做出了談判破裂準備回國的姿態，但仍不想就此徹底放棄談判。因為截至目前，日本已經獲得了對自己有利的條件，比如中國已經不再追究日本出兵的理由，日本為獲得片面利益，就可以將其出兵解釋為是義舉，甚至可以繼續延伸解釋為清政府對琉球歸屬日本的認可。既然清方答應可以撫恤難民，就有可能將其名義改稱賠償軍費。諸如此類，日本已經獲得了一定的讓步和利益，仍不能滿足貪得無厭的奢欲。此時此刻，即使不能提出更多的要求，也要堅守住既得的利益。所以大久保並非真的想放棄談判，只是想以此獲取更多而已。

於是，大久保在第七次會談停滯狀態下，為了達到使清政府同意日本要求的目的，向威妥瑪伸出了求助之手。10 月 24 日，大久保主動拜訪了威妥瑪，做出了邀請威妥瑪助其索償的請求：「上次見面後，曾與中國進行了兩次交涉，先將其情況告知貴公使。過去的十八日，中國的董沈等四大臣來到我們所住旅館，交談間，向他們詢問了解決的方法，他們不先回答，反問我的方法。正如前日曾經大致告知的那樣，我國的討蕃之舉開始就有政府的目的，自然蕃人對於我們就有應盡的義務。既然中國接受了此蕃地就應該承擔此義務，這是理所當然的道理，所以告知他們應該承擔其義務。」〔註 48〕

威妥瑪於是向大久保詢問日本國要求中國承擔何種義務。大久保明確表示：「我國要求的就是此次行動的費用」。〔註 49〕然後便開始指責中國「聲稱非經查辦生蕃之後無法應允」。〔註 50〕並埋怨總理衙門以「恭親王不在，尚需詳細討論為由來回覆」。認為「雖然恭親王仍然不在，但文祥等各位大臣皆在現場。當日的討論和前日四位大臣的意思一樣」，〔註 51〕所以「如果答應我國的要求需要在查辦後才能實施，實在是出乎意外」。〔註 52〕並且埋怨中國堅持先撤兵，後提出將「皇帝救助琉球難民施以恩典的名義來補償」〔註 53〕的意思「在書面記載」的主張。

威妥瑪進一步追問說：「如此說來，如果中國像貴大臣所說的那樣去做，將

〔註 48〕〔日〕《単行書・使清弁理始末・完》，JCAHR: A04017223600。
〔註 49〕〔日〕《単行書・使清弁理始末・完》，JCAHR: A04017223600。
〔註 50〕〔日〕《単行書・使清弁理始末・完》，JCAHR: A04017223600。
〔註 51〕〔日〕《単行書・使清弁理始末・完》，JCAHR: A04017223600。
〔註 52〕〔日〕《単行書・使清弁理始末・完》，JCAHR: A04017223600。
〔註 53〕〔日〕《単行書・使清弁理始末・完》，JCAHR: A04017223600。

此意思記載書面，呈給貴大臣之時，馬上撤兵就是貴大臣的權利之內的事了？」〔註54〕大久保回答說：「當然，如果中國將此意的具體事項明確寫在書面上，我國也會按照期望訂立條約，屆時，撤兵之權即在本人的使命之內。」〔註55〕

從日本外交文書記載來看，大久保向威妥瑪表明了未得書面答覆難以回國，並且表示可少拿賠償金〔註56〕之意。因為威妥瑪所代表的英國利益是要求日本撤兵，只要日本撤兵，就不會影響英國眼前和今後在此地的商業利益。威妥瑪發現了插手的機會。於是，他向中國施壓，要求其順應日本的要求。10月25日，威妥瑪赴總理衙門，力勸清方接受日本200萬兩恤金的要求。總理衙門擔心日本鋌而走險，且威妥瑪轉而支持日本，結果將對己不利，於是告知威妥瑪撫恤「數不能逾10萬兩」，並欲將日本「在番社所有修道建房等件」，權且留做中國之用，給付費用「銀40萬兩」，共計給付日本金錢數額「不得逾50萬兩」。〔註57〕

六、承認出兵為保民「義舉」的《中日臺灣事件專約》簽訂

威妥瑪在得到中國的退讓底線後，立即前往大久保住所，將中國的妥協結果告訴大久保。〔註58〕就在當晚，大久保回訪威妥瑪。雖然對中國給付的金錢數額未再加以糾纏，但又提出了三點要求，〔註59〕並稱缺一不可，而且聲稱第二天12時以前，務必獲取清政府同意與否的答覆。顯然，這是強力貫徹自己要求、不給對方留有轉圜餘地的態度。威妥瑪考慮到如此短暫時間就是文字修改也很倉促，於是建議大久保將時間推至下午2時，後又在威妥瑪的勸說下，將期限定在了下午4時。

大久保在英國公使館與威妥瑪商量條約的書面內容。大久保堅持要在有明確書面答覆的前提下方能撤兵，可見他格外重視清方在條約中的寫法。他們對清廷總署大臣擬的四條方案進行大幅度修改，首先刪除了日本承認臺灣番地為中國所屬地的部分，以及中國皇帝恩典酌量撫恤的文字，按照自己意思填

〔註54〕〔日〕《単行書・使清弁理始末・完》，JCAHR: A04017223600。
〔註55〕〔日〕《単行書・使清弁理始末・完》，JCAHR: A04017223600。
〔註56〕〔日〕《大日本外交文書》第七卷，第299頁。
〔註57〕《同治甲戌日兵侵臺始末》，第177頁。
〔註58〕〔日〕《大日本外交文書》第七卷，第306～307頁。
〔註59〕三點要求是：第一、中國政府承認征番一事為義舉；第二、消除從來有關征番一事的爭論；第三、以十萬兩撫恤難民，四十萬兩作為斬荊鋤棘，築路修房之費，在撤兵前由中國政府支給。參見東亞同文會編：《對華回憶錄》，第64頁。

寫上「日本國屬民」、「保民義舉」等詞句。經大久保修改後的議案內容為：

惟因各國人民有應保護不致受害之處，宜由各國自行設法保全。且以臺灣生蕃曾將日本國屬民等妄為加害，日本國本意為該蕃是問，遂設義舉遣兵往彼，向該生蕃等討責。今議數條開列於左。

第一，日本國此次所辦義舉，中國不指以為不是。

第二，所有前經遇害難民之家。中國議給撫恤銀款十萬兩外，又以日本國修道建房及在該處各項費用銀四十萬兩，亦議補給。至於該處生蕃，中國亦宜設法妥為約束，以期永保航客不能再受凶害。

第三，所有此次往臺之舉，兩國一切來往公文彼此撤回注銷，以為將來罷議之據。其所議給銀合共五十萬兩內，將一半先行立為付交，其餘一半即應妥立憑單。一俟此項銀款付交及憑單給過後，遂將日本在臺之軍師立行撤退回國。〔註 60〕

威妥瑪與大久保於 10 月 25 日擬定的條文〔註 61〕，肯定日本出兵征臺是義舉，該處生番清政府宜設法管理，等於只承認清政府的管轄權，迴避了中國對其擁有領土主權的意思，主要目的是維護日本對臺出兵的正當性。大久保按照自己的意思修改完條約後，對華氣焰格外囂張，聲稱決不可更改書面內容，否則日本便會宣布談判破裂。〔註 62〕為了繼續向中國施加壓力，九月十七日（10 月 26 日），他又派柳原前光向清廷總署告辭。〔註 63〕

此稿經威妥瑪轉交給總理衙門，〔註 64〕總署為了顧及英國公使的面子，

〔註 60〕〔日〕《大日本外交文書》第七卷，第 210 頁。

〔註 61〕〔日〕《日本外交文書》第 7 卷，第 310 頁。

〔註 62〕〔日〕《大日本外交文書》第七卷，第 307～310 頁。

〔註 63〕〔日〕《大日本外交文書》第七卷，第 310～311 頁。

〔註 64〕王慶成在《英國起草的「中日北京專條」及與正式本的比較》中，還抄錄了一份文稿。是威妥瑪與大久保商談時的英文紀錄稿的漢譯稿，可見威妥瑪對《中日北京專條》的參與程度。文稿為：惟因各國人民有應保全不致受害之處，宜由各國自行設法保全，且以臺灣生番曾將日本國屬民等妄為加害，日本政府本意為該番是問，遂設義舉遣兵往彼，向該生番討責。今議數條開列於後：一、所有前舉，日本國此次所辦義舉，中國不指言責為不是。二、所有前經遇害難民之家，中國願議給撫恤銀十萬兩外，又願以日本國修道建房及在該處各項費用銀四十萬兩，亦以補給。至於該處生番，中國亦必宜設法妥為約束，俾免不致再為滋害，以期永保航客不能再受凶害。三、所有此次遣義兵之舉，兩國一切來往公文，彼此撤回注銷，以示和誼示罷議之念。其所議給銀合共五十萬兩，內將一半先行立為交付，其餘一辦亦即妥立憑單，一俟此項銀款付交及憑單給過後，遂將日本在臺之軍師立即行撤回國。參見王慶成：《英國起草

也為了盡早結束漫漫長談，並未深究其義舉的意思，只是在大久保與威妥瑪方案的基礎上略作修改，主張賠償分為兩部分。對兵費賠償的說法還是難以接受，改為「日本退兵在臺地所有修道建房等，中國願留自用，準給費銀四十萬兩」。10 月 27 日，恭親王奕忻等致書大久保，表示：「本王大臣等自無不能辦理之處」〔註 65〕，於是《中日臺灣事件專約》就誕生了。可見，由於「專約」主要出自大久保與威妥瑪之手，中日雙方並未就條約中的具體表述進行過仔細而深入的討論。交涉過程中，中國並未放棄對琉球的主權，「專約」對此也未有明確的界定。所以，對於「保民義舉」之類即是放棄琉球主權的解釋，僅是日本或是站在日本一方的曲意理解，有違歷史的客觀事實。僅從「專約」的條文，無法準確地理解臺灣事件的真正實質，及其對近代中日關係的影響。

大久保接受了清政府的修正稿，此稿成為雙方簽訂的「專約」的正式條約。10 月 30 日，中日雙方以威妥瑪為證人，互換了北京專條和會議憑單，其內容如下：

> 大清欽命總理各國事務和碩恭親王、軍機大臣大學士管理工部事務文、軍機大臣協辦大學士吏部尚書寶、吏部尚書毛、戶部尚書董、軍機大臣兵部尚書沈、工部尚書崇、頭品頂戴兵部左侍郎崇、理藩院右侍郎成、三品頂戴通政使司副使夏，大日本全權辦理大臣參議兼內務卿大久保，為會議條款互立辦法文據事：照得各國人民有應保護不致受害之處，應由各國自行設法保全，如在何國有事，應由何國自行查辦，茲以臺灣生蕃曾將日本國屬民等妄為加害，日本國本意為該蕃是問，遂遣兵往彼，向該生蕃等詰責。今與中國議明退兵並善後辦法，開列三條於後：
>
> 一、日本國此次所辦原為保民義舉起見，中國不指以為不是。
>
> 二、前次所有遇害難民之家，中國定給撫恤銀兩，日本所有在該處修道建房等件，中國願留自用，先行議定籌補銀兩，別有議辦之據。
>
> 三、所有此事兩國一切來往公文，彼此撤回注銷，永為罷論；

的「中日北京專條」及與正式本的比較》，《近代史研究》，1996 年第 4 期，第 83～84 頁。

〔註 65〕〔日〕外務省編纂：《日本外交文書》（第七卷），第 312～313 頁。

至於該處生蕃，中國自宜設法妥為約束，以期永保航客不能再受凶害。〔註66〕

又互換會議憑單如下：

大清欽命總理各國事務和碩恭親王（以下衙門諸大臣九人連名），大日本全權辦理大臣參議兼內務卿大久保，為會議憑單事；臺蕃一事，現在業經英國威大臣同兩國議明，並本日互立辦法文據。日本國從前被害難民之家，清政府先準給撫恤銀十萬兩；又日本退兵，在臺地所有修道建房等件，中國願留自用，準給費銀四十萬兩，亦經議定。準於日本國明治七年十二月二十日，日本國全行退兵，中國同治十三年十一月十二日，中國全數付給，均不得愆期。日本國兵未經全數退盡時，清政府銀兩亦不全數付給。立此為據，彼此各執一紙存照。〔註67〕

小結

中日間經過七次談判都無果而終，最終還是轉由外國人居間調停，才使中日間的第一次外交事件有了一個形式上的結束。日本玩弄撤兵換賠償的策略，是圖謀使中國承認日本出兵臺灣為「保民義舉」。英國公使關心的是日本是否撤兵，只要日本撤兵英國就會滿意，哪管其他方面的妥協，何況又不是自己遭受什麼損失，因此由他來做裁判得出的結論不會有利於中國，苦果只好由清政府來吞下，清政府也只能接受一再退讓的結果。最後中方接受了日方提出的條款。日本不但獲得了巨額的賠償金，還以「保民義舉」得到擁有琉球的國際法依據，很快就開始實施吞併琉球的計劃。

〔註66〕《同治條約》卷二二，第7頁。
〔註67〕〔日〕《大日本外交文書》第七卷，第316～318頁。

第十四章　日本吞併琉球設立「沖繩縣」

日本通過 1874 年出兵侵略臺灣，以強權與軍事並用的手段，壓迫清政府立約，確保釐清中琉關係的「保民義舉」成立，並攫取了大筆的賠償金，為實際吞併琉球獲取了條件。特別是此時期清政府也正忙於中法越南交涉、中俄伊犁交涉等事，沒有更多的精力用於琉球之事。只有時任清駐日公使何如璋與日本進行交涉。何如璋建議清政府採取強硬措施，包括派軍艦前往琉球、與琉球共同抗擊日本侵略、依據國際約法請各國評理等，以保全琉球、保障臺灣地區安全。但由於清廷只同意與日本交涉、不願出兵，日本遂不顧中國反對，不斷向琉球施加壓力，最後直接出兵佔領琉球，強行改琉球為沖繩縣，單方面吞併了「琉球國」。

一、日本實質斷絕「中琉」的藩屬關係

1. 日本吞併政策的確立

日本在侵略臺灣的同時，也加緊了「吞併琉球」計劃的實施。在侵臺大軍尚未出發的 1873 年 3 月，日本就向琉球下達了「新律綱領」，將死刑以上的刑罰轉到日本司法省，把司法權拿到手中。

3 月 31 日，負責改置府縣概表的大藏省向日本政府提出，在府縣概表重新規劃之時，將琉球藩放在鹿兒島縣之末，視為國內一般府縣。

而在加緊與清政府談判的同時，日本並沒有放鬆對「琉球」的吞併計劃的實施，8 月時，又向琉球下賜了銅製「琉球藩印」一顆。

1874年日本與中國簽訂的「臺事條約」，使日本的侵略行徑變成「保民義舉」的正義行為，日本不但獲取了經濟上的賠償，還獲得了獨佔「琉球」的國際法論據。

在條約簽訂協商之時，日本就開始行使對琉球的主導權，利用將琉球人遺骨送回之舉，來昭示其對琉球的宗主地位。〔註1〕

而大久保利通為了獲得更多吞併琉球的國際法支持，回到日本後，便向政府的法律顧問瓦爾索納德（Boissonade）詢問日本將琉球納入領土範圍是否符合國際法、日本如何擴大其在琉球的權力及如何處理琉球與中國的關係等。

瓦爾索納德回覆認為：因中日臺事條約中所說的「日本國屬民」是指琉球人，所以中國應該承認日本對琉球的主權。但從實際情況來看，不宜急劇地對琉球施加壓力，可在租稅、兵事、審判等方面，依然保留一些獨立性，以取得居民的信任為上策；承認現在的藩王，逐漸增加內地之人，在此之前，可首先派駐理事官，使之監察島政，創辦配備直接有利於島民生活的燈塔、電訊等事業，若將之作為理事官所直接負責的事務，其駐在名義即可合理化。另外為了增大日本領有琉球的客觀性，要注意在日本的地圖中，必須繪有琉球，並要促使藩王進京，使之對政府保護表示謝忱。而在如何處置中琉關係問題上，應該廢止琉球對中國獻納貢物，及派遣慶賀使等臣屬性的行為。然而是強制琉球實施，還是由日中兩國政府充分交涉而實施，則仍有研究考慮的餘地。〔註2〕

大久保綜合瓦爾索納德的意見，向太政大臣三條實美，提出了有關處置琉球的新建議：

> 琉球藩歷來為本朝與中國之兩屬，其人民受本邦保護，其正朔又受之於中國。明治五年，琉球使臣來朝之際，賜以冊封尚泰列為藩王，但仍未能脫離中國管轄，曖昧模糊，何屬不定，甚不體統。但其數百年之慣習，頑固僻陋，墨守舊章……僅以名分條理論之，決難更動，當漸進積成。此次對清交涉之後，征討番地，使之認作義舉，為受害難民支付恤銀，雖表幾分為我國版圖之實，但仍難以達到判然定局，也難免各國異論。值此萬國交際之日，如斯擱置，

〔註1〕〔日〕《臺灣ニテ暴殺ニ逢候琉球人髑髏同藩へ運送ノ儀伺》，JCAHR: A01100060800。

〔註2〕〔日〕佐藤三郎：《近代日中交涉史研究》，吉川弘文館，1984年，第頁110頁。

難料他日不生故障。征番之舉，出自保護琉球難民不得已之義務，費金鉅萬，藩主等人理當深表感激，從速進京謝恩。但因其歷來舊習，恐懼中國，思慮他日，處於知而不知狀態。曾命藩主進京，但其至今不來朝見，萬一託辭左右，不立即進京，則唯有加以譴責。以往用赦，格外處置。此時，宜遣輪船一艘，傳喚其通達時事之二三要人，懇切交談征番始末，使之知曉對清談判曲折，方今形勢，名分條理，歸藩之後，激勵藩王，進京謝恩。倘若此時喚之琉官進京，則應諭示：肅清與中國之關係，在那霸港內，設置鎮臺分營，其餘刑法教育等等，順次改革。至其與美國、法國、荷蘭締結條約之事，難以擱置，政府應從速實施交替手續。〔註 3〕

是年正月，日本政府接受大久保的意見，召琉球官員池城親方、與那原親方、幸地親雲上等進京，賜蒸汽船及撫恤米等給琉球，並向他們宣布：「去年我政府所行義舉，原本為了琉球人民。維新以來，與外國交涉之事，悉依萬國公法，而琉球藩尚為兩屬形式，今日若不改革，則將受到中國干涉，且有他日滋蔓糾葛之患。我政府有此憂慮，在那霸設置鎮臺分營，以保護琉球人民。又因琉球舟楫之利薄弱，特賜給汽船，亦可支給粟米若干，以救恤難民，宜體此意，再渝藩王入朝。」〔註 4〕

召琉球王進京，就是要具體施行吞併的計謀，故大久保根據與琉球使者見面的情況，於 3 月 9 日再次向日本政府提出處置琉球的意見：「藩工入朝之事，可暫付他日再議，於官員赴任之後，再加說諭。然設立分營之事，乃是現今當務之急，無暇待其遵命。又如禁止其朝貢清國，撤銷福州琉球館之事，關係頗為重大，欲全然盡保護之道，粗訂藩治政，漸次推及。據聞，去歲藩王向清國北京派遣貢使，受到優惠禮遇。今又有清帝即位之報，料其必遣慶賀之使，我朝處分琉球，乃歐美各國所注視者，若默許派遣，則與國權相悖……。關係清國之事，欲最終按照政府之目的，頂先確立標準，內定施設順序。」〔註 5〕

同時，大久保還提出，禁止琉球隔年向中國遣使朝貢；禁止以清帝即位為名派遣慶賀使；廢除福州琉球館；禁止琉球接受中國冊封；派遣官員調查琉球

〔註 3〕〔日〕《琉球藩処分ノ儀伺》，JCAHR: A01100061700；《大久保利通文書》第六卷，第 237～239 頁。

〔註 4〕〔日〕《琉球藩へ可下賜汽船並撫恤米ノ儀伺》，JCAHR: A01100108800。

〔註 5〕〔日〕《琉球藩処分著手ノ儀再上申》，JCAHR: A01100109300。

改革事項；今後琉球與中國的關係，概由外務省處理等項內容。〔註6〕

根據大久保的提議，日本政府開始計劃在琉球境內派駐大軍，並以最高行政官太政大臣的名義，向琉球藩下達在琉球建立軍營的通知：「琉球藩：為達成其藩管內的保護，做為第六軍的熊本分營，將派往那霸港內，故通報建鎮臺兵營社九條事宜。」〔註7〕

為達成從內部改革琉球的政體的目的，日本政府計劃：琉球應實施與日本境內相同的府縣制度，在琉球王上京朝見之時，制定新的朝見規則；年中的各種儀禮要使用明治年號；刑法施行司法省的定律，應派出刑法調查人員二三名上京；為改正藩治職制，由內地派駐官員；為學事、修行等相互瞭解，派出十餘名琉球人上京。〔註8〕另外，日本還將發行的各種報紙配送到琉球。〔註9〕

5月29日，太政大臣三條實美下令：禁止琉球隔年向清國進貢；或清國皇帝即位之時遣派賀使；藩王更替時，禁止接受中國的冊封。〔註10〕

在東京的琉球官員對日本單方做出的上述種種「廟議」始終不能接受，故松田道之要求政府「將官吏派至彼地，直接向藩王傳達，現辯論說諭。」〔註11〕

6月8日，內務大丞松田道之、內務六等出仕伊地知貞馨等，與池城親方等人一同前往琉球，同乘「大有丸」汽船由東京南下至琉球。松田等甫抵那霸港，首先採取了一些懷柔措施。如免去琉球國的債務，轉發清朝對「牡丹社事件」受害人遺屬的撫恤金。松田大丞等乘坐的汽船「有功號」，被說成是因琉球的航船常遇海難而特別贈賜的等等。

7月14日，松田道之為傳使命，攜伊地知六等出仕隨行員，拜訪首里城。藩王寒胸，處病中，以王弟今歸仁王子（朝敷尚弼）為代理，攝政三司官及眾官按司、親方、有職之官吏數十名，參集列席於南殿，見朝使。松田道五乃一一朗讀三條太政大臣之書翰及己之說明書。畢，向今歸仁王子授其書如下：

琉球藩：

一 其藩從來倡隔年朝貢，向清國派遣使者，或於清帝即位之節，

〔註6〕〔日〕《琉球藩処分著手ノ儀再上申》，JCAHR: A01100109300。

〔註7〕〔日〕《琉球藩処分著手ノ儀再上申》，JCAHR: A01100109300。

〔註8〕〔日〕《琉球藩処分著手ノ儀再上申》，JCAHR: A01100109300。

〔註9〕〔日〕《琉球藩ヘ諸新聞紙送達ノ儀伺》，JCAHR: A01100109600。

〔註10〕〔日〕《琉球藩隔年朝貢ト唱ヘ使節ヲ清國ニ派遣シ或ハ清帝即位ノ慶賀使ヲ差遣シ且清國ノ冊封ヲ受クルヲ止ム》，JCAHR: A03022995400。

〔註11〕〔日〕《明治文化資料叢書》第四卷外交編，第95頁。

差遣慶賀使，例規有之，今起禁止。

一　藩王更換之節，從前受清國冊封，今起禁止。如上須知，茲此布達。

明治八年五月二十九日

太政大臣　三條實美

琉球藩：

一　藩內皆奉明治年號。年中儀禮等，皆按御布告遵行。一　刑法按定律施行。因此調查，可派擔當者兩三名上京。一　藩制改革，按另紙施行。

一　為修業學事、通知時情，可選少壯者十餘名上京。如上須知，茲此布達。

明治八年六月三日

太政大臣　三條實美〔註12〕

而日本所謂的改革，就是完全吞併琉球，其中最重要的就是對琉球政府官員制度的改換，其政府官員官制如下：

日本政府所設之琉球官制	
藩王	一等官
藩王為敕任官	
大參事一名	四等官
權大參事一名	五等官
少參事二名	六等官
權少參事二名	七等官
以上為奏任官，由藩議產生。	
大屬	八等官
權大屬	九等官
中屬	十等官
權中屬	十一等官
少屬	十二等官
權少屬	十三等官

〔註12〕〔日〕《明治ノ年號遵奉及藩制改革等ヲ令ス附松田內務大丞ノ說明書》，JCAHR: A03022995500。

史生	十四等官
藩掌	十五等官
以上為判任官，由藩議產生。	
等外	一等、二等、三等、四等
一等、二等、三等、四等其俸由藩費支給。	

此根據《明治年號遵奉及藩制改革等相關松田內務大丞的說明書》（JCAHR: A03022995500）。

1875 年（明治八年）5 月 29 日，太政大臣三條實美給琉球下達第 9 號指令，要求琉球使用明治年號，並進行藩政改革。

1875 年 7 月 14 日，明治政府內務大丞松田道之等出訪琉球那霸，正式代表日本政府向琉球王國發出強制命令：

一、以後禁止向列隔年一貢的對清遣使，及慶賀清帝即位的使節。

二、以後廢止藩王統受清朝冊封的慣例。

三、琉球藩內奉新明治年號及日本年中儀禮，禁沿用清國年號。

四、刑法定律遵照日本施行，廢止舊日通行法律，是先可派遣專員二三名赴京進行調查視察。

五、改革藩內政制，敕件琉球藩王為一等官，更訂官名，設立敕、奏、判階級，廢止不問長幼之攝政官制度，一切制度不得於維新以後諸藩制度有異，須知琉球王當藩備臣僕之任，琉民視天皇殿下為大君，天皇殿下因有流民始置藩王，以統撫之者。

六、選派少壯者十名左右上京學習文明，研究時勢。

七、廢止福州琉球館，對清商業歸日本廈門領事管轄。

八、琉球王上京謝恩，速自奮發，克盡藩王之禮，前次臺灣討伐事件中，日本朝廷廢資鉅萬，遣使交涉，興師問罪，始克保護琉民，使彼邦（清國）亦認為義舉。

九、日本派遣鎮臺分管駐屯琉球諸地，琉球兵備為日本國防之一部。〔註 13〕

日本的一系列單方面的琉球改革令，琉球方面當然不願意接受。「藩廳眾

〔註 13〕〔日〕《明治ノ年號遵奉及藩制改革等ヲ令ス附松田內務大丞ノ說明書》，JCAHR: A03022995500。

官吏見此書，大驚，失魂落魄。池城、與那原等對大丞曰，此御達書之旨意，關係至大至重，非能即答，須深思熟慮，後日當奉返辭。」〔註14〕

琉球朝廷內部眾官議論紛紛，意見百出，朝暮喧囂不絕。如此數日，漸得以決定。其要旨：「為調查刑法派擔當者上京；為修業學事，通知時情，派少壯者上京之件，對天朝（指清國）並無故障，可惟命是從。又，為臺灣征伐之謝恩，藩王上京之件。王位至重至嚴，當常在九重之內。豈有此輕御體，往他方旅行之理乎。何況目下在病中，不堪千里航海，宜遣王子為御代理入覲。只隔年遣使節向清國進貢、或於清帝即位之節差遣慶賀使、且藩王更替之節，接受清國冊封等件，必竭力固辭。進貢乃我國往古之重典。且自前明起，待我其為優渥。邇來，每當國王纘統之時，不畏波濤險阻，遣欽差賜王爵。每逢隔年進貢，賞賜絲綢貨幣對象，不勝枚舉。及至清朝優渥之上更加優渥，恩義昊天，豈有忘恩背義，絕朝貢之理乎？況我琉球孤立於遼遠洋中，國土褊小，微弱不可自保。歸於清國版圖，以其保護聲援，而無內憂外患，自立建國。古來風俗禮樂刑政，有自由不羈之權利。上下雍睦，安生樂業。若一度脫離清國聯繫，自然將失自由之權，掣肘拘束，國家不可永久保全。然則進答詞，當先後斟酌權衡，自淺入深，自易入難。」〔註15〕

7月17日，攝政伊江王子，三司官富川、池城、浦添各親方及鎖之側屋官喜屋武親雲上一同下那霸，與松田道之會面，一方面表達征臺謝禮之義，一方面以病為由，告之將由今歸仁王子代替藩王上京：

> 就當藩人民等於臺灣被殺害之事，蒙垂恩御征臺。戰死病歿等，御費用之外，不斷增添麻煩。對御盛意，藩王及人民感戴不勝。本擬直上京申述御禮，然藩王病體心氣弱，時時有失眠之煩。自春季彌增，食事困難，胸塞氣悶。自五月末起，有哽噎之狀，食物難以下嚥，一度情勢危急。施以各種治療，先給以湯粥，稍有好轉。然於今飲食依然難進，暫時不能遠路航海。醫師尤其叮囑，病中渡海難以痊癒。故如另紙申告，奉願暫時延期（此處按大丞指示添筆）。請求特別延期，惶恐之至。謹以今歸仁王子為代表，謹申御禮，懇願御聽。〔註16〕

〔註14〕喜舍場朝賢著，李豔麗譯：《琉球見聞錄》，商務印書館，2020年，第53頁。
〔註15〕喜舍場朝賢著，李豔麗譯：《琉球見聞錄》，商務印書館，2020年，第53頁。
〔註16〕喜舍場朝賢著，李豔麗譯：《琉球見聞錄》，商務印書館，2020年，第55頁。

7 月 29 日，松田道之向琉球提出徵用「真和志間切古波藏村」的用地一萬八千六百七十餘坪，作分營之營所、練兵場、射擊場、醫院等用地。

8 月 5 日，琉球王尚泰特意致書松田道之，提出關於太政大臣三條實美所諭示之禁止琉球藩隔年向清國進貢，禁止在清國皇帝即位之時派遣慶賀使，以及今後不得接受清國冊封，藩內奉行明治年號，年中禮儀遵行布告及改革藩制等等已經知悉，與諸官評議之後，茲懇請如如下：

第一、本藩往昔政體禮儀不備，諸多不便，故而從屬皇國與中國，承蒙兩國指導，漸成政體。藩內所用對象，也從兩國籌辦。此外，經常蒙受兩國仁惠撫恤，皇國與中國之厚恩，難以忘卻，兩國實為父母之國，舉藩上下，莫不仰奉。深願萬世不替，以勵忠誠。今後不得向中國進貢，不得派遣慶賀使節，禁止向中國請求冊封，必然棄絕父子之道，忘卻中國累世之厚恩，失卻信義，實乃心痛。請諒察前情之實，准允向中國進貢，派遣慶賀一如既往。

又，從屬皇國管轄之地鹿兒島縣之事，以往對中國隱匿，懇請對中國說明，採取明確處置，願對兩國奉公，永久勤勉。

第二、本藩之事，有如前述，因從屬皇國與中國，故而懇請對皇國使用皇曆，對中國使用中國曆法，年中禮儀按照兩國格式。至於祝賀新年、紀元節、天長節等，當按布告實施，其他懇請一如既往。

第三、關於職制之事，乃是應乎國情、順乎民心而定，自古從無變易。現今政府雖直接管轄，但謂國體、政體永久不變，藩內一同聞知，難得之安寧。而謂藩制改革，則小邦人心迷亂，每事不周，請與內地有別，一如既往。〔註 17〕

同日，琉球攝政伊江王子、三司官浦添親方、池城親方和富川英方等，也聯名申訴無意改革的具體理由，強調琉球不可斷絕與中國的關係：

> 當藩往昔與皇國、支那相通，並不服屬任何一方。政體、諸禮式等不立，有諸般不自由之事。應安五年起，成支那之管轄，被稱為東南藩屏之邦。自此，派遣使者進貢，從未斷絕。支那更替之節，另差遣使節，述慶賀之禮。代代以敕使受王爵冊封。明德三年，賜閩人三十六姓，諸規模設定。設柔遠站之旅館，官員相通，且調辦藩務之用品。至清代，尤受親切之待遇。進貢規則等記載於明清會典，既五百餘年。又慶長十四年起，隨薩摩，蒙萬端指揮。逐漸政體敷設，日用之對象等無差，飢饉等節御救助。此外，各種待遇豐

〔註 17〕〔日〕《藩王尚泰及伊江王子外三名歎願書》，JCAHR: A03022995600。

厚。至去申年，承朝廷御直轄，益蒙御仁恤，皇國、支那之御高恩，難以言盡。如前所述，以御兩國之庇護，一藩之備相立，上下萬民安堵。實奉養御兩國為敝國之父母國，人心確乎堅固。侍奉皇國，向支那進貢之事，乃本藩重大之規模，忠誠志願，萬世萬代不相更易。今起被禁止向支那進貢、慶賀及接受冊封，與支那相離，此乃絕父子之道，不僅令人心迷亂，且忘卻累世之厚恩，失信義，對諸國名分相廢，永世恥辱莫過於此。自藩王至舉藩，驚駭不已。望御賢察前件之情實，允許向支那隔年進貢，更替之節慶賀，接受彼冊封。皇國御管轄之處屬鹿兒島縣，對支那乃是隱秘之事。懇求向支那陳述明瞭，我國願加倍永久勤勉侍奉御兩國。萬望憐察小邦之情，如從前一般蒙御兩國之撫恤。

年號及儀禮等事。至今，對皇國用皇曆，對支那用彼曆。年中之儀禮，亦按御兩國之御格式設定。於東京，大久保利通殿向池城親方等御內達之時，亦奉願有此旨。望除去藩內奉明治年號之趣意，紀元節、天長節等祝賀皆按御布告遵奉。對兩屬之敝藩，懇望特別處置。

當藩位海外之孤土。自開闢以來，立一國之名分，屬皇國、支那，感激不盡。受王位冊封，藩制亦應國情、隨民心而立體裁，數百年來未變。四民各自安分勵業，平穩治理，尤國體政體永久不變。前年，向外務卿副島種臣殿如此奉願。且去年，當藩事宜被納於內務省之御管轄，受段林友幸殿傳達御書。如此前所述，從無更改之事。段御同人之御口傳之旨，亦知悉。藩內一同拜承，感激安堵，申述御禮不盡。若藩制改革，則小邦人心迷亂，每物不周，藩內治理不調。痛心陳述，素有一國之名分與王號，以前亦與御內地諸藩不同。懇請特別處置，藩制不相嬗變。奉願被允許。

前述國家重大條件，藩內懇願如從前一般設置。舉藩一同，深願不盡。藩王所奉願之諸事，由我等申述鉅細，如前奉願。奉仰御採用。〔註18〕

於是，松田道之則再次召集琉球攝政、三司官等五十餘人，來講述解釋望琉球能接受日本的主張，並請他們做嚮導引其直接面見琉球王，但沒有人願意答應。

〔註18〕〔日〕《藩王尚泰及伊江王子外三名歎願書》，JCAHR: A03022995500。

8月8日，松田道之再次致書給琉球王及攝政、三司官等，對藩政改革諸條進行了細緻的解釋，並從所謂地理、人種、風俗、語言等方面說明琉球與中國「無緣」，嚴厲指責琉球與中國的朝貢關係為「結成私義」，要求琉球「唯有從速遵旨奉行」。〔註19〕

琉球王尚泰及諸大臣繼續上表，強調與中國的歷史關係：「當藩往古，萬事不調。然為支那之藩屏，差渡官生，受親切之教諭，知人倫之道。尤又受賜閩人三十六姓，諸規模相定，政體諸儀式等相成，誠國家創立之恩義不輕。向支那進貢之事，不僅為當藩之大義，不忘恩、盡職、守信義之事，乃天下至公，並無自私之苦情。若能得御洞察，寬宏御處置之，即便對萬國之輿論，御答辯之條理亦相立，而無御缺典。斷絕支那，忘累世之厚恩，失信義，人與國之道俱廢，豈有立天地間之理哉？尤與支那之續，自數百年前起，諸外國一同皆知。」〔註20〕又駁斥日本的無理，明確表示不能斷絕與中國的關係：「本藩進貢之規則，載於明清會典，各國一同明瞭知之，前述逗留之英、法、美國人，也依照中國之示諭辦理。而且，本藩往昔交通皇國、中國、朝鮮、暹羅、爪哇國之前，何方也不服從。由於中古明主詔諭，開始進貢。是時，中國業已斷絕皇國之管轄，無有得到皇國許諾之條理，也無濫自以應諭為幸，結成私義之事，不可視為無有可循之名義。」〔註21〕

面對琉球國上下的一致反對，松田道之無可奈何。日本內務中錄何原田盛美也來到琉球幫助松田。8月23日，幸地親方、喜屋武親雲上抵那霸，會河原田氏，提出：「夫征伐臺灣之結局，與支那談判之際，向日本交付琉球難民之撫恤銀，支那亦認可當藩為日本之管轄。談判之後，支那對當藩未作任何裁斷。不僅如此，進貢上京，亦受納琉球貢物，且光緒皇帝即位之紅詔、同治皇帝崩御之白詔，亦賜與琉球。此非支那未將當藩視為日本之管轄之證據乎？」〔註22〕河原田氏聞之大驚。

這期間，琉球曾委任王舅東風平親方為慶賀光緒皇帝登基之使，一切皆已準備就緒，正待起航之際，卻被松田大丞阻止，並接到禁止所有與清國交

〔註19〕〔日〕《松田內務大丞対弁書ヲ以テ更ニ令達ノ旨趣ヲ説明ス》，JCAHR: A03022995500。

〔註20〕喜舍場朝賢著，李犩麗譯：《琉球見聞錄》，商務印書館，2020年，第70頁。

〔註21〕〔日〕《伊江王子外八名具狀書》、《藩王尚泰及伊江王子外三名再願書》，JCAHR: A03022995900; A03022995800。

〔註22〕喜舍場朝賢著，李犩麗譯：《琉球見聞錄》，商務印書館，2020年，第80頁。

通上的往來的命令。從來恭順的琉球王國，自此全無接貢船的船帆及從不缺席的慶賀使的蹤影。福建布政司覺得蹊蹺，想必事出有因，於是發咨文與琉球王尚泰，交還年前入貢的琉球使三人，並安排搭乘遭遇風難漂至閩的琉球船回國。

琉球王正為日本阻貢之事而焦慮之時，忽然接到福建布政司的咨文，頗為安慰。為了突破封鎖，經由東京的池城親方（毛有斐）和在琉的普添朝昭的推薦，尚泰王派幸地親方（向德宏）〔註23〕為陳情使，秘密前往福州告狀。

9月3日，藩王代理伊江王子與三司官及喜屋武親雲上一同至那霸，見松田大丞，提出：「當藩與支那之關係，由政府向支那談判；自支那而來到之咨文，當御請，請御處置。」並呈上琉球王意見文書如下：

> 當藩與支那之續，再度奉願如從前一般，然以不合理之由，不禦採用。御嚴達之旨已知悉。此上，難以申述御斷。然則，如以往之所陳，當藩與支那有五百年來之恩義。其上，征臺之末，支那御談判以後，處置全如從前不相變，難以立即斷絕。望政府與支那之談判，免除進貢。自支那咨文到來之後，奉願御請。〔註24〕

琉球王國態度明確，不願意接受日本的實際管轄。為此松田道之又連續通告琉球王國方面，稱琉球王國必須納入日本版圖，又詭稱明清兩朝對琉球王國的宗藩關係有名無實。但是這些說辭仍然遭到琉球王國方面的抵制。一直到當年9月，日本政府對琉球工國的種種要求都沒有被琉球國王所接受。琉球國王反而派使節到日本東京，就此事進行申訴。

琉球方面強調中琉一體，不肯讓步，松田等人滯留在琉球數月終不得要領。時至8月，松田下令三司官在5日之內給予明確的答覆。

此時琉球人在到港汽船中的《郵政報紙新聞》上亦載有「北京總理衙門亦命福州都府急遣軍艦來琉」的報導。故琉球官吏對松田的態度更加強硬，決定堅決拒絕日本廢止進貢中國的要求。

〔註23〕向德宏，1843～1891年。琉球名為：幸地親方朝常，琉球國第二尚氏王朝末期王族、親清派政治家。向德宏的夫人是尚育王第四女兼城翁主，因此向德宏也是尚泰王的姐夫。向德宏原擔任琉球國的表十五人眾之一的物奉行一職。向德宏宣稱「生不願為日國屬人，死不願為日國屬鬼」。在他逝世後，其第三子松金與其部分親族，攜其靈位亡命夏威夷。其靈位至今依然供奉在茂伊島的一座臨濟宗寺院內，根據那裏的記載可以得知，向德宏於光緒十七辛卯年（1891年）四月十七日在福州逝世。

〔註24〕喜舍場朝賢著，李豔麗譯：《琉球見聞錄》，商務印書館，2020年，第102頁。

松田採取「威逼」的手段，其「怒聲喝叱，極度苛責，宛如對待三尺兒童，眾官吏因被松田斥責，夜不能寢，晝不能息。每日從早到晚進行協議，心急如火，肝膽皆裂，食不能咽」，以致「精神困倦，身體疲憊，如醉如狂，面色鐵青，唯有歎息」。〔註 25〕

由於與松田談判至為急迫，三司官便發起全民動員，「為國家非常事道不得不發動國人評議，乃向首里十五村之士人發令，聚會件，於各學校，閱覽三條公松田大丞之文書凡與松田向答之處，使告翅等村老壯馳集，不分晝夜，評議紛紛、喧嚷囂然。三司官又發令、決協議，將意見呈出。士人等協議，亦無其他建明之處，只窺眾官吏之意向，決議當固辭政府之命令。」〔註 26〕

於是琉球各村皆呈出建議書。琉球人也認識到國家處於危亡之時：「松田之責誅，已急迫至極。諸君不知之乎？若猶固執，拒其命令，則觸大國之暴怒，國家將陷於不測之大禍，重蹈先王尚寧之覆轍。」〔註 27〕

根據以上檔案的記錄可以看到，日本政府自明治維新以來的吞併琉球的政策，都是單方面策劃的，並沒有得到琉球國王及琉球人民的認可。

二、設置沖繩縣完全吞併「琉球」

琉球王既無力反抗又不願亡國，只好向中國求援。1876 年 12 月，特派紫巾官向德宏扮作漂民前往中國，翌年到福建見閩浙總督何景和福建巡撫丁日昌，呈遞了琉王的陳情書，乞求代紓國難。清政府傳諭何如璋「相機妥善辦理」〔註 28〕。

何如璋及黃遵憲為清政府提出三個策略，本來是想積極爭取救琉的政策。但清政府卻按照李鴻章的意見，採取「據理請問為正辦」，〔註 29〕寄希望於日本遵守國際法，維護國際正義。日本雖然無法否認以往琉球兩屬的事實，但反誣中國出「暴言」，堅稱「駐軍撤退絕對不可能，不如取消前次失禮之言。」〔註 30〕

1875 年 11 月，前述派往東京的琉球王國三司官毛有斐等人向日本明治政

〔註 25〕喜舍場朝賢著，李豔麗譯：《琉球見聞錄》，商務印書館，2020 年，第 110 頁。
〔註 26〕喜舍場朝賢著，李豔麗譯：《琉球見聞錄》，商務印書館，2020 年，第 117 頁。
〔註 27〕喜舍場朝賢著，李豔麗譯：《琉球見聞錄》，商務印書館，2020 年，第 117 頁。
〔註 28〕故宮博物院編：《清光緒朝中日交涉史料》卷 1，北平 1932 年版，第 21～22 頁。
〔註 29〕故宮博物院編：《清光緒朝中日交涉史料》卷 1，北平 1932 年版，第 24 頁。
〔註 30〕東亞同文會編：《對華回憶錄》，第 105～106 頁。

府遞交請願書，內容就是此前琉球國王尚泰向松田道之所提的幾項要求，包括繼續保持中國藩屬的地位、不變更琉球國體政體等。但是此時的日本明治政府已經下定決心要吞併琉球。

1876 年 5 月，日本明治政府命令琉球使節回國。6 月，派遣內務少丞木梨精一郎帶領部分警官、巡查前往琉球。1877 年，日本明治政府以武力為後盾，強行將琉球的司法權納入大阪高等法院轄內。

在日本明治政府的逐步蠶食下，琉球王國的主權逐漸喪失。在這種情況下，琉球王國開始向各方求援。由於琉球王派往中國的貢船被日方阻撓，當年 12 月，琉球王國特派紫巾官向德宏等人乘船，偽裝坐船遇風漂泊，避開日本監視，於 1877 年 4 月 12 日到達福建。

1877 年，日本國內爆發了西南之役，日本政府忙於平叛鎮壓西鄉隆盛，吞併琉球的計劃得以放緩。次年 5 月 14 日，主張「琉球處分」的大久保利通因西南之役逼死西鄉，遭到擁護西鄉、為其報仇的島田一郎等士兵伏殺。

1878 年，琉球王國派往東京的三司官毛鳳來、馬兼才等，向各列強駐日公使遞交了申訴書，內稱：琉球王國自明朝洪武五年入貢中國，受冊封為中山王，一直至今。向來沿用中國年號、曆法、文字，並依照中原王朝的命令而自治，自成一國。近代以來荷蘭、美國、法國等也與琉球王國簽訂過條約，均以清朝年號、文字署之。琉球王國希望各列強能夠代為出面，向日本方面陳情。

琉球王國的外派使節四處活動，引起了日本明治政府的警覺。1878 年 11 月，時任內務卿的伊藤博文即注意到琉球國正向美、法和荷蘭等國求助，其意識到琉球有被國際化的趨勢，加之此時何如璋正通過外交途徑與寺島宗則就琉球問題進行激烈爭辯，提出恢復琉球國自主，並不准日本阻貢。這也使得伊藤博文意識到應加快行動，除了藉詞「照會」無禮之外，還要拒絕與何如璋公使談判琉球問題，並指示松田道之提交處理琉球的「具體方案」〔註 31〕。

1878 年 11 月，松田道之向伊藤博文提交《琉球藩處分案》，日本近代史稱之為「琉球處分」，琉球王國主權歸屬問題，也由此進一步展開。

該方案首先概述了日本與琉球的交往歷史，然後指責琉球派遣密使往清朝投訴，復要求駐日各國公使施以援助，令日本不得不做出處理。在這份《琉球藩處分案》中，松田道之建議應迅速對琉球進行武力的「廢藩置縣」，將琉

〔註 31〕〔日〕《琉球藩処分方ヲ松田內務大書記官ニ令ス》，JCAHR: A03022997800。

球國王置於東京。松田還提出了 14 條具體辦法，包括：在廢藩置縣前，秘密向琉球國內已經設置的兵營內輸送兵員，做好武力消滅琉球王國的準備，隨後再派官員，上下發動，宣布廢藩置縣；將琉球國王強制押送東京；一直滯留東京進行抗議活動的琉球王國官吏必須返回琉球；迅速建立琉球地方警察制度；對日本吞併琉球過程中的反抗者嚴厲鎮壓，等等。

頗具諷刺意味的是，在這份《琉球藩處分案》裏，松田道之也敘述了琉球王國與中日兩國交流的歷史，而且還承認日本政府管轄琉球的開始時間，實際是在中國明清兩代管轄之後。因此松田道之特別建議，在進行「琉球處分」時要特別注意，不能在這些過去的歷史上多費口舌，以防露出馬腳。

《琉球藩處分案》得到了日本明治政府上層高官的認可。1878 年 12 月 4 日，繼任的內務卿伊藤博文向三條太政大臣提出了簡化《琉球藩處分方法》，其全文也是 14 條，主要就吞併琉球的各項做了明確具體的規定。其中第一條即為在發布命令前，向琉球分管增派若干兵員，然後任命負責處分的官員與縣令；第二條是將廢藩置縣的縣廳設在首里城；……第六條是禁止琉球官吏滯留在東京，須迅速返回琉球。〔註 32〕

1879 年 1 月，松田道之被第二次委派向琉球宣示日本的處分決定。松田道之再度出使琉球，這次他的任務就是要切斷琉球王國與中國的關係，並控制琉球的警政大權。其中最重要的就是頒布三條太政大臣的「督責書」，強調必須遵守斷絕與清朝來往的命令，更明示了裁判事務的交接事宜。這次松田道之僅僅帶了幾個隨行人員，而駐留在東京請願奔走兩年半的三司官富川與那原，以及大宜見喜武屋，也同船歸國。

1 月 25 日，松田道之一行抵達那霸，翌日即於首里城南殿，向藩王代理今歸仁王子及按司親方等宣讀太政大臣的「督責書」，又遞交松田本人的「意見書」，其內容指責琉球暗派向德宏到中國投訴日本，而在京的陳情使屢屢向外國公使請願，是違反國憲的大逆不道的行為，因此招致政府嚴厲督責，理應自省。這個「最後通牒」措辭嚴厲，除了提出琉球王國迅速斷絕與中國關係、推行廢藩置縣、交出警政權力等要求外，還聲稱琉球王國暗自聯絡中國求援、訴狀於各國公使的行為是對日本政府的「最大不敬」。松田道之還威脅說，琉球王國如果在規定的 2 月 3 日期限到來之前仍舊不肯就範，日本政府將對琉球王國「嚴加處分」。

〔註 32〕〔日〕《內務省上申琉球藩処分方法》，JCAHR: A03022998200。

到了日方規定的最後期限2月3日，琉球王尚泰仍拒絕接受日方的條件，並於同日託人向日本明治政府太正大臣三條實美遞交了申訴文書，聲稱與清朝政府的關係無法斷絕，對於日方這次提出的各種要求「實在不能從命」：

> 向清國朝貢慶賀及接受其冊封等件被禁止之事；且裁判事務，於今仍不遵奉，而拜承御督責書。內務大書記官松田道之殿之說諭，亦知悉。甚為震驚，諸官一同熱議。敝藩與清國之間之事件及裁判事務等事，於情義，有難以執行之理由，如此百般歎願。因清國駐紮東京公使向敝藩使者查問情實，遂以告明。既向外務省照會，而御協議不成。就遵奉一事，不僅對清國未了結，必當受彼之譴責，進退維谷，愁歎不堪。故實不能直接提交遵奉書。御協議若達成，則當奉。望御憫察小邦無可作為之情況，舉藩一同伏奉哀願，頓首百拜。〔註33〕

尚泰用清政府來威脅的覆函，使得松田道之極為憤怒：

> 今日對下達條件的答覆，可視為拒不從命之意，尤其是言稱清國駐日公使對我外務省發出照會云云。我國政府與清國間的事情，與閣下對我政府奉命答覆之事並無關係。然欲專門以之為口實，拒不從命，甚不條理，我政府終究不能容許。……當迅速歸京覆命，閣下可待後命耳。〔註34〕

1879年2月13日，松田道之返回東京覆命。返回東京後，他立即嚮明治政府建議，應盡快執行之前他提出的「琉球處分」建議。

2月18日，日本明治政府決定實施「琉球處分」。草擬處分辦法、負責具體處分事宜的，還是松田道之。松田臨行前，太正大臣三條實美在給他的指令中露骨地說，如果琉球有人拒絕「處分」，可以動用武力；如果琉球國王不願來東京，可以考慮把他押送來。

2月28日，日本政府根據伊藤博文內務大臣的建議，決定「處分琉球」。松田道之再次被任赴琉球使。

1879年3月25日，松田道之帶領一百六十餘名警察及巡查，向琉球進發。隨後日本政府陸續又派遣一批批武裝人員前往琉球。3月27日，松田道

〔註33〕喜舍場朝賢著，李豔麗譯：《琉球見聞錄》，商務印書館，2020年，第149頁。
〔註34〕〔日〕下村富士男編：《明治文化資料叢書》第4卷外交卷，書房，1962版，第191頁。

之不顧琉球王國上下的強烈反對，公然在琉球王國的首里城內宣布，日本政府廢除琉球王國，勒令琉球國王尚泰迅速離開首里，同時派武裝人員控制各個要害部門，並封鎖首里城門：

以三十一日（舊三月九日）正午十二時為限，從居城退去向東京出發之前，當居住於嫡子尚典之宅邸。但居城當移交於當地營所長。

縣令所規定之土地、人民及其他，凡屬舊藩管轄之諸般，當行移交手續。

土地、房屋、倉庫、金谷、船舶及其他諸對象，將區分屬官之物與屬其私有之物，具陳明細。

決定下月四月中旬，乘郵船向東京出發。諸事須準備妥當，不可違期限。

此次上京，有特別之御用。無論有何種事故，皆不可代理。既先年御用召喚之際，曾立代理。爾後兩度拜受使命之際，又立代理。不可再次仿傚。

向東京出發後，移交及調查事務等，命舊藩吏代理。〔註 35〕

松田大書記官交付如上達書，將隨來之官吏分遣。將評定所、申口方、賬當座、用意方、書院、下庫理、系圖座等各處之帳簿、文案及大臺所倉庫封緘，置屬吏看守。亦派巡查，守三門。

27 日，向琉王尚泰宣布日本政府的廢藩置縣令，強行要求琉球「騰出首里城」，藩王赴京，「交付土地、人民及官簿等其他各類文件」。

3 月 29 日，藩王尚泰開始離開首里城，當天夜裏與夫人一起出城。首里城其後被日本所接收，成為熊本鎮臺沖繩分遣隊的駐地。

4 月 4 日，日本太政大臣三條實美宣告廢止琉球藩、設置沖繩縣，任命錫島直彬為縣令，將其編入日本的中央集權體制之內，並要求琉球王入京。

琉球藩以藩王尚泰生病為由，請求延期移居東京。4 月 27 日，松田要求繼承人、其長子尚典先行赴京。5 月 27 日，尚泰在日本的強迫下，移居東京。

5 月 10 日，清國總理衙門針對日本強行將琉球廢藩置縣一事發出照會：「照會事照得琉球一國，世受中國冊封，奉中國正朔，朝貢中國於今已數百年，天下之國所共知也。中國除受其職貢外，其國之政教禁令，悉聽自為，中國蓋認其自為一國也。即與中國並貴國換約之國，亦有與琉球換約者，各國

〔註 35〕喜舍場朝賢著，李豔麗譯：《琉球見聞錄》，商務印書館，2020 年，第 156 頁。

亦認其自為一國也。琉球既服中國，而又服於貴國，中國知之而未嘗罪之，此即中國自認其自為一國之明證也。琉球既為中國及各國認其自為一國，其入貢中國一層，於中國無足輕重也。今琉球有何得罪於貴國，而一旦廢為郡縣，固與修好條約第一條所云：兩國所屬邦土，以禮相待等語不符，且琉球既為中國及各國認其自為一國，乃貴國無端滅人之國，絕人之祀，是貴國蔑視中國及各國也。琉球以弱小一邦服於兩國，其國與貴國尤密，宜如何保護之，乃無故滅絕之，於貴國聲名無益，於各國公論亦未合。今貴大臣既奉貴國之命，前來修好，廢琉為縣一事，實為兩國和好之一大關係之事。本王大臣以上所言，即為兩國永遠顧全和好大局之言。貴大臣宜既知照貴國將廢琉為縣一事速行停止，則兩國之誼由此益敦，而貴大臣前來修好之意亦由此益顯矣。」〔註36〕

從總理衙門的照會來看，中國堅決反對日本對琉球的吞併，認為琉球為一個國家，並將琉球一事作為兩國修好的要事來看。但日本根本無視清政府的交涉，決定在琉球設置鎮臺分營。這項決定完全不同於以往的慣例，遭到琉球的反對。日本政府採取了斷然措施，強制命令琉球：

一、為對中國朝貢而派遣使節及慶賀清帝即位等慣例，一概廢止。

二、撤銷在福州的琉球館，貿易業務概歸設在廈門的日本領事館管轄。

三、從來每當藩王更迭之際，由中國派來官船，受中國冊封，著以為例，今後概予廢止。

四、令藩王來朝，對政治釐革及興建的方法。加以研究後決定。

五、琉球與中國今後之交涉，概與日本外務省管轄處分。〔註37〕

5月20日，清國公使再次向寺島外務卿提出照會，稱琉球案件交涉中，對於日本政府廢藩置縣的做法，實難承認。5月27日，寺島外務卿回答此為根據日本內政情況做出的處理。6月10日，清國公使針對寺島外務卿的「根據內政情況作出的處理」的說法提出反駁。

日本政府向清國列舉了「法章十五條」（掟十五カ條）和琉球國王尚寧的《誓文》等，作為琉球所屬的證據，稱琉球國自1609年受島津氏入侵後，一直處於薩摩藩的實際統治下。

〔註36〕《日本外交文書》第12卷，第178頁。
〔註37〕東亞同文會編：《對華回憶錄》，第101頁。

6月，日本政府又派內務大丞松田道之到琉球傳達上述命令，遭到琉球攝政及官民的反對。松田在欲見琉球王未果的情況下，做出決裂的姿態，要直接回國報告日本政府。9 月，琉球官員池城安規等面見大久保面陳難情：「如得中國承認，則當奉命。」〔註 38〕大久保不予理睬。

翌年 9 月，日本政府公然在琉球實行新的審判和警察制度，並實施海外護照制度，凡琉球人到中國必須請發護照。自此日本完全控制了琉球的內政與外交，從制度上斷絕了其與中國的藩屬關係。

小結

綜上所述，日本在出兵臺灣番地的同時，加緊實施「吞併琉球」的計劃，特別是在獲得「保民義舉」的口實後，更是肆無忌憚地要求琉球完全斷絕與中國的朝貢關係。1879 年 3 月，日本不顧清政府駐日公使的抗議、琉球國王的反對，單方面強行實施針對琉球的廢藩置縣。琉球被日本吞併後，清政府與日本政府進行數次交涉，美國也參與其中，不顧琉球本為一個國家的事實，提出肢解琉球的「三分琉球案」。此案導致後來日本向清政府提出「二分琉球案」，但清政府顧及琉球人民的感受，沒有答應日本。後清政府在邊患頻繁，自身難保的情況下，只得任由日本將琉球完全吞併。

〔註 38〕東亞同文會編：《對華回憶錄》，第 102 頁。

第十五章　何如璋與日本交涉力挽琉球

1873 年 4 月 30 日，《中日修好條規》正式締結，按照第八條規定，兩國可在指定口岸派駐公使、管理官。是年年底，日本即派出全權公使駐華。清廷方面則辦事緩慢，對欽定人選一議再議，直到 1876 年底才決定由何如璋〔註 1〕出任首任駐日本公使。由於日本爆發西南戰爭，直至 1877 年的 10 月，何如璋才正式到任。此時日本正通過所謂「琉球處分」吞併琉球王國，何如璋據理力爭，斥責日本廢琉王為藩並阻止朝貢之事，盡力與日本進行了交涉。

一、琉球向諸外國「告稟」日本侵略琉球

1876 年 12 月 10 日，琉球王國派遣紫巾官向德宏趕赴清廷求援。德宏以

〔註 1〕何如璋（1838～1891 年），字子峨，廣東大埔縣湖僚雙坑村人。近代早期傑出的外交家，中日兩國正式邦交的開創者，為第一任駐日公使。何如璋早年喜歡學習桐城古文，後來感到學習古文不能滿足於時世變化的需要，轉而潛心時務，常往返天津、上海之間，與中外人士商談，向各國傳教士詢問西方國情政務等。李鴻章曾對人評價道：「不圖翰林館中亦有通曉洋務者也。」光緒三年（1877 年），何如璋得李鴻章推薦，晉升為翰林院侍講，加二品頂戴，充出使日本大臣，成為中國首任駐日公使時年 39 歲。以何如璋為首的使團此後駐日四年有餘，他們悉心查訪日本的民情政俗，深入考察日本明治維新，力倡容納西方科學思想以改造中國傳統文化和改變封建專制，渴求強國之道。他們篤邦交，爭國權，為促進中日文化交流和兩國人民的友誼所繪寫的多彩篇章。何如璋在出使日本期間，撰寫《使東述略》，主張倣仿明治維新謀求強國之道，並啟發、支持、鼓勵助手黃遵憲潛心分析研究日本國情。1888 年秋，何如璋成期居滿，釋回故里。隨後，何如璋應兩廣總督張之洞延聘，出任潮州韓山書院山長，為近代潮汕地區的文化教育事業做出了突出貢獻。光緒十七年九月（1891 年），病逝於韓山書院，時年 54 歲。

探望在中國的琉球使節毛精長（國頭親雲上盛乘）為名義秘密出使中國。當時與其同行的還有蔡大鼎（伊計親雲上）、林世功（名城裏之子親雲上）和向有源（浦添親方朝忠）等人。他們出海後不久遭遇颱風，所乘坐船隻險些觸礁沉沒；幾經周折，終於在第二年到達了福州。此後，他們以「柔遠驛」為據點，積極開展琉球的救亡運動。

1877年2月29日，到達福建的向德宏面見閩浙總督何璟和福建巡撫丁日昌，呈遞琉王陳情書，內稱：

> 敝國世列天朝屏藩，歷修貢職，代收王爵，疊蒙鴻恩，有加無已，經歷數百年之久。乃聽倭令（欲聽得日本有令），今敢自臣身首先絕貢，上而孤恩負義，不協臣子之道；下而悖志墜業，以遺先人之羞，有何面目以立於天地之間哉！隨令官吏細加商議，備有請辭，不肯聽從。業於客歲八月十二日遣法司官毛有斐；本年三月十九日遣紫金官向邦棟，先後前赴倭國，再三請辭，不得聽從。本年六月初六日，又日本不曉所留琉使（沒有告知在東京的琉球使），直傳文書於敝國。內云：杜絕進貢一款，係日本國體、國權，雖是琉球國辭，絕不聽從等由。……由是客歲既不得遣發接貢船隻恭迎天朝敕書。並接京回使臣。復不得慶賀皇上登極，奉進先皇（同治帝）香品，誠恐失忠順於天朝。本爵雖欲遣使告情，並無計可施，日夕焦思，寢食俱廢。幸緣貴司照料周祥，行諮探問。逐將行其諮覆之處，報告倭國，方得告情之便。為此，特遣陪臣紫金官向德宏、都通事蔡大鼎、通事林州功（本名林世功）等。細備情狀，投請督撫兩院，奏請聖猷。百般昭（照）料。理合諮覆，為此備諮貴司。請煩查照施行，順至諮者，右諮福建等處承宣布政司。光緒二年十月十五日。〔註2〕

向德宏的陳情書重點是告訴清政府日本阻止琉球向清進貢，而對日本要求改年號等其他吞併政策並沒有言及。儘管這樣何璟和丁日昌都認為清政府應當幫助琉球以張國威，上奏書言：「查琉球世列外藩，夷修職貢，較諸國最為恭順。茲以倭人中梗方物稽期，該國王昕夕憂危，力難抗拒；深恐失修貢事，上負累朝覆載之恩，且慮日本聞知構釁，因飾為遭風漂泊到閩，冀得剖露直誠，用心良苦。……臣等伏查前代所隸外藩，或因其山川險阻，足以拱

〔註2〕西里喜行編：《琉球救國請願收集成》，東京法政大學沖繩研究所，1993年，第35頁。

衛藩籬；或因其物產富饒，足以供給賦稅。是以招攜懷遠，不惜煩兵力而擴版圖。今琉球地瘠民貧，孤懸一島，本非邊塞扼要之地；無捍禦邊陲之益，有鄰邦釁之憂。徒以其恭順二百餘年，不忍棄諸化外。且此次委曲陳情，頗昭忠悃。若拒之過甚，轉恐泰西各國謂我不能庇護屬邦，益啟群島以攜貳之漸。合無仰籲天恩，飭知出使東洋侍講何如璋等於前往日本之便，將琉球向隸藩屬、該國不應阻貢，與之剴切理論；並邀集泰西駐倭諸使，按照萬國公法與評曲直。」〔註3〕

軍機處於5月14日給閩浙總督何璟及丁日昌回覆，並諭知赴日大臣何如璋：「琉球世守藩服、歲修職貢，日本何以無故梗阻？是否藉端生事，抑係另有別情？著總理各國事務衙門即傳知出使日本大臣何如璋等俟到日本後，相機妥籌辦理。」〔註4〕

何如璋到任後，援引國際公約反覆與日方交涉；在東京設立公使館，還在橫濱、神戶、長崎三城市設領事館，收回領事裁判權。何如璋的努力，使在日僑胞的生命財產得到合法保障，使僑胞備受歧視凌辱的狀況得到很大改善。何如璋為琉球之事積極尋求諸外國的幫助，向駐日美使平安（John A.Bingham）展開游說，請平安將琉球的告稟轉達給美國，以阻止日本違反公法，平安快諾應允。可惜因其不久後回國，此事被擱置，再沒有了消息。

1877年12月18日，清政府駐日公使何如璋等到達東京履職，此時滯留在東京的琉球王國官員毛鳳來等人正四處求援。何如璋的到來使他們看到希望，他們馬上向何進行了申訴。何如璋向琉官毛鳳來獻計，將「告稟」送到與琉球訂約的荷蘭、法國、美國的公使館，請求這些國家向日本施壓。「告稟」內容為：

> 琉球國法司官毛鳳來、馬兼才等，為小國危急，切請有約大國俯賜憐鑒：竊琉球小國，自明洪武五年（1372年）入貢中國，永樂二年（1399年）我前王武寧，受冊封為中山王，相承至今，向列外藩。遵用中國年號、曆朔、文字，惟國內政令，許小國自治。大清以來，定例進貢土物，二年一次。逢大清國大皇帝登極，專遣陪臣，行慶賀之禮。敝國國王嗣位，請膺封典，大清國皇帝遣使，冊封嗣

〔註3〕《閩浙總督何璟等奏據情陳奏琉球職貢日本梗阻折（五月十四日）》《清光緒朝中日交涉史料選輯（全）》，大通書局，1987年出版，第6～7頁。

〔註4〕《軍機處寄閩浙總督何璟等上諭（五月十四日）》《清光緒朝中日交涉史料選輯（全）》，大通書局，1987年出版，第8頁。

王為中山王。又時召陪臣子弟，入北京國子監讀書。遇有漂船遭風難民大清國務省督撫，皆優加撫恤，給糧修船，妥善遣使回國。自列中國外藩以來，至今五百餘年不改。此前咸豐九年（1859 年），大荷蘭國欽奉全權公使大臣白加良，來小國互市，會蒙許立條約七款，條約即用漢文及大清國年號。諒貴公使有案可以考查。大眾公國、大法蘭西國亦會與敝國立約。敝國之於日本，舊與薩摩藩往來。同治十一年（1872），日本廢薩摩藩，逼令敝國改隸東京，冊封我國主為藩王，列入華族，事與外務省交涉。同治十二年（1873），日本勒令將敝國與大荷蘭國、大眾合國、大法蘭西國所立條約原書，交送外務省。同治十三年（1874）九月，又強以琉球事務改附內務省。至光緒元年（1875），日本太政官告諸琉球國曰：「琉球進貢清國及受清國冊封自今即行停止。」又曰：「藩中宜用明治年號及日本法律，藩中職官宜行改革。敝國屢次上書，遣使泣求日本，無奈國小力弱，日本決不允從。切念敝國雖小，自為一國，遵用大清國年號，大清國天恩高厚許敝國自治，今日本國逼令改革。查敝國與大荷蘭立約，係用大清國年號、文字，今若大清國封貢之事，不能照舊舉行，則前約幾同廢紙，小國無以自存，即恐得罪大國，且無以面對大清國，實深惶恐。小國彈丸之地，當時大荷蘭國不行拒棄，待為列國，允與立約，至今感荷厚情。現今事處危急，唯有仰仗大國勸諭日本，使琉球國一切照舊。闔國臣民，戴德無極。除別備文稟，求大清國欽差大臣及大法蘭西國全權公使、大合眾國全權公使外，相應具稟，求請恩准施行。〔註 5〕

琉球使節的「告稟」累述中琉之間的宗藩關係，強烈抗議日本的欺壓侵略，強調琉球與荷法等國的立約皆用「大清年號」，若琉球歸日本管轄，「則簽約幾同廢紙」。琉球王國的投訴引起了國際上的反應。美國公使表示要將此事報告本國政府；各報紙將琉球「告稟」的消息刊出，英、法等國家即刻向日本提出抗議。日本沒有防備，慌忙應對，唯有向西方諸國再三保障，一定履行琉球所簽的合約，平息列強的抗議。何如璋此舉乃是讓列強關注，公法評理，做出干涉，迫使日本讓步。可惜，此舉非但沒有成功，卻造成了日本答應承擔履行琉

〔註 5〕村富士男編：《明治文化資料叢書》第 4 卷．外交卷，風間書房，1962 年版，第 179～180 頁。

球與諸外國的條約，而成為琉球的「宗主國」。

二、清政府內部就琉球問題的爭議

1878 年 4 月 28 日，何如璋向李鴻章發信，就琉球提出自己的觀點：「緣琉球於明萬曆三十年役屬薩摩藩，近日本廢其國內諸藩，遂欲舉附庸者而郡縣之，因琉球之臣事我朝也，必偪使貳我而後可以逞其志，引阻貢之舉所由來也。琉球寡弱不敵，勢如累卵，不能不託庇宇下以救危亡，故屢次遣員哀請者以此。然唯稱日本阻貢，於廢藩制、改年號諸事，皆隱忍不敢陳，是琉球之愚也。琉球初附東京，其王曾聲請由舊章中東兩屬。彼時副島種臣為外務卿，經許其請後乃競阻貢，使遣官駐琉，欲鎖其港，琉人危拒幾至騷亂以劫日人，觀日官批其所稟，絕無情理，不過一再曰：所請各事難以聽從也。是日人未嘗不知道理屈。四年以來未遽滅其國絕其祀者，則以我牽制之故，欲俟我不與爭而後下手耳。今向德宏之來，馬如衡之去，日人皆知之，遲之又久，而我不言，日人或揣我為棄琉球，疑我為怯，日本行廢置而郡縣之，以後晚難議論，此準理度情，此時不得不言者也。或者乃恐因此開恤，不知道日本國小而貧，自防不暇，何暇謀人？」〔註 6〕

何如璋認為日本明治政府阻撓琉球貢船一事，其目的是迫使琉球王國脫離清政府藩屬，而目前琉球王國勢單力薄難以抵抗。另一方面，琉球王國派遣向德宏等人向中國求援一事，日方已知曉。現在中方如果不表態，很可能會進一步助長日本政府的侵略氣焰，還可能引發清政府屬國的連鎖危機。

清政府中何如璋最清楚琉球的重要性。因此他一方面積極地與日本政府進行交涉，申明琉球乃大清藩國的立場，一方面上書清政府，要求阻止日本實施「侵臺並琉」陰謀。何如璋在上奏中言：

> 以日人無情無理，若又以日人無情無理，如瘋狗之狂，如無賴之橫，果爾，則中東和好，終不可恃阻貢不已，必滅琉球，琉球既滅，行及朝鮮，否則以我所難行，日事要求，聽之，何以為國？拒之，是讓一琉球，挑釁究不能免；欲尋罅隙，不患無端；日人苟橫奚必籍此？以況琉球迫近臺灣，我苟棄之，日人改為郡縣，練民兵，球人因我拒絕，甘心從亂為，彼皆習勞苦，耐風濤之人，他時，日

〔註 6〕《何子峨來函（四月二十八日）》《李文忠公選集》，臺灣大通書局，1989 年，第 262 頁。

本一強，資以船礮，擾我邊陲，臺澎之間將求一夕之安不可得。是為臺灣計，今日爭之患猶紓，今日棄之患更深也。〔註7〕

面對日本的強行吞併及琉球國的不斷奔走，基於歷史上長期存在的對琉球的保護義務，清政府朝野發表各自見解，尋求解決辦法。以駐日公使何如璋為首的清朝官吏主張對日本採取強硬政策。何如璋認為，即使琉球王國歸屬問題的爭論有可能會導致中日開戰，也不能拋棄琉球王國，清政府對琉球「不得不爭」。

此時清政府內部對日本行將吞併琉球之事的看法也不一致，甚至有臣僚聯想到此前剛剛解決的日本出兵臺灣事件，認為這次可能是日本與琉球聯手欺詐，誘導中國捲入，因此斷不可輕易涉入日琉爭端。此時，反對與日本交涉最力者為閩浙總督何璟，他主張「勿輕發端」，擔心弄不好求益反損有害無利。

何如璋使日後，經過一段時間的交涉及觀察，於 1878 年 5 月致函李鴻章，重申琉球對清國的重要性，認為日本吞併琉球後，必將欲壑難填、得寸進尺，而下一步必圖謀臺灣，應該趁其羽翼未滿，對其採取強硬措施。對琉球問題，清政府可以採取「必爭」、「必救」和「與之評理」三策。此後何如璋又一再致函清廷中樞，陳述琉球問題的重要性。

何如璋認為隱忍不言，失體敗事，因又向總理衙門建議三策：

一、先遣兵船責問琉球，徵其入貢，示日本以必爭；

二、據理與言明，約琉球令其夾攻，示日本以必救；

三、反覆辯論，徐為開導，若不聽命，或援萬國公法以相糾責，或約各國使臣與之評理，要於必從而止。〔註8〕

編修陸廷黻亦列舉征討理由，其呈上《請征日本以張國威摺》：

其一，「豈有大國甘受小邦之侵侮之理」；

其二，「不服日本難以復琉球」；

其三，明代倭患的慘劇不能重演。〔註9〕

對於何如璋等人的建議，總理衙門一時舉棋不定，於是致函徵求李鴻章的意見。

〔註 7〕《何子峨來函（四月二十八日）》《李文忠公選集》，第 263 頁。

〔註 8〕《清光緒朝中日交涉史料》卷一，故宮博物院，1932 年，第 24 頁。

〔註 9〕《清光緒朝中日交涉史料》卷二，故宮博物院，1932 年版，第 74～75 頁。

當時，李鴻章已有定見，他既不同意何璟「求益反損」之說，認為言之固無大益，然亦不致大損，因為言之不成，不以兵戎，而以玉帛，何至遽開兵釁亦不至遽壞和局，也不同意何如璋的上、中兩策。

李鴻章認為琉球地遠、貢小，「琉球以黑子彈丸之地，孤懸海外，遠於中國而近於日本。中國受琉球朝貢，本無大利，若受其貢而不能保其國，固為諸國所輕；若專持筆舌與之理論，而近今日本舉動，諸如來書所謂無賴之橫，瘋狗之狂，恐未必救我範圍。若再以威力相角爭，小國區區之貢，務虛名而勤遠略，非惟不暇，亦且無謂。」〔註 10〕不想以「威力」相幫。

李鴻章還認為何如璋提出的清政府應出動兵艦責問日本、允諾給與琉球救援等建議，頗為小題大作：「子峨向鈞署所陳上中下三策，遣兵舶、責問及約琉人以必救，似皆大題小作，轉涉張皇。」〔註 11〕但他並不是像其他學者所說的那樣不想幫琉球，而是「不採用武力」的辦法：「上年臺灣之戰役，日本即籍其琉球屬人被害為詞，其時鈞處及鴻章與柳原、大久保等辯論，均力爭琉球原屬中國，而該使置若罔聞，居之不疑，是其處心積慮，不使琉人內附，琉球人，近日更畏之如虎，即使從此不貢不封，亦無關於國家之輕重，原可以大度包之。惟中東立約第一條，首以兩國所屬邦土不可稍有侵越，琉球地處偏偶，尚屬可有可無，沒得步進步，援例而及朝鮮，我豈終能沉默爾也？與其日後言之，而毫無補救，似不若即今言之，或稍止侵陵。」〔註 12〕恭親王奕訢等人也認為，自從日本侵臺案結束之後，在琉球問題上，中國對日採取武力威脅等措施必須要慎之又慎。

當時清政府正處內憂外患之時，同治皇帝親政不到兩年便駕崩，光緒皇帝繼位後，慈禧再次垂簾聽政。朝廷內部親王、老臣因循守舊，不敢逾越半步，國家無法變革；外則列強環列，藉詞侵擾，逼迫清廷簽訂不平等條約，清朝已是自身難保。東邊有琉球之危、日本齷齪強迫朝鮮簽訂《江華條約》；西邊軍情更緊，中俄關係因伊犁問題日趨惡化。清政府擔心遭受左右夾擊，權衡輕重之下，對孤懸海外的琉球問題，只能「詰問」。

琉球沒有向清政府報告日本要求其廢藩制、改年號等事，只是以日本「阻貢」為由要求清政府進行干涉，使清政府沒有更強的理由介入其中。故此時清

〔註 10〕《復覆何子峨來函（四月二十九日）》《李文忠公選集》，第 264 頁。
〔註 11〕《密議日本爭琉球事（五月九日）》《李文忠公選集》，第 266 頁。
〔註 12〕《密議日本爭琉球事（五月九日）》《李文忠公選集》，第 266～267 頁。

政府並沒有在公開場合對日本吞併琉球進行反擊。最終總理衙門奕訢等亦奏云：再四思維，自以據理詰問為正辦，因復與北洋大臣李鴻章往返函商，意見亦復相同。按照李鴻章意見，總署也認為日本自臺灣事結後，尚無別項釁端，似不宜遽思用武。再四思維，自以據理詰問為正辦，並函示何如璋等審辦。而琉球王國赴清廷求援的數批使節抵達中國後，始終不得要領，只能無限期滯留下來。

日本也不願意公開與清政府討論此事，即使李鴻章對駐清公使森有禮詢問此事，森有禮也「佯為不知道」〔註13〕。因日本外務卿寺島宗則在給日本駐清公使森有禮的訓令中明確告之琉球之事，現在與清政府展開談判反而容易節外生枝，不如一面佔領琉球，一面對清政府可能的外交交涉裝聾作啞。〔註14〕

儘管清政府眾多高層對日本吞併琉球有著不同的見解，甚至不想深究琉球王國主權歸屬問題，但是以何如璋為代表的部分清政府官員，表達了作為宗主國對琉球問題的關注，也與日本政府進行了積極的交涉。

三、何如璋與日本外務省交涉力挽琉球

1878年9月3日，何如璋會見日本明治政府外務卿寺島宗則。按照李鴻章之前的囑咐，何如璋向寺島提出書函，婉轉地表達了中方要求共商琉球問題的意願：

> 琉球與清國海中群小島嶼相聚，為一國。境域有限，物產不饒，不能自給，豈有盈餘乎？此不足以貪之，人待而論。然其地勢如斯，亦能自為一國。且自明洪武年間起，隸屬受封冊，獻貢物，為外藩屬部之形。然其國政治固委其國政府之權內，不容他之喙。至大清朝，恤其國蕞爾，益有所親愛，彼亦益恭敬大清甚厚。據成規，琉球向清獻貢物，二年一回，至今未曾絕。《大清寶典》及禮部省之章程中，載其成規禮法。又，冊封使之著《中山傳修錄》，琉人著《中山史錄琉陽記》，日本人著《琉民記》等記載詳細。我咸豐年間，琉球與米佛蘭三國締結盟約，書法記錄文書，一遵清國制。琉球業已屬清國，歐美各國無不知之。然風聞日本禁止琉球向清朝上貢，清國滿朝難以相信日本乃大國，豈能不顧交際之義務，而壓最小之邦

〔註13〕《復覆何子峨來函（四月二十九日）》《李文忠公選集》，第265頁。

〔註14〕《琉球所屬問題 第一 7》，JCAHR: B03041146800。

土，為失信之事哉！若果真信此風聞，則情誼道理兩者，可云墜地。余等奉公使之命，來東京。閱數月，得以視察鉅細之情況。故余輩為兩國間盟約和親而交際，至日益平穩無事之境域，孜孜是勉，未嘗有一日安息。貴國記載條約之第一款，豈非記載兩國對其屬領，當加愛恤，不可侵乎？今對琉球所加侮慢凌辱，恣意變更舊制法。則閣下有何面目對清國哉？又有何面目對琉球之同盟國哉？琉球雖小，國民無貴無賤，心皆馴服於清國。閣下今欲凌之，豈非至難之事哉？目下各邦和親，重禮讓，若不履行條約之義務，而以非理凌小國，無論照人情，或問萬國之公法，皆不能輕易饒恕。各國若聞之，當不能沉默。吾輩作為欽差，派遣至日本，冀兩國之交誼益鞏固，故就該事件謁閣下。鄭重反覆言之，然「語言』有差異，遂不能盡所思之處。故將書札奉呈於閣下，懇請以正理處置琉球，不改彼之舊規及政體，依舊向清國獻貢物。閣下勉力毋為其他所阻隔，容認吾輩之言，為永久保全鄰國之交際而考慮，不至招致他邦之嗤笑。外務卿閣下才高智深，量情守信，一旦決明，必能得是非曲直而明瞭。故向閣下奉呈文書，乞速有所答。〔註 15〕

寺島將此書轉給內務卿大久保利通，大久保見此書，認為其乃大肆凌辱日本，作長篇答覆文，稱琉球自古為其屬島。寺島宗則回覆說，過去琉球王國雖有外交權，那主要是因為日本政府「默視」的結果，他揚言：現在日本政府不想繼續原有狀態了，要正式把琉球王國領土劃入日本領土。對於日本方面的說法，何如璋當即予以批駁；但也說，前來商議此事只是出於他本人的意願。何如璋雖然執行了李鴻章的建議，但是這個「個人表達」的說辭，後續被日方大做文章。

1878 年 9 月 18 日，何如璋與外務省的大書記官宮本會面，宮本轉達了外務卿寺島宗則的說詞，「希望兩國不要為蕞爾小國而傷和氣。」為此，何如璋回曰：「是誰人挑起了事端？」

1878 年 9 月 27 日，何如璋再訪寺島宗則。此次會晤，兩人各陳己見直言爭辯，激烈異常。寺島宗則套用殖民主義的萬國公法，言稱薩摩藩 200 年以前實際管治琉球，是在先的「實力管轄領有」，反指中國沒有實際管轄琉球，所以對琉球國是沒有主權可言。何如璋對此則表言「請封、冊封、奉正朔是

〔註 15〕喜舍場朝賢：《琉球見聞錄》卷之三，東京至言社，1977 年版，第 142 頁。

天朝對藩屬的管制體制，懷柔深仁，重教化而不涉其內政，其有別於日本所謂的『實力管轄領有』〔註16〕。同時，何如璋又舉出琉球與美、法、荷等國訂立的合約，可見琉球是被西方諸國承認的一個王國，日本的實力管轄之說缺乏道理。

9月27日，雙方再度會晤，談及此事，日方仍拖延不予回覆。多番會晤沒有進展，何如璋與副使張斯桂聯署了一份照會，於10月7日投諸日本外務省，對琉球問題據理利爭：

> 查琉球國，為中國仰面一小島，地勢狹小，物產澆薄，貪之無可貪，並之之無可並，孤懸海中，從古至今，為自為一國，自明朝洪武五年，臣服中國，封王進貢，列為藩屬，惟國中政令，許其自治，至今不改，我大清憐其弱小，優待有加，球事我尤為恭順，訂例二年一貢，從無間斷，所有一切典禮，載在大清會典禮部則例，及歷屆冊封琉球使，所著中山傳信錄等書，即琉球人所作中山史略求陽志，並貴國人近刻琉球志，皆明載之。又琉球國與我咸豐年間，曾於合眾人國法蘭西國荷蘭國立約，約中皆用我年號曆朔文字，是琉球為服屬我朝之國，歐美各國，無不知之。今忽聞貴國禁止琉球進貢我國，我政府聞之，以為日本堂堂大國，諒不肯背鄰交，欺弱國，為此不信不義無情無理之事。本大臣諸此數月，查問情勢，卻念我兩國自立修好條約以來，倍敦和誼，條規中第一條，即言兩國所屬邦土，亦各以禮相待，不可互有侵越，兩國自應遵守不渝，此貴國之所知也。今若欺凌琉球，擅改舊章，將何以對我國，且何以對與琉球有約之國。琉球雖小，其服侍我朝之心，上下如一，亦斷斷難以屈從人。方今宇內交通，禮為先物，無端而廢棄條約，壓制小邦，則揆之情事，稽之公法，恐萬國聞之，亦不願貴國有此舉動。〔註17〕

此份照會是清政府第一次公開就日本侵略琉球而發出的正式文件，文件指出，琉球從古至今，自為一國。琉球王國為清朝藩屬，歐美各國無不知之。清政府正式要求日本不得阻撓琉球向清廷朝貢，並保證琉球國體政體一如從前，但沒有就日本要求琉球修改年號駐軍等進行反駁。

11月21日，寺島宗則回覆中方，堅持聲稱琉球屬於日本，把話題引向指

〔註16〕《琉球所屬問題第一／2》，JCAHR: B03041146300。
〔註17〕《琉球所屬問題第一／2》，JCAHR: B03041146300。

責何如璋前次送來的中方照會措辭太過強硬，有損中日雙方外交關係，稱此事為「照會事件」。〔註 18〕

1878 年 11 月 29 日，清朝駐日公使何如璋、張斯桂再次給日本外務卿寺島發出照會，就琉球問題進行爭辯：

> 貴大臣 11 月 21 日覆論琉球文函均已閱悉，此案經本大臣兩次面商再三相勸，因恐未達鄙懷，是以備文申論，並非突發之言。前函不予欲直指而委曲以相告者，正本大臣厚待鄰交之意，不圖貴大臣反以為言也。我兩國訂立條規以修好也。本大臣應膺使，貴邦亦正欲固和好友。貴大臣苟深明輔車相依之義，共守條規，以維持大局，永固和好為心詎。為本大臣之甚願我政府實嘉賴之。查修好條規第一條，既言所屬邦土以禮相待之事。數年來信使時通，乃發令琉球，並不以一言相告，恐非所以重鄰父修友友誼之道也。凡兩國交際，務須一秉大公，推誠相與，彼此不必徒以虛詞往復。現據貴大臣稱有理由，即希貴大臣准情酌理熟商見覆。〔註 19〕

寺島於 30 日給何如璋回覆答應「酌理熟商」〔註 20〕。

由於日本外務省並沒有給予答覆，何如璋於 1879 年 2 月 26 日再次給寺島發出照會：「查琉球一事，曾准貴大臣函稱備文照會大日本外務省，推誠布公據理問難等因在案，茲又准貴大臣函稱接到外務省照覆抄錄呈閱各等因前來。查琉球為中國蜀邦，自前明以來，世守藩備服，源源來貢。玧據彼陪臣等聲訴各情，深可憐憫，自應為之解紛。大日本與我中國訂約通商，共敦和好，揆情度理，當不至阻我屬國貢獻之誠。尚希貴大臣與外務省商榷辦理，俾仍其舊，以全邦交而敦友誼，為此，諮行貴大臣查照施行可也等因，準此相應照會。」〔註 21〕

1879 年 3 月 3 日，何如璋會晤寺島宗則，就琉球事務與日方繼續交涉。日方詭辯稱，明治政府處分琉球是有理由的，而中方前次照會言辭強硬，這對日方是極不友好的。何如璋針鋒相對指出，既然日方此前認為何某出言不懷好意，何某也可認為日方「琉球處分」是非法的，也是「不懷好意」的，並要求日方出示琉球王國屬於日本的「證據」。日方則回應稱，如果中方不撤銷此前

〔註 18〕日本外務省編：《日本外交文書》第十一卷，第 272 頁。

〔註 19〕《琉球所屬問題第一／3》，B03041146400。

〔註 20〕《琉球所屬問題第一／3》，B03041146400。

〔註 21〕《琉球所屬問題第一／3》，B03041146400。

那份措辭強硬的照會，日方將不接受中方的其他要求。〔註22〕3月11日，何如璋再會寺島宗則，要求將業已派往琉球的日本武裝人員立即撤回，寺島宗則再次搪塞以「中方上次照會過於強硬」，派往琉球士兵「難以撤退」。〔註23〕3月12日，何如璋再次給日本外務省發信，要求日本撤回赴琉之軍隊。

從日本現存的檔案記載來看，何如璋與寺島宗則就琉球問題進行交涉，可謂是盡心盡責。

四、清政府與日本的交涉

1879年3月12日，松田道之帶領一百六十餘名警察及巡查，向琉球進發。隨後日本政府陸續又派遣一批批武裝人員前往琉球。3月27日，松田道之不顧琉球王國上下的強烈反對，公然在琉球王國的首里城內宣布廢除琉球王國，勒令琉球國王尚泰迅速離開首里，同時派武裝人員控制各個要害部門，並封鎖首里城門。

面對日本方面的武力征服，琉球王國由於國小民弱，武備鬆弛，未能做出有效抵抗。3月29日夜，琉球國王尚泰被迫退出首里居城，當時琉球王國士卒官吏圍而哀號者達數百人。與此同時，松田道之派員到琉球王國屬下各島嶼四處張貼公告，宣布日本政府「琉球處分」、「廢藩置縣」。這一行動在琉球各島遭到了抵制，公告時集體退席者、拒不合作者、拒不納稅者眾多。

為了迅速壓制反抗，同時盡力抹殺日本吞併琉球的罪證，松田道之派人闖入琉球王宮，收繳清朝歷代給琉球國王的冊封文件。當在場的琉球官員意圖阻止時，日方出動巡查數十人，毒打琉球官員，並將清朝所賜御書匾額、寶印諸般對象全部掠走。琉球上下官吏、士紳以及外島監守官等，紛紛被日本人抓來嚴刑拷問、逼迫投降，有人堅決不降、自刎殉國。琉球王國諸署的所有簿冊，暨食庫所藏錢糧，被日本人一概奪走。在首里、久米、那霸等地，日本人百般搜刮，甚至將民間所積糧食也盡數劫走。通過對反抗者殘酷鎮壓、對中間階層威逼利誘，日本政府逐步建立起對琉球的直接控制。

4月4日，日本明治政府宣布琉球王國改為沖繩縣，任命鍋島直彬為第一任縣令。4月16日，琉球王族伊江王子尚健等與一百多位那霸、久米士族代表等聯名請願，要求日本當局准許王族中城王子尚典去東京申訴，表達琉球國

〔註22〕《琉球所屬問題第一／3》，B03041146400。
〔註23〕《琉球所屬問題第一／3》，B03041146400。

王不去東京的願望。然而，這次去東京請願雖然成行，卻毫無結果，就連尚典也被日本明治政府扣留了。5 月 27 日，琉球國王尚泰被迫前往東京。

琉球王國遭日本吞併的消息由逃亡中國的琉球官民帶來，之前在中國求援的琉球代表面對國亡主辱的變局，加緊活動。琉球特使紫巾官向德宏等人躲避日人耳目，剃髮喬裝，北上天津，向清政府求援。

為防範琉球向清政府救援，日本外務卿寺島也於 3 月 14 日給廈門領事發信，要求其對琉球赴清朝的船舶進行監督和檢查。3 月 25 日，又給駐清公使宍戶發信，就琉球問題的處理下達了指示。4 月 9 日再次給宍戶發信，告知已經廢止了琉球藩設立了沖繩縣，並向當地派遣了勅使。

3 月 28 日，軍機大臣給兩江總督發上諭，其中提到日本廢琉置縣「狡焉思啟情殊叵測亟應妥為預備」〔註 24〕，要求南洋防守事宜應悉心盡力，探明該國情形密速上報。

4 月 4 日，清駐日公使何如璋發電報向清政府報告，希望藉詞「以事無可商，即可告歸」向日本政府進行抗議，卻被清政府要求「仍在日本將此案妥為隨時商辦，無遽回華，以顧大局，是為至要」〔註 25〕。

4 月 30 日，宍戶在總理衙門與董恂、沈桂芬等人就此進行了交涉。

1879 年 5 月 10 日，總理衙門代表清政府向日本駐清公使宍戶璣提交照會稱：

> 琉球一國，世受中國冊封，奉中國正朔，入貢中國，於今已數百年。天下之國所共知也。中國除受其職貢外，其國之政教禁令悉聽自為，中國認為其自成一國也。與中國和日本換約之各國，亦有與琉球王換約者，各國均認為琉球自成一國也。琉球即服中國而又服於貴國，中國知之而未嘗罪之，此即中國認其自為一國之明證也。琉球即為中國並各國認其自為一國，其入貢中國一層於中國無足為重輕也。今琉球有何得罪於貴國，而一旦廢為郡縣固與修好條約第一條所云兩國所屬邦土以禮相待等語不符，且琉球即為中國並各國認其自為一國，乃貴國無端滅人之國，絕人之祀，是蔑視中國並各國也。琉球以弱小一邦，服於兩國，其國與貴國尤密。適宜如何保護之，乃無故滅絕之，貴國聲名無益於各國公認，亦未合今。……

〔註 24〕《清光緒朝中日交涉史料》卷一，文海出版社，1963 年，第 29 頁。
〔註 25〕《清光緒朝中日交涉史料》卷一，文海出版社，1963 年，第 15 頁。

貴國將廢球為縣一事速行停止。〔註 26〕

清政府的照會強調琉球為一個獨立之國家，世受中國冊封，奉中國正朔，入貢中國，於今已數百年。中國認為其自成一國。與中國和日本換約的歐美國家，也有同琉球王國換約的，各國均認為琉球自成一國。現在日本無端吞滅琉球，是日本蔑視中國和歐美諸國，日本應迅速停止對琉球王國的廢藩置縣活動。5 月 12 日，宍戸璣給總理衙門回覆，表示收到照會。

5 月 17 日，在天津的竹添內一郎給伊藤博文發信，就李鴻章對日本吞併琉球的態度進行了分析，提出：清國日後的處理方式只有戰爭及各國仲裁調停這兩種方式，但清國絕不會發動戰爭，而日本將琉球佔領後，仲裁對日本也沒有什麼不利。〔註 27〕

5 月 20 日，何如璋代表清政府向日本外務卿寺島宗則再次交涉：琉球之事，清政府不承認日本的廢藩置縣。27 日，寺島回信說處理琉球是日本內政。

6 月 2 日，總理衙門大臣與宍戸璣就琉球問題進行了激烈的爭辯。

6 月 10 日，清國駐日公使何如璋給日本外務省發照會，就琉球問題進行了質問：

照會之事，光緒五年四月初七日，接到貴曆明治十二年五月二十七日來文，內稱廢我琉球改置沖繩縣一事，查此係為我內政從便而有此舉等因，察琉球義國，為我封控，之國於今寄。數百年知天下，萬國之，所即閱悉，查琉球一國，為我封貢之國，餘今即數百年，知天下萬國之所共知者，今來文忽稱我琉球藩、我內政，不知貴國之封琉球藩，事在何年何月，為在於我立約之前歟，抑在於我立約之後歟。貴國之列在版圖者，自稱內政，可也？琉球孤懸海中，從古至今，自為一國，即封貢於我，為我藩屬，其國中之政教禁令，亦聽其自治。論其名義，則與我為服屬之國，論其政事，則琉球實自為一國。而來文忽曰內政，本大臣時所不解也。貴大臣前次覆文，稱有理由，請即言其理由，願與天下萬國共聞之。又來文稱我光緒四年九月十二日來函，言有不當，查前次照會，一則曰日本堂堂大國，諒不肯為，再則曰今若，三則曰無端，皆以為日本當貴國之外，漢文文義，並無不是。而貴大臣屢以為言，想係貴大臣誤認文義矣。

〔註 26〕《琉球所屬問題第一／3》，B03041146400。
〔註 27〕《琉球所屬問題第一／3》，B03041146400。

至琉球之事，我國理應與聞，前次照會，即奉我政府之意，現在聞得貴國廢球置縣，我政府命本大臣行文與貴大臣，請將廢球置縣之事停止。〔註28〕

6月22日，清國駐日公使何如璋再次與日本外務卿寺島就琉球問題進行了爭論。

至此，同日本的交涉進入了舉步維艱、進退維谷之時。由於得不到李鴻章及清廷的全力支持，何如璋對日強硬也收不到任何效果。嗣後，儘管何如璋繼續照會日本政府，並嚴辭抗議日本人，但效果微乎其微，只能憤怒地看著日本軍隊進入琉球。

其實在「球案」之前，李鴻章已與日本有過兩次交涉，即是1871年的《中日通商條約》談判及臺灣事件後的《北京專條》交涉。李鴻章對日本的認識是極為深刻的，「日本近在肘腋，永為中土之患」，「籠絡之或為發用，拒絕之則必為我仇」。〔註29〕但此時的清政府已經日薄西山，致使他對琉球的命運有心無力。《北京專條》簽訂之後，李鴻章曾對沈葆楨說道：「弟初尚擬議，番所害者琉球人，非日本人……今乃以撫恤代兵費，未免稍損國體，漸長寇志，或謂若啟兵端，無論勝負，沿海沿江糜費，奚啻數千萬。以此區區收回番地，再留其有餘，陸續籌備海防，忍小忿而圖遠略，抑亦當事諸公之用心歟？」〔註30〕可見，在對日外交上，李鴻章也不贊成過於溫和，但清政府沒有強大的海軍，根本無力傚仿出兵安南之舉。

李鴻章意識到「琉球」問題可能引出臺灣，故提出臺防的問題。他說，日本「既併吞中山，臺灣之防尤應及早整頓。愚謂宜擇知兵有威略者任之，此則自固門戶之要計，兼有伐謀制敵之遠圖」〔註31〕。他還認為，對「外貌吻吻恭謙，性情狙詐深險，變幻百端」的日本人，「其辦法亦不外諭以情理，示以兵威」〔註32〕。提出防禦臺灣，實際上是做了完全放棄「球案」的準備。

此時清政府受制於中俄伊犁問題，自顧不暇，對於琉球的求援甚是捉襟見肘，而李鴻章「言之復言之」的辦法顯然行不通。因此，把「球案」解決的希望寄託在各國對日干涉上，提出日本「若悍然不顧，即請將駐日公使領事一概

〔註28〕《琉球所屬問題第一／3》，B03041146400。
〔註29〕《李文忠公文集》奏稿，卷17。
〔註30〕王鐵崖：《中外舊約章彙編》，第1冊，三聯書店，1957年，第343頁。
〔註31〕《李文忠公文集》譯署函稿，卷8。
〔註32〕《李文忠公文集》朋僚函稿，卷14。

撤回，布告各國暫不說到用兵一層，作彎弓不發之勢，將來萬不得已盡可如此辦理。布告各國自應一由駐京公使轉達，一由出使大臣轉達外部，並行文各口勿與日本領事交接往來，屆時各國或慮開兵端撓亂通商，出為理處」。〔註 33〕其意暗示如中日「球案」問題不解決，將影響中國與其他國家的外交、外貿。

李鴻章先後試探了德國駐天津領事阿思德（Carl Arendt），德國駐華大使巴蘭德（M.ASVonBrandt）和意大利駐華大使盧嘉德（F.de Luca）以及各國領事對「球案」的態度，然而這些人對「球案」問題「並無一語提及，似皆袖手旁觀」。有的甚至明確表態說，此是「中國之事，亞洲之事，與歐洲各國無干」。〔註 34〕

正當李鴻章寄希望於各國干涉日本的「羈縻之策」沒有結果之時，美國前總統格蘭忒（U.S.Grant）於 1879 年 5 月來華遊歷，並擬東渡日本。李鴻章即決定請格蘭忒出面調解琉球問題，言「琉王向來受封中國，今日本無故廢滅，違背公法，實為各國所無之事。……貴前總統聲名洋溢，中西各邦人人敬仰，此次遊歷中、東，適遇此事，若能從旁妥協調處，免致開釁，不但中國感佩，天下萬國聞之，必皆稱道高義」，〔註 35〕將格蘭忒視為調停「球案」的最佳人選。

小結

綜上所述，1872 年，日本強行廢王為藩，將尚泰王並為日本華族，邁出了日本吞併琉球的第一步；1874 年，日本藉詞保護琉球船民而侵臺，致使清政府承認琉球是日本的屬國，實現了吞併琉球的第二步；1875 年，日本強令琉球斷絕朝貢清國，禁止使用大清正朔，改用日本年號，以解除中國與琉球的宗藩關係，是日本吞併琉球的第三步；1878 年，日本運用外交手段，故意指責何如璋公使的照會粗暴言辭，關上談判大門，是日本順利吞併琉球的第四步。隨著中日外交論爭的展開，琉球王國是否獨立王國，成為雙方辯論的焦點。何如璋據理力爭，提出琉球為中日兩屬，但中國作為宗主國要先於日本；且琉球雖為藩屬，卻始終為一獨立國家。日本也不讓步，提出琉球自薩摩藩入侵後，已經被日本實際控制，對琉球的「處分」只是日本內政。正當中日交涉無果之時，美國前總統格蘭忒要訪問清國及日本，李鴻章將之視為調停「琉球問題」的最佳人選。

〔註 33〕《李文忠公文集》譯署函稿，卷 8。
〔註 34〕《李文忠公文集》譯署函稿，卷 8。
〔註 35〕《李文忠公文集》譯署函稿，卷 8。

第十六章　格蘭忒調停無果與「分島」論的緣起

琉球正式被日本吞併後，日本政府繞過意志堅定的何如璋，開始與北京政府直接交涉。同年 4 月，日本政府派宍戶璣為新任駐華公使，雙方拉開了外交戰。5 月 10 日，總理衙門照會日本公使，指出中國及各國皆承認琉球為一國，日本滅琉球沒有根據。7 月 16 日，宍戶璣覆照總理衙門，既不承認兩屬之說，也不承認自治之國，堅稱琉球是日本的內政，不許他國干涉。隨著中日外交論爭的展開，琉球王國是否為獨立王國，成為雙方辯論的焦點。中方的基本觀點是，琉球為中日兩屬，但是中國作為宗主國，要先於日本，且琉球雖為藩屬，卻始終為一獨立國家。而日本的基本觀點是，琉球自薩摩藩入侵後，已被日本實際控制，對琉球的「處分」，是日本的內政。駐日公使何如璋態度強硬，兩國在北京交涉處於「和好既不能修，他事亦不能辦」的狀態。而此時正值清政府與西方各國修約之時，「惟西使陸續來京，商議修約免釐等事，口舌正多，若以此事相告，非置之不理，即藉端要求。即如初九日阿恩德先談琉球新聞，鴻章語以各國意見何如？彼謂是中國之事、亞洲之事，與歐洲各國無干。連日會晤德國巴使、義大里新使德路嘉及各國領事，並無一語提及，似皆袖手旁觀。其平日議論，則多以日本學西法自強為是。而以中國鶩虛名令小邦入貢為非。筠仙前論萬國公法有保護小國之例，無必令臣事之禮。蓋因欲布告列邦須以免貢為言，始洽眾志。且若到彼此相持不下之時，更恐有幸災樂禍乘危徼利者，謂肯出而轉圜，恐其毫無把握」。〔註 1〕李

〔註 1〕《論爭琉球、宜固臺防（閏三月十六日）》《李文忠公選集》，臺灣大通書局，第 281 頁。

鴻章知道西方一些國家支持日本，擔心西方趁機提出無理要求，而何如璋向李提出請求美國調停。李鴻章並不想因琉球而與日本失和，導致中日對立狀態。恰好美國總統格蘭忒遊歷亞洲中日兩國，李鴻章等便產生了請格蘭忒調停琉球問題的念頭。

一、清政府請格蘭忒調處「球案」

格蘭忒（Ulysses Simpson Grant, 1822-1885 年），生於美國的俄亥俄州，曾參加過美國對墨西哥的戰爭。1868 年代表共和黨競選，當選美國第 18 任總統，後再連任直到 1877 年。儘管已經卸任，他還在國際政治領域有很大影響力。「脫亞入歐」影響下的日本明治維新人物，對歐美各國都充滿了敬仰。卸任的格蘭忒於 1879 年帶著妻子朱莉婭來遠東旅行，目的地就是中國和日本。1879 年（清光緒五年）4 月 7 日，格蘭忒乘船抵達香港，再到廣州，後又乘船到上海、天津。

格蘭忒是卸任的總統，雖然影響力很大，但也不能無條件地調停清日之間的「琉球」之爭。李鴻章以在美「金山華工」為條件，請求海關總長赫德幫助促成格蘭忒來調停「球案」，「畢德格復來署密談，以格君幫助球事意頗誠懇，惜金山華工一節，敝處未允變通辦法，似有缺望。且謂西華此來，必欲改約，又私議前總統不必幫助球事。鴻章復屬其密告格君，如能將球事議妥，華工總好商量，將來或另立專條，仿照古巴、秘魯辦法，總署未必不允。球事關係較重，既欲外人盡力，似不妨略予通融，卓見以為何如？赫德謂球事不允，日本就要有事臺灣，後患固在意中，臺防現稍有備，雨生奉旨後自當力疾籌劃。聞其腳腫未瘳，秋初甫能就道，亦尚未得其來信，合併附陳」。〔註 2〕

格蘭忒剛到上海，李鴻章即寫信給總理衙門，要求「美國前總統格蘭忒日當由滬過津入都，似宜斟酌禮數，優為接待，將來交涉事件亦有裨益」，並「以此為機，與格蘭忒談話，以求他日琉球問題公評時，助我一臂之力」。〔註 3〕李鴻章還向恭親王進行了稟報：「擬仍慫恿入都一遊，庶尊處籍得把晤，相機聯絡，或為他日公評日琉近事之一助。日人實奉美國為護符，而格將軍尤美之達尊，望所歸也。畢德閣謂伊曾任大將軍，即稱將軍為宜。聞現由香港赴粵省，

〔註 2〕《議請美國前總統調處琉球事（四月二十四日）》《李文忠公選集》，臺灣大通書局，第 282 頁。

〔註 3〕《致總署論伊犁及接待美國前總統（光緒五年三月二十六日）》《李鴻章全集》32 卷，第 426 頁。

到滬尚有旬日。」〔註4〕

總理衙門接李鴻章奏請後，馬上向皇上及慈禧太后請示：「臣等以格蘭忒係美國前任統領，用兵定亂，威望著聞；美國又為日本所畏服，知其即有日本之行，球事或可從中為力。因於接晤之際，述及此事，格蘭忒亦謂日本無理。臣等即將此事始末，詳細告之。並言琉球久屬中國，日本無故廢之，滅人國、絕人祀，殊出情理之外；託伊到彼代評此理，以持公道。格蘭忒允為設法調處。」〔註5〕

1879年5月16日（清光緒五年三月二十六日），格蘭忒到天津。5月17日（清光緒五年三月二十七日），格蘭忒的兵船進入大沽口，李鴻章放21響禮炮歡迎。

格蘭忒在美國駐華領事館人員的陪同下，經天津入京，與恭親王奕訢晤談。時因光緒皇帝仍是稚童，慈禧太后由於封建禮教不宜出面，於是奕訢成了皇太后和皇帝的代表，兩次款待了格蘭忒，並談及了日本與琉球之事，「美國前總統格蘭忒到京後，蒙王爺面屬調停，伊欣然允諾」。〔註6〕

數日後，格蘭忒回到天津與李鴻章會晤，就中國與琉球的交往歷史及日本滅琉的影響進行了坦誠的交流：

> 究竟琉球從何時起與中國相通。答云自前明洪武年間臣服中國，至今已五百餘年。格云現在廢琉球之事從何而起。答云日本於前數年派員至琉球那霸港駐紮，偵探琉事，阻其入貢中國。迨後琉王派官赴日本外務省，求仍進貢中國，日本未允。去歲琉官復至日本，訴其事於法、美等公使。美公使平安答以此事須知照本國國會議奪，平安旋即回美。日本主怒琉官多事，今春遂派兵四百名入中山，擄其世子、大臣至東京。琉王乞假八十日養疾，未行，日本遂改琉國為沖繩縣，設立縣官，改琉王宮為縣署。格云琉球未貢中國計有幾年。答以五年。格云中國是否意在爭貢。答以貢之有無無足計較，惟琉王向來受封中國，今日本無故廢滅之，違背公法，實為各國所

〔註4〕《畢德閣為美國駐天津副領事（光緒五年三月二十六日）》《李鴻章全集》32卷，第424頁。

〔註5〕《總理各國事務衙門奏美統領調處琉球事折（七月二十一日）》《清光緒朝中日交涉史料選輯（全）》，大通書局，1987年出版，第18頁。

〔註6〕《致總署議接待美國前總統（光緒五年三月二十一日）》《李鴻章全集》32卷，第424頁。

無之事。總署大臣向宍戶辯論，宍戶云我係修好而來，不能預聞此事。中國何公使向日本外務省辨理，外務省云此係內務，外務省不問。格云琉球用中國文字否。答以能用中國字讀中國書，明初曾以閩人三十六姓賜之。格云琉王是三十六姓中人否。答以琉王尚姓，不在三十六姓之中。因又告以我有好幾層道理要奉告；第一層，琉球向來臣事中國，又與美國立有通商章程，今日本如此辦法，固於中國萬下不去，即美國亦不好看，譬如歐洲比利時、丹馬等小國與各國立有約章，無論何國斷不能舉而廢之。第二層，美國與中國通商，必須由太平洋過橫濱至上海，今日本如此強橫無理，難保不到失和地步，一經失和開兵，則橫濱等口美商船隻斷難順行，是日本滅琉球，不但與中國啟釁，直將攪亂華、美通商大局。第三層，貴前首領聲名洋溢，中西各邦人人欽仰，此次遊歷中、東適遇此事，若能從旁要協調處，免致開釁，不但中國感佩，天下萬國聞之，必皆稱道高義，否則或疑貴前首領意存觀望，未免聲名稍減。格云所言均是正理，我最怕各國失和動兵，如善言調停息事，大家皆有益處。答云我聞日本廢滅琉球大都出自薩摩島人主意，國主美加多頗為所制。聞東京等處輿論亦頗有以廢琉球為不然者，誠得貴首領至日本力持公論，則美加多倚重首領聲名，當可壓服薩摩島人。格云我甚願秉公持議，如日本國主為薩人所制，我可為伊漲膽子。又告以頃接中國駐日何公使函云美國平安大臣已回日本，據稱美國國會謂，苦中國激請，美國理應幫助。此次貴前首領至日本，所以我切託相助，我一面即函致何公使，屬其俟貴前首領到時謁商。格云此事我總須到日本詢明平安，詳查案卷再行置論。答云平安公使倘謂日已滅球，言之無益，貴前首領即置之不論乎。格云平安未必出此，且平安係我為首領時選其出使，實一公正極有名之大臣，現為駐日美使，琉事分所當問。設竟不然，我必自向日本美加多及大臣詢商。畢德格從旁云領事德呢同去，赴日本相助平安。當又告以中、美條約第一款，若他國有何不公輕藐之事，一經知照，必須相助，從中善為調處等因。今琉球之事，日本實係輕藐不公否。格將洋文詳讀一過，楊副將從旁提解，格云實係輕藐不公，美國調處亦與約意相合。又指示中國、日本修好條規第一款，兩國所屬邦土各以禮相待，不可稍有侵越，俾獲安全等因。格又將洋文細讀，畢副領事云可惜立約時未將朝鮮、琉球等屬國提明。當告以邦者，屬國也；土者，內地也，即是此意。畢復譯洋言以告。格云琉球自為一國，日本乃欲吞滅以自廣。中國所爭者土地，不專為朝貢，此甚有理。將來能另立專條才好。答云貴首領所見極大，拜託，拜託。〔註7〕

在與格蘭忒的交談中，李鴻章不僅敘述了中琉之間交流的歷史，同時指出，琉球作為主權國家，曾與美國簽有通商條約，現在日本吞併琉球，也會傷害美國的利益。如果中日之間因為琉球爆發戰爭，必然會影響到美國在遠東的商貿往來。格蘭忒對李鴻章所言深以為然，並認為此事如果能調停解決，對大家都有好處。

李鴻章與格蘭忒的會晤長達兩個小時，最後格蘭忒提出了在美華工問題：「格云琉事大端不過如此，可再談金山華工之事。問以華工事如何辦法。格云華工到金山，於美國開荒甚屬得力，惟有西洋各國外來之人，見華人工資甚賤又耐勞苦，於是工作漸為華人所奪，致生妒忌，遂不相容，現在美國朝議亦不從外來人之言。」〔註8〕言中之意，美國希望中國能夠稍微控制華工到美國的數量，盼能夠立約管理。為此，翌日，畢德閣副領事再次造訪李鴻章，揣摩中方意圖，李鴻章囑咐其密告格蘭忒：「如能將球事議妥，華工總好商量。將來或另立專條，仿照古巴、秘魯辦法，總署未必不允。」〔註9〕

從上述記載來看，李鴻章等人在琉球問題上外交斡旋非常努力，甚至出讓本國利益來換取讓琉球王國的復國。李鴻章還向駐日公使何如璋發信，讓其配合格蘭忒：

邀請美國互助一層，有約可援，自繫題中正義。適美前首領格蘭忒過津，人都遊歷，聞其聲望為歐美各洲所欽服，日人供張延請，十分敬重。與之接談數次，誠篤老練，似可從中調處，因即密緻總署於會晤時殷殷屬託。格君出京時敝處又告以原委，諄請調停。格君與鄙人氣誼相投，意甚親厚，慨然應介。適彼因金山華人過多，

〔註7〕《與美國前總統晤談節略（光緒五年四月二十三日）》《李鴻章全集》32卷，第433～434頁。

〔註8〕《與美國前總統晤談節略（光緒五年四月二十三日）》《李鴻章全集》32卷，第433～434頁。

〔註9〕《復總署議請美國前總統調處琉球事（光緒五年四月二十四日）》《李鴻章全集》32卷，第435～436頁。

欲求中國妥為設法，復密許通融，以堅其志。茲格君前赴日本，又商令駐津美領事德呢隨往，會商平安大臣。格君並無推諉國會之意，蓋其在位八年，主持大計，回國後國人仍必推戴復任，若果能持公論，或不待行文美國國會，瀕行時以執事在東孤立無助，屬其推誠照應提挈，望即謁晤，密商一切；或將此案本末緣起摘要譯呈，並密屬在東京之琉球世子官員等乘間稟求，伊必召令進見，仍祈與平安公使加意聯絡，妥商辦理。〔註10〕

二、格蘭忒與「分島」論的緣起

格蘭忒接受了李鴻章、恭親王奕訢等要求其調停琉球問題的要求。7月3日，格蘭忒到達橫濱港，受到日本朝野的盛大歡迎。明治天皇親自出面宴請格蘭忒，還把自己的海邊行宮騰出來給格蘭忒住。格蘭忒重承諾，在多個場合會見日本大臣時談及「球案」，極言亞洲兩大國言和為重。日本政府要員也陪著格蘭忒到日本度假勝地日光山遊玩，十分愜意。雖然賓主相處甚歡，但日本不願對格蘭忒談及琉球事務，對於琉球問題也不想讓步。

7月22日，格蘭忒與伊藤博文、西鄉從道等在日光會談，並從伊藤、西鄉等處瞭解了日本關於琉球問題的主張與要求。格蘭忒於7月31日返回東京，8月2日在濱離宮會見明治天皇，陳述了琉球問題的經過，並表達了自己的看法：

吾滯留清國期間，李鴻章及恭親王向吾詳細談過琉球事件，請吾向日本政府廟堂之人述說此事，以求公平妥當處理。吾雖不肯代彼辦理此事，但約定盡力周旋，告之與吾國公使平安商議，因而已與平安數次交談。在此次訪問中，又與伊藤君及西鄉中將君得以在日光面談，終能大致瞭解事情之詳情。

然雙方所論各不相同，所有紛爭皆是如此，吾在清國所聞與在日本所聞大相徑庭。因而難以判斷是非曲直，不敢輕率吐露鄙見。吾能理解現今日本也有難退之勢，難言之情。且既已自信做出屬其國權的處分，而且無論如何都將維其國權，但清國對此事之意也不可不察，故吾欲僅就此一點分辯。

清國認為，日本的所作所為，非友好國家之道，乃是輕蔑彼之

〔註10〕《復何子峨（光緒五年四月二十五日）》《李鴻章全集》32卷，第436頁。

國權，不顧琉球自古便與其國有關係之處置，特別是往年在臺灣事件中受到屈辱，胸中不忘，使彼猶為不平，疑慮日本企圖連同臺灣也要佔領，並切斷清國在太平洋的通道，所以清國的大臣們，對日本有憤恨之心。

是故在吾看來，此事非在於相互論判，而日本的要求也並非沒有道理，只是應量察清國的心情，莫如以寬大廣義之心，讓彼一步，如兩國間保持友好之今日若切實考慮緊要之事，雙方則不應無相讓之處。

吾雖此時難以確信，但據吾所聞，若是在該島嶼之間劃分疆界，給彼讓出太平洋之通道，清國應予同意。此事確實與否，雖然尚不可知，但可知清國的大臣們儘管心懷憤怒，也會有意接受充分協商的。〔註 11〕

從此份向天皇表明的意見來看，格蘭忒表面上站在相當中立的立場上，想要促進和平解決日中間就琉球問題。但是從佩里以後，美國為確保通向亞洲的太平洋的安全，先後支持日本吞併琉球及出兵侵略臺灣。故筆者竊以為，格蘭忒之所以願意出面調停，也是為了此利益點，故在明知道日本以非法的手段將作為國家的「琉球」吞併的情況下，依然向伊藤博文表示「琉球是日本領土，其人民是日本人」〔註 12〕，並向日本透露清政府不會「挑起戰端」，這分明是偏袒日本，不顧琉球本為「國家」的史實而將其肢解，來緩解中日之間的矛盾。

格蘭忒的調處使日本意識到必須拿出更加有利的證據。1879 年 8 月 2 日，日本駐清公使宍戶璣向清政府轉交了日本外務卿寺島宗則的《說略》，作為日本政府對之前清政府照會的正式答覆。

日本政府在這份《說略》中表示，「琉球處分」一事是明治政府公議，不能收回。又重拾日本過去的辯解之詞，宣稱琉球是日本屬國已久，琉球距離中華萬里而離日本很近；琉球文字與日文同體、言語與日語同種，其餘神教、風俗等都是日本之物，並宣稱其進貢事在中國隋唐之際；又歷數室町幕府、江戶幕府時代各將軍對琉球國的封賜等事。《說略》還宣稱，既然上次侵臺事件中日本的行為是「保民正義」，證明日本控制琉球為實，此次吞滅琉球只是日本政治體制變化，「我政府一變舊制，盡廢建邦，易以郡縣……而非滅人之國、

〔註 11〕〔日〕《日本外交文書》第 12 卷，第 144～145 頁。
〔註 12〕〔日〕《日本外交文書》第 12 卷，第 185 頁。

絕之祀者也。是係我國之內政，宜得自主而不容他邦之干涉也」〔註 13〕。

面對日方提出的《說略》，清政府 8 月 22 日遞交給日方一份反駁照會，逐條批駁，內稱：日本與琉球有所謂的隸屬關係的記錄並非在隋唐，而在明朝萬曆年間，中國則早在明朝洪武年間就已經成為琉球王國的宗主國，孰先孰後，「不辨自明」；若論地勢、文字、神教、風俗等，琉球雖然近於日本，但又「何嘗不近於中國」；此外明清數百年間，琉球子弟入學中國國子監，琉球國那霸等處建有中國天使館，明清政府素來有撫恤琉球漂民的定制等等，這些都是琉球王國隸屬中國的明證；中國冊封琉球王為中山王，承認琉球王國自成一國，與日本簽署條約的各國，也有與琉球王國簽署條約的，雖然日本稱琉球為其郡縣，但是日本其他郡縣並不能夠同各國簽署類似的條約，足見琉球王國是獨立的國家；日本國內人士所著《沖繩志》，內亦稱琉球為兩屬之國等等。

當時，正在北京向清朝求援的向德宏獲悉日本人以《說略》強辯琉球王國屬於日本，立即撰文駁斥《說略》。向德宏在駁文中直言：所謂琉球在中國隋唐時代即朝貢日本，是不折不扣的謊言；琉球群島距中國福建不過四千里，距離日本薩摩藩三千里，其下轄八重山屬島距離臺灣不過四百里，所謂「琉球距離中國萬里之遙」是錯誤的。向德宏還從人情、風土、言語等諸多方面，逐條揭露日本偽造歷史證據的行徑。

向德宏還向李鴻章提出將他翻譯的日本所著的《沖繩志》作為證據：

> 又節錄日本人貞馨《沖繩志》內《貢獻志．小敘》，云琉球慶長之役以來，雖職貢復舊，猶不禁通清國，故世以琉球為兩屬之國。要之，琉球雖蕞爾小國，頗備自主之國體，是以本朝中古以降之紀南島朝貢，與三韓肅慎入貢略同，例以外國待之，以其朝聘貢獻炫耀世人之耳目，取史冊之光烈者和、漢同揆也。今就其事實內地及敘清國貢獻節目如左。〔註 14〕

日方在《說帖》中宣稱琉球人使用類似日本的 48 字母，向德宏反駁道：如以參用 48 字母為據，那麼日人一直使用中國漢字，遠遠不止 48 字母，那麼也可證明日本也屬於中國了。向德宏的這篇駁文，詳細論述了琉球的歷史和現狀，證明琉球王國自成一國。

〔註 13〕〔日〕岩倉公舊跡保存會：《岩倉公實記》下卷，1906 年，第 583～588 頁。
〔註 14〕《附節錄日人貞馨《沖繩志》內《貢獻志．小敘》（光緒五年六月二十四日）》《李文忠公全集》32 卷，第 461 頁。

向德宏將《節略》一文呈遞給李鴻章。8 月 22 日，李鴻章將《節略》及向德宏請願書《第一、二次稟稿》，作為上奏附文一併上呈。總理衙門當即對日公使宍戶璣發出琉球仍兩屬之照會，反對日本政府琉球專屬論觀點，還引用了日本外務省負責琉球處分事務之薩摩藩士伊地知貞馨所著《沖繩志》中的上述觀點。

但日本方面決心吞併琉球，並不願意就此妥協。隨格蘭忒訪日的楊越翰曾兩次給李鴻章來信談及此事。在（六月三十日至）的信中他報告就琉球事務與日本相談的情況：

> 中國六月初七日，楊越翰自日本離閣地方致書李中堂閣下。前次去信言琉球事，至五月二十六日止，並將香港燕總督肯說公語緣由陳明矣。發信後，燕總督又與敝前國主公議此事，甚為同心，日本素重燕總督，以貴客相待。聞旁人言，燕總督背後勸說日本大臣，極其切實。日本內務大臣伊藤是第一有權柄之人，我想琉球之事，日本應先請國主調停，亦須彼此當面商量，不要他國公使在座，另出意見。因國主係遊歷之客，日人禮貌十分恭敬，不便先自開口，令人疑其多管閒事。我晤伊藤時，誘他先說此事，伊藤遂將該國辦理球案卷宗，送與我看，請轉呈國主查閱，並欲請國主秉公商議。聞日本外務省已有覆信與總理衙門，詳明顛末，想中堂必早知道。國主每云：遇著好機會，必要將琉球一事與日本剴切言之。但若在東京商論，各國耳目太多不便，日本國家因派內務大臣伊藤、將軍賽閣兵部尚書及現任駐美欽差越西達等，隨來內地，與國主議論此事。昨日午刻會談至晚，國主告知他們：前在中國恭親王與李中堂託我調停，在中國看：日本辦琉球事，甚不公道。我並無別的意思，但不願亞細亞各國或有失和情事、和有和事。球之事我已與平安公使商議爽臺、我與他一樣意見，國主論至此，又將恭親王與李中堂所說之話，詳細告述一遍。其說甚長、亦甚結實。就如在京津當面說的一款。云：中國以日本辦理此事，將中國太看輕了。又暢論各國若有戰爭與災，最可慘傷。其起事之人亦可恨。日人恃強，華人則甚和平。現在日本兵法雖似強於中國，而中國人物財產甲於天下，如肯自強，人才是用不盡，財產亦用不盡的。我勸日本不要看小此事，關係頗大。說有旁人從中挑唆，使兩國失和、必是姦邪，祇願

自家乘機得佔便宜。日本現有此等外人，其居心行事，實在令人痛恨。譬如中國受鴉片煙之害，都是此等人播弄出來，中日兩國，如同比鄰，其人種同一根本，情誼應若一家。如有釁端，必係旁人鼓惑挑唆。我看此事，在日本必辦不了，既有英國公使在此牽掣，必了不成；應該在北京與恭親王等或在天津與李中堂商議辦結。伊藤聽國主以上議論，又將日本現辦情理詳敘一遍，他聞中國於此事深抱不平，頗為著急，因日本初無失和之意也。惟日本難處，此事已辦到如此地步，號令已出，不能挽回，致於顏面有礙，因請教國主有何妙法能了，可令中國允服。國主云：兩國應如何互相退讓，議定章程，我也不便預說。又將中堂前說琉球是各國與中國通商要路，為臺灣前面門戶，向伊藤等開導，謂非設法另立章程，保住中國要路門戶，恐此事不能了結。伊藤云：即將國主此番話，一一回明內閣執政大臣，再行覆知國主。此次國主與伊藤等問答之話甚多，意義均極周布，實係盡心代中國講理勸和。俟日本商議就緒，如何回覆，容再詳布一切。德領事業經起程回津，他在日本甚出力，日日與國主商量此事，常派他出去探訪，細事謹慎，認真辦公，是美國得用之人。我們回國後，當保舉他。國主之少君格參將托德領事回津後，將日本水陸兵法詳告中堂。格參將隨國主多年，兵法將略素優，所見甚確。我再將前函所陳自強之義，勸說中堂。中國能強，則各國必不敢欺凌。據我看，中國已屢次被他國欺負，總緣未能認真自強耳。嗣後中美兩國如能會商，立一專條，彼此遇有難事，互相幫助扶持。若有此明文，他國或不致生心。我們回國要將此意轉達朝廷，國主與我等意思德領事全知，中堂可隨時問他。楊越翰頓首。〔註15〕

從上述楊越翰的書函分析來看，他認為日本不與中國商議遂滅琉球，單方面造成決裂的場面，是日本的不是，中國不動兵事也是「大度含忍」。但日本已經完成了廢琉置縣，不會輕易放棄，提出此大害在中國之「弱」，其祝願中國「勉力自強」。

1879年7月22日，格蘭忒應邀前往栃木縣的日光，與日本明治政府內務

〔註15〕《附譯美國副將楊越翰來函（光緒五年六月三十日到）》《李文忠公全集》33卷，第465～466頁。

卿伊藤博文和出兵臺灣的陸軍卿西鄉從道會晤。此期間，格蘭忒提到中國請他為琉球的爭議協助調停。格蘭忒用了大約三個小時，嘗試說服日方接受斡旋，兩國舉行協商。唯有伊藤博文和西鄉從道一言不發，最後回答：歸商政府，再有覆命。

8月1日，格蘭忒給李鴻章來信，告之調停情況：

> 自到東洋多日，諸務倥偬，未及專函道候，並謝貴中堂接待優厚之意，感歉莫名。前在中國遊歷各處，得見恭親王與貴中堂，為一代名臣，心未嘗一日忘也。貴中堂所託琉球之事，已經向日本說過，屢與敝國平安大臣商議，適日本大臣伊滕、賽閣二位來離落地方謁晤，當將此事與之詳論一番。現回東京，日本內閣諸大臣擬仍來會面妥商辦法，是否能令日、中兩國俱各允服，我尚不敢預定。兩國應該彼此互議，庶不至於失和，似不必再請他國出為調處。我看亞細亞洲只有中華，日本可稱兩大強國，基盼兩國各設法自強，諸事可得自主。日本氣象似一年興旺一年，中國人民財產本富，自強亦非難事。俟我起程回國時當再函報。查德領事人極正派，辦事謹慎，有信即交伊轉達。回國後如貴中堂有相託事件，必為盡心籌辦。此頌勳祺。格蘭忒頓首。〔註16〕

格蘭忒在書信中向李鴻章報告已經與日本談及所託琉球之事，並與美駐日大使平安商議，另與伊滕等人也討論過兩國應當彼此互議等內容。李鴻章接此信後，於次日回覆格蘭忒表達了感謝：

> 敬覆者：日前貴前主來遊中國，獲親風采，暢聆教言，欣佩不可言喻，惟款待多疏，時縈歉念。頃接西曆八月初一日自日本東京來書，猥蒙記注，感慰交並。所託琉球之事，迭接楊副將信，知貴前主居間排解，苦口勸導日本諸大臣，俾勿聽信旁人唆弄，致開兵釁，仰見貴前主不忘金諾，顧全兩國大局之美意。本大臣立即將貴前主賜函並楊副將信譯寄我總理衙門，轉呈恭親王查閱，靡不同聲感謝。惟此事實係日本欺人太甚，琉球為中國屬邦已五百餘年，案卷具在，天下各國皆所聞知，今日本無故廢滅琉球，並未先行會商中國，乃於事後捏造許多謊言證據，照覆我總理衙門，強詞奪理，

〔註16〕《附照錄美前首領來函光緒五年七月初五日到》《李文忠公全集》32卷，第469頁。

不自認錯。聞已將此項節略轉呈貴前主閱看，想必能明辨其誣也。來示兩國應該彼此互讓，不致失和，誠為公平正大之論。但日本錯謬在先，毫無退讓中國之意，中國於前年臺灣之役，業經忍讓過分，舉國臣民已形不服。今此事若再退讓，於國家體制聲名恐有妨礙，未知貴前主與其太政大臣等如何妥商辦法，使兩國面子上均下得去，本大臣竊願傾聽下風，以待貴前主之指揮也。貴前主將此事費心商定，不日命駕回國，想可屬令貴國平安大臣與敝國何公使在東京接續商辦，務使兩國歸於和睦，感盼尤殷。至敝國朝廷上下皆欲認真整頓諸務，設法自強，以付貴前主暨楊副將殷勤屬望之懷。惟祝貴前主回國後，一路福星，萬家拱戴，仍舊總理國政，庶中、美交情日臻親密。以後仰仗大力維持之處甚多，容再隨時專函布告。德領事人極正派謹慎，本大臣素相器重，尚祈貴前主回國後加意栽培為幸。專泐奉覆，敬頌鈞祺。李鴻章頓首。楊副將暨少君、格參將均祈先為致候，余再續布。

再，日前貴前主在天津晤談，曾蒙以金山華工之事，屬為妥籌辦法，當經本大臣轉述尊意，函商我總理衙門王大臣，請其酌為變通。旋據貴國西公使會議，擬暫禁止娼妓、逃犯、有病及招工人等前往金山等因，我總理王大臣因貴前主諄屬在先，顧念兩國睦誼，互相體諒，遂與西公使和衷商酌，格外通融，允照所請，以後再妥訂章程。想西公使必已函報尊處，特再附聞，以釋遠念。又及。〔註17〕

從李鴻章給格蘭忒的覆信來看，他十分信任格蘭忒，對其調停報著十分的期待。

1879年8月10日，格蘭忒獲邀至濱離宮與時年27歲的明治天皇晤談。格蘭忒再次重申受清國恭親王奕訢和北洋大臣李鴻章所託，調處琉球糾紛，並提到在日光與伊藤博文和西鄉從道曾論及此事，言明要日本退讓是一件很難的事情，但對琉球一事清國的論點也是應該注意的。他進一步說：「日本的處置，有失兩國友誼，倘若日本再佔據臺灣島，將清國通往太平洋的水路折斷，注定令清國對日本大為痛恨。」〔註18〕

〔註17〕《復美前首領格蘭忒光緒五年七月初六日》《李文忠公全集》32卷，第469～470頁。

〔註18〕〔日〕岩玉幸多編：《資料による日本の歩み·近代編》，吉川弘文館，1965年版，第121～122頁。

接著，格蘭忒又談道：「清廷心中對日本有此感觸，日本可甚為考量。是否可以俠義之心向清國讓步？雙方互讓，兩國就可以維護和平。雖然我無此權，但讓我進言：從琉球島嶼之間，打橫畫出經界線，以便在太平洋留有廣闊的水路提供給清國。如如此，清國當會接受。」〔註19〕這就是「分島」案的開始。

三、格蘭忒調停無果而終

實際上，格蘭忒在日本也只是偶而提及此事，並未能向李鴻章等所期待的那樣耐心調停，「自己是個旅行者，絕無干預他國之事的意圖，如幸而能與中日兩國間之爭端做出某種調處，便覺無上光榮」。〔註20〕他對中日間的是非曲直並無興趣，只是奉勸中日各讓少許，便自過去，無須他人幫助。格蘭忒的此種態度實質上縱容了日本的野心。

清駐日公使何如璋已經看出格蘭忒對日本的偏心，於舊曆九月初九口給李鴻章發函告之：

> 本日，美前主云既有函呈王爺，一二日暇見如璋，再述一切。如璋約於明日見之。此事日人主意大約意在挨延，聞前會諸大臣議論言戰者不過一二人，余二三十人皆謂不如延宕，俟中國之怒漸息，球人之望日淡，則無用爭矣。目下當徐與中國議論云云，未知是否領事德呢所言。日人此舉出於巴人播弄，是人諸凡狡黠。如璋初至，意欲少與聯絡，俾不梗我，前函屢述之。外人不知，遂疑為傾誠相結。彼在東多年，日人惡之已甚。改約增稅及近日停船檢疫事，美使力助日人而巴使持之益堅。此案拉之出頭，慮中日人之忌，故如璋議請他國調停，在美而不在英，若謂日本信其簸弄則與情事相乖。日本通國上下皆謂如璋因信巴人之言而後發議，屢見新聞紙，彼實不能反信其言。(德呢所云實局外懸揣之詞。德呢意欲效勞，惟彼無從插入。歸時向如璋借川資，既予之矣。緣巴使與日人、與美人皆極不相容，所謂眾惡皆歸也。巴使聞將歸國，然自當遵諭加意謹防之。香港督燕君人其公正，在港時多袒華人，此次東遊頗謂巴使欺日人過其，而力主中、東兩國務須和好，以興商業。頗聞此案伊亦

〔註19〕〔日〕岩玉幸多編：《資料による日本の歩み·近代編》，吉川弘文館，1965年版，第123頁。

〔註20〕東亞同文會編：《對華回憶錄》，第113頁。

有心勸爭，今其人亦既歸港矣。球王現仍留東京，前新聞紙中有放其歸國之說，至今無驗。松田本為廢藩而去，彼事既妥，亦經回國；隨去之兵由熊本鎮撥往，聞頗患熱，有更番調守之說。長崎理事余璃寄上海道函所稱，命王歸國，撤兵罷戍，是據新聞之言而誤為實耳。美前主聞於我七月十五日啟程，續有情形隨即馳達。如璋才識暗淺，曾無尺寸之效，過蒙聖恩，愧無以報，荷承齒及，益切悚惶。惟求夫子中堂訓示，俾無隕越，不勝禱切。〔註21〕

實際上與李鴻章的想法相反，格蘭忒抵日本後，並不願意與何如璋會面，反而成為所謂照會事件的推動者。在清政府籌劃請格蘭忒調停之時，寺島宗則向何如璋提出商請撤銷第一次照會，何如璋表示「未便准行」。當格蘭忒即將來日之時，何如璋曾向日本外務省瞭解相關情況，致函詢問日本對琉球封藩年月。外務省覆文卻對所問一概不答，卻重申那份照會內有「欠雅字面」，並稱日方從來沒有向何如璋說明日本辦理球案的原委。覆文還稱，總署曾為琉事照會其駐華大臣宍戶璣，現已核示該大臣辦復。抵北京後，總署與其會談，宍戶璣「一味推諉』，稱「不能預聞此事』。如今格蘭忒以調停者身份抵達東京，寺島不僅重提照會，還表示宍戶璣將承擔與總署商談的責任。這無疑表明日本不希望何如璋參與到球案商談中來。

格蘭忒的助手楊越翰在為調停做前期工作時，即被告知照會事件。當時，日本對於第三國調停態度強硬，明確表示「尚未到此時候」。當楊越翰等指出日本此前處理琉球問題未按國際法與中方商議時，日本儘管未加否定，卻將責任完全推到一件小事，即何如璋的照會上，稱何如璋不熟悉交涉體例，前行文外務省措詞不妥，有羞辱日本之意，是以不便回覆，置之不理，何公使照會不妥，羞辱太甚，殊為丟臉，口徑完全一致，並提出，如果中國肯將此文撤銷，日本還是願意商議的。

故格蘭忒在給李鴻章的信中勸中國收回何如璋的照會，言外之意是中國無禮的照會延誤了中日交涉的進程，根本原因是中國「弱」：

看日人議論琉球事，與在北京、天津所聞情節微有不符。雖然不甚符合，日本確無要與中國失和之意。在日人，自謂球事係其應辦，並非無理，但若中國肯寬讓日人，日本亦願退讓中國，足見其

〔註21〕《附照錄何子峨來函（光緒五年七月初九日）》《李文忠公全集》32卷，第471頁。

本心不願與中國失和。從前兩國商辦此事，有一件文書措語太重，使其不能轉彎，日人心頗不平。如此文不肯撤銷，以後恐難商議；如肯先行撤回，則日人悅服，情願特派大員與中國特派大員妥商辦法。此兩國特派之大員，必要商定萬全之策，俾兩國永遠和睦。譬如兩人行路，各讓少許，便自過去，無須他人幫助。兩國大員會議時，如用洋人翻譯，亦須兩邊願意，不必再請各國公使調停。倘兩國意見實有不合之處，可另請一國秉公議辦，兩國應各遵行，亦不可僅令駐京公使理說。亞細亞洲人數居地球三分之二，惟中、日兩國最大，諸事可得自主。所有人民皆靈敏有膽，又能勤苦省儉；倘再參用西法，國勢必日強盛，各國自不敢侵侮。即以前所訂條約吃虧之處，尚可徐議更改：各國通商獲利之處，中國亦不至落後。蓋取用西法，廣行通商，則民人生理、國家財源必臻富庶，不但外國有益，本國利益更多矣。日本數年來採用西法始能自立，無論何國再想強勉脅制立約，彼不甘受。日本既能如此，中國亦有此權力，我甚盼望中國亟求自強。〔註22〕

總理衙門毫無原則地接受了格蘭忒的建議，「本王大臣認為從前所論，可概置勿論，一一依照前任美國大總統來書辦理」。〔註23〕撤回何如璋對日本的指責，無形中也就承認了日本的無理做法。

何如璋是提請美國調停的最早倡議者。對於格蘭忒來日調停，他始終充滿期待，積極主動聯絡。格蘭忒於五月十五日到東京，何如璋次日即前往拜謁，當時因有一日本大官在座，不便談公事。五月二十日，何如璋又遵李鴻章之意，抓緊將「球案」譯出，面呈格蘭忒。在致李鴻章的信中，他始終對格蘭忒一行給予積極評價。格蘭忒從日光山回來次日，他又前往拜見，瞭解調停進展的情況。而格蘭忒早已決定不與何如璋會商，當然未與謀面，由楊越翰出來接見。楊越翰鑒於格蘭忒的立場，雖與何如璋見過幾次，也儘量不與見面，有事僅託人代達。這一切，何如璋並不了然，他一如既往地來往於美國使臣中間。因無法與格蘭忒見面，他主要與平安等會商。

格蘭忒不願與何如璋會面，本身就有問題，即是表明不贊成何如璋的做

〔註22〕《附譯美前首領來信（光緒五年七月二十一日到）》《李文忠公全集》32卷，第474頁。

〔註23〕〔日〕《琉球関係雜件／琉球沿革及琉案始末（稿本）》，JCAHR: B03041148500。

法，更是對日本的偏袒。而格蘭忒本人的說法是因何如璋信任英國的公使巴夏禮。他曾在給李鴻章的信中言：「我原不便說的，看似多管閒事，但受恭親王與貴中堂之託調停琉球事，我總未與何公使當面商量。我誠心要勸中、日兩國不致因此失和，先將兩國所爭論者詳細說開，使兩國面子上均過得去。若照駐東洋各國公使之意，不免從旁挑唆生事，他們好出頭攬擾，冀得便宜。若中、日兩國失和交戰，兵費浩大，人民受殃，此極慘惡之事，不知幾十年後元氣才能漸復。我風聞何公使遇有交涉事件，必與西國那一位公使商議，或因是他的好朋友，其是否我亦不敢知也。美國現有平安公使在此，人甚公正，我常與密商球事，但不能再向各國公使道及，因亦不便與何公使說及。何公使先前有一文書日本深怪，彼此不常見面，公事亦不能商量。我盼望中國要妥細商辦此事，不妨將前次文書撤回，另派大員與日本議辦，當可設法了結。凡與中、日兩國相好皆有是心。」〔註 24〕

格蘭忒既答應李鴻章為球案調停，卻又不願與清駐日公使何如璋交流，甚至沒有見一面。這表明格蘭忒已經完全站到日本人的立場上，而對日本吞併琉球之事件中的評價也與以往不同，稱：「看日人議論琉球事與在北京、天津所聞情節微有不符。雖然不甚符合日本確無要與中國失和之意。」這分明是無視日本侵略琉球之事實。

而格蘭忒的密友副將楊越翰對何如璋的評價也說明格蘭忒站在日本的立場。他本人對何如璋的待人接物印象頗好，但「至於何公使照會一節，此係細故。球事了結與否及如何了結，與照會無干，可以不必追究。但日本請將照會撤回，中國允之亦不失體面，緣照會措詞過於直率，有失友邦敵體之禮。且何發照會時，球事尚未大壞，亦不應說那樣重話」。〔註 25〕

格蘭忒在日本沒有提出明確的調停方案，於 7 月 16 日啟程回國。六月底，何如璋前往拜見平安。平安詢問何如璋能否三分琉球：「見美國駐日使臣平安，據稱已與前統領商一辦法：查琉球各島，本分三部；今欲將中部歸球，立君復國，中、東兩國各設領事保護。其南部近臺灣，為中國要地，割隸中國；北部近薩摩島，為日本要地，割隸日本。」〔註 26〕平安還稱，格蘭忒將大局說定，

〔註 24〕《附譯美前首領另函光緒五年七月二十一日》《李文忠公全集》32 卷，第 475 頁。
〔註 25〕《附美國副將楊越翰來函（光緒五年七月二十一日到）》《李文忠公全集》32 卷，第 476 頁。
〔註 26〕《總理各國事務衙門奏美統領格蘭忒在日本商辦琉球事情折（八月初五日）》《清光緒朝中日交涉史料選輯（全）》，第 21 頁。

然後回國，細節交與他妥辦，另立專條。何如璋想當然地以為格蘭忒等已將這一設想寄達總署和李鴻章，所以報告總署時，大概提及，表示「無庸贅述」。然而，格蘭忒等迭次給李鴻章的書信，並未稍露出割島分屬之說。

李鴻章在舊曆七月二十二日給總署寫了那份著名的《密論何子峨》，其內容如下：

再，前接子峨六月二十四日來函，以往見美使平安，謂已與格首領商一辦法。擬將琉球三部：中部仍歸球王復國，中、東各設領事保護；南部近臺灣，割隸中國；北部近薩摩，割隸日本。其新設之衡繩縣即移駐北部，彼尚可以收場。格首領欲將大局說定，然後回國，其詳細節目交與美使妥辦，另立專條等語，想並達知鈞署，無庸贅述。今閱格前首領迭次親筆信函及楊副將函，並未稍露割島分屬之說，或若輩背後私議，或與日本密商未經允定，抑或美使以斯言誑子峨，均不可知。格前首領人尚誠篤，不似駐東各使之狡獪，其不肯與子峨面商此事，並不欲令美使接辦此議，又不欲令兩國駐京各使干預此事，用意深遠，似專為撇開巴夏禮等起見，楊副將前函已明言之。子峨雖甚英敏，於交涉事情歷練未深，鋒芒稍重，其第一次照會外務省之文，措詞本有過當，轉致激生變端。語云出好興戎，可為殷鑒。副使張魯生久不相能，鴻章曾寓書勸勉。德領事前自東京回，面稱何公使館內凡有機密要事，各國公使及外務省無不周知，恐有暗通消息之人，其正、副不和則通國皆知云云。茲格首領來信如此，不敢不據所聞詳細奉陳，以備酌核。鴻章謹又密啟。〔註27〕

此中內容顯示李鴻章把照會看作此後「轉致激生變端」的一個誘因，性質非常嚴重。李鴻章並未怪罪格蘭忒沒有將「三分島案」告之，反而認為這是格蘭忒的英明之處，並於舊曆的八月九日覆信格蘭忒表示感謝，答應更派員商談：

得悉琉球之事深費清心，斟酌立論，從旁調處，感謝莫名。來函既稱敝國何公使從前有一件文書，日本深怪公事不能商量。現在我總理衙門已查照貴前主函意，照會日本外務省，由兩國另派大員會商辦法。倘日本果悉遵貴前主美意，派員來華妥商，冀可及早設

〔註27〕《致總署密論何子峨光緒五年七月二十二日》《李文忠公全集》32卷，第477～478頁。

> 法了結，免致中國人民心懷不服再有失和之事，則貴前主此行洵於中、東兩國大局俱有裨益。何公使那件文書尚是小事，琉球業經日本廢滅，要他回頭，使中國面上過得去，正自不易。竊恐將來兩國派員仍說不妥，尚煩貴前主隨時致書勸解耳！聞臺駕已於西九月初二日起程，遙祝風帆順利，一路福星。行役年餘，藎躬勞勩，借可略作休息，他日再親庶政，俾我兩國交誼益親。所有奉託事件尚多，風便祈時賜好音為幸。〔註28〕

由於李鴻章對格蘭忒的信任，使其在調停中立場逐漸傾向日本，並以懷疑何如璋與巴夏禮關係親密為由，成功地挑起何與李的嫌隙，暗中幫助日本將照會事件放大。但由於日本早就侵佔了琉球北方多個島嶼，並不願將琉球中部讓出來。清政府也認為不能接受：「臣等思南島歸我，是格蘭忒原議；而抹去中島復球一層，與中國欲延球祀之命意不符。且無端議改從前屢請未許之條款，均屬事不可行。與李鴻章往返函商，意見相同；李鴻章遂嚴詞拒之而去。」〔註29〕在格蘭忒調處無果的情況下，中日又不得不直接談判解決琉球問題。

小結

綜上所述，日本吞併琉球後，清政府沒有更好的辦法來處理此事，便想採用一貫的「羈縻之術」，請求美國前總統格蘭忒從中調停。格蘭忒在中國會見李鴻章時曾表示，「琉球自為一國，日本乃欲吞滅以自廣」，但赴日後則被日方以《中日北京專約》為由搪塞，只好力勸中日互讓，以免失和。在調停中，格蘭忒立場漸傾向日本，因懷疑何如璋與巴夏禮關係親密，無意中幫助日本將照會事件放大，還非正式地試探性提出「琉球三分案」，即琉球南部歸中國，中部歸琉球，北部歸日本。由於日本當時尚未做好對華開戰準備，暫且接受了格蘭忒的調停，但不接受「琉球三分案」。在格蘭忒調處無果的情況下，中日又不得不直接談判解決琉球問題。

〔註28〕《復美前首領格蘭忒（光緒五年八月初九日）》《李文忠公全集》32卷，第481頁。

〔註29〕《總理各國事務衙門奏請派員商辦琉球案折（六月二十四日）》《清光緒朝中日交涉史料選輯（全）》，第25頁。

第十七章　清政府與日本的交涉及「球案」成為懸案

日本曾在幕府末期與歐美各國簽訂過一些不平等條約，所以，修約是日本明治維新後的第一訴求。1879 年井上馨任外務卿後，開始加大與各國修約談判的力度。日本十分擔心歐美各國會以 1873 年批准的《日清修好條約》的有效期 1883 年為藉口，以中國的「稅率」及「治外法權」仍然有效為由，拒絕修約，故特別需要先與中國進行修約談判。日本利用與中國間存在的琉球問題，展開了旨在修改《日清修好條約》的外交談判，將琉球問題與修約絞在一起，達到既可以吞併琉球，又可以修改條約的「一石二鳥」之策。

一、以修約為由開啟球案的交涉

1878 年 12 月 24 日，清總署恭親王等致函給井上馨，內稱：「琉球一案，先後準貴外務省第二次第三次照覆前來，本王大臣逐節詳加參核，本擬分令照覆辯論，惟思此事既經美國前統領從中勸解。本王大臣因將從前辯論各節，暫置弗提，願照美國前統領信內所稱情事，次第辦理。貴外務省如亦願照辦，希即見覆，以便彼此照信商辦可也。須致照會者。」〔註 1〕

恭親王的信給井上馨一個很好的臺階。3 月 9 日，井上馨給駐清國公使宍戶璣，明確提出修約與「琉球問題」一併協商進行：「琉球一事已到解決之時。兩國政府之言辭，首先將和平置於第一位，此番接得總理衙門來書，實在合宜，吾廟堂先生亦不欲破壞和好，則可施行格蘭忒氏之互讓之說，以達呈書所述之

〔註 1〕〔日〕《岩倉公實記》下卷，第 595 頁。

目的，小生願此事能繼續維持兩國人民幸福。……決定此舉後，世間定有人議論紛紛，言此事不異削減國權，若不幸發生，小生地位必然尤其直接受到攻擊。原本聲望不隆，不過是對一身之削減而已，只望將來加深與清國交往互吐心事，使彼此喜憂與共，齊向外國施展攻略。目前英俄不和預動干戈，德國逐漸向東洋下手，兩國如若今日還不共同遠謀，實為愚蠢。關於兩國目前獨立權尚不充分，若要一統我東洋面向西洋政略，實為難事。第一要兵備海陸，修改法律完善內政，強化中央政府的威力，實現純粹的獨立自主（即治外法權）為第一要務，願瞭解此精神之恭親王、李鴻章等，發揮熟陳雄辯之老手風範，請為兩國蒼生與互耀國威努力，請轉達小生深意。」〔註2〕

4月17日，日本政府決定了對中國談判交涉及條約草案，並派內閣大書記官井上毅前往北京，通報駐華公使宍戶璣。訓令內容如下：

> 琉球一案，本是依我政府自主公權而處分者，不容他邦干涉，但清政府對之異議。當初，清國公使與我外務省論辯之後，終致我政府與總理衙門直接照會，往復不迭。頃日，接得總理衙門照會，開陳從前往復議論，置之不提，以美國前統領從中勸解之宗旨為本，妥為涉議云。我政府自始以保全兩國和好為主義，清國既從前統領之勸解，以無事結局，則我所滿足者。今照覆總理衙門，述我政府同意之旨，然照辦方法如何，清政府尚未明言，我亦甚難。抑據兩國現存條約，內有准許其他各國人民反而不准許兩國者，甚失其平。夫清國與我國同文同種，復有舊來交誼，為唇齒之勢。故而當時兩國締結之條約，乃以真誠和好為本。然比較西人與我國人民在清國所得便否，卻大相徑庭。西人被准許內地通商，且有特惠明文，而獨限我國人民，故而西人常占壟斷，我邦貨物有被驅逐市場之勢。此乃有背和好善鄰之誼，以致我人民對此往往不快。其失之兩國修好本意也甚矣。故而我政府舉清國准許西人者，請求對我人民也予均準，清國若應我之請求，我政府為敦厚將來親睦，可以琉球接近清國地方之宮古島、八重山島二島屬於清國，以劃定兩國之異域，永遠杜絕疆界紛紜。〔註3〕

日本政府趁機提出了新的琉球問題處理方案，即所謂的「分島改約論」。

〔註2〕〔日〕《日本外交文書》第13卷，第369頁。

〔註3〕〔日〕《琉球關係雜件／琉球沿革及琉案始末（稿本）》，JCAHR: B03041148500。

主要內容是：「以琉球南部接近臺灣之宮古、八重山兩島分讓與中國，作為區劃兩國之國境線。而且與此同時，修改中日通商條約，增加利益均霑要款，使日本人能與西洋人相同，得入中國內地貿易。」〔註4〕

日本提出新方案後，特地派大藏省少書記官竹添進一郎來華試探。1879年12月，竹添進一郎來到中國，上書李鴻章論琉球案，兩人對琉球案多次進行筆談。竹添進一郎向李鴻章表明日本可以三分琉球之想法：

> 中國大臣果以大局為念，須聽我商民入中國內地懋遷有無，一如西人，則我亦可以琉球之宮古島、八重山島定為中國所轄，以劃兩國疆域也。二島與臺灣最相接近，而距沖繩本島九十里程（大約當中國五百里強），度其員幅，殆琉球合部之半，實為東洋門戶之所存，今以屬人，於我國為至難之事。而一面我勉強為此至難之事，以表好意；一面兩國奉特旨增加條約，中國舉其所許西人者以及於我商民，我國亦舉所許西人者以及之中國商民，而兩國徵稅建法一任本國自主。嗣後遇與各通商國修改現行締約內管理商民、查辦犯案條款，或通商章程，或稅則，互相俯就，但均不得較他國有彼免此輸、彼予此奪之別。果如此於中國略無所損，而兩國相親愛之情由此大彰，然後中、日視如一家，永以為好，實兩國之慶也。是我公平秉心為大局之謀，中國大臣深達時務，想必相諒矣。吾子素受中堂之知，誠有為兩國解紛之志，往報此意可也。〔註5〕

此案明顯是以琉球大部分歸屬日本為前提，只象徵性地以兩個貧瘠的小島相妥協，以圖最終完成兩國的國境線劃分，實現有利於日本吞併琉球領土的目標，並試圖取得《中日通商條約》所未得到的最惠國條款。

最惠國條款是中國政府對不平等條約有所認識的情況下，不願再輕易讓予日本的一項主權利益。中國與日本處理琉球案的目的是「護持弱小起見，毫無利人土地之心」，更未想到以此為界劃分國境線。中國雖無力阻止日本吞併琉球的行徑，但也並不願因此喪失道義，瓜分別國領土，出賣最惠國待遇，所以沒有接受日本的方案。

日本政府卻急於結束「球案」。4月17日，內閣會議決定採取「分島改約

〔註4〕東亞同文會編：《對華回憶錄》，第115～116頁。
〔註5〕《附日本竹添進一說帖（光緒六年二月十六日到）》《李文忠公全集》32卷，第524頁。

論」，派內閣大書記官井上毅來華，將決議傳達給宍戶璣。

1880 年 6 月 29 日，日本政府任命宍戶璣為全權辦理委員。清政府則派總理衙門大臣沈桂芬、景廉、王文韶等人與宍戶璣會談。而此時期，中俄關係正處於緊張之時，俄國在新疆一帶接連干擾，並佔據伊犁而不還。1879 年 10 月，吏部左侍郎崇厚曾取回伊犁城，但不候諭旨，擅自簽下《里瓦幾亞條約》，割讓霍爾果斯河以西和新疆塔城地區等一大片地區，又賠償伊犁兵費及扣款 280 萬兩，更免去俄國商人在蒙古、新疆的貿易稅。崇厚簽約後即自行回國。清朝廷和民間問詢其數額巨大，不予承認，朝廷更是立即將其關押，定斬監候。1880 年 2 月，再派駐英公使曾紀澤為欽差大臣，前往俄國交涉修改條約。

此時清政府收到消息，俄大量軍船聚集，「俄國除原有東海水師外，調來兵船共十五隻，內鐵甲二隻、快船十三隻，均甚得力。已在長崎訂購煤，價五十萬元，運至琿春等處，實係豫備戰事」〔註 6〕，中俄之間面臨開戰危機。而日本趁勢佯裝與俄國親近，亦利用報章散播與俄國結盟的傳言，造成清朝內外大臣腹背受敵之憂。日本也就是利用這個時機，通知北京舉行琉球問題談判。清政府官員擔心日俄勾結，也願意盡早結束球案，認為「此舉既以存球，並以防俄，未始非計」〔註 7〕，於是中日就琉球問題又開始談判。

李鴻章給總理衙門發信，就與俄改約及球案提出：「查竹添三月十一日函內詳言琉球北部諸島久經割隸日本，茲其所併者乃中、南二部，若議將南部宮古、八重山二島改屬中國，已居琉球全部之半。其書曾抄呈台覽，諒非杜撰。此事中國原非因以為利，如准所請，似應由中國仍將南部交還球王駐守，借存宗祀，庶兩國體面稍得保全。至酌加條約，允俟來年修改時再議。倘能就此定論作小結束，或不於俄人外再樹一敵。是否有當，尚祈卓裁。」〔註 8〕總理衙門將李鴻章之請上奏給皇上，請求指示：

> 臣衙門現與日本商辦球案並擬議加約各情形，業經另摺奏明在案。查琉球共計三島，北島久為日本占去，至中島係琉球國王所居之島，現亦專歸日本。南島土產據北洋大臣李鴻章函稱，詢諸琉球國臣向德宏云，每歲出谷不過二萬石，並云琉球自屬日本以來，所

〔註 6〕《復部署商議改俄約兼論球案（光緒六年七月二十三）》《李文忠公全集》32 卷，第 585 頁。

〔註 7〕故宮博物院編：《清光緒朝中日交涉史料》卷 2，第 8 頁。

〔註 8〕《復部署商議改俄約兼論球案（光緒六年七月二十三）》《李文忠公全集》32 卷，第 585 頁。

產各物日人肆行取納，或隨人口增稅，與日人言，皆舉大約之數等因。是不獨北島久為日本所踞，即中島、南島亦均歸日本收稅，琉球之隸中國其名，而屬日本其實。此時若不與定議，亦無策以善其後。兼之俄國兵輪現均停泊東洋海島，球事不定，恐俄人要結日本，又將另樹一敵。臣等再四籌商，雖以南島存球一線之祀，地小而瘠，將來亦不易辦，而名義所在，與辯論初衷尚無不合。臣等愚見如斯，是否有當，恭候聖裁。伏乞聖鑒訓示。謹奏。〔註9〕

在這份奏稿中附有：

附球案條約底稿

大清國、大日本國以專重和好，故將琉球一案所有從前議論置而不提。大清國、大日本國公同商議，除沖繩島以北屬大日本國管理外，其宮古、八重山二島屬大清國管轄，以清兩國疆界。各聽自治，彼此永遠不相干預。

大清國、大日本國現議酌加兩國條約，以表真誠和好之意。茲大清國總理各國事務王大臣、大日本國欽差全權大臣勳二等宍戶各憑所奉上諭便宜辦理，定立專條，畫押鈐印為據。現今所立專條，應由兩國御筆批准，於三個月限內在大清國都中互換，光緒七年正月交割兩島後之次月開辦加約事宜。

附球案加約底稿

大清國、大日本國辛未年所訂條約，允宜永遠信守，惟以其內條款有須一二變通，是以大清國欽命總理各國事務王大臣、大日本國欽差全權大臣勳二等宍戶各遵所奉諭旨，公同會議酌加條款，所有議定各條開列於左：

第一款：兩國所有與通商各國已定條約內載予通商、人民便益各事，兩國人民亦莫不同獲其美。嗣後兩國與各國如有別項利益之處，兩國人民亦均霑其惠，不得較各國有彼厚此薄之偏袒。此國與他國立有如何施行專章，彼國若欲援他國之益，使其民人同沾，亦應於所議專章一體遵守。其係另有相酬條款才與特優者，兩國如欲均霑，當遵守其相酬約條。

第二款：辛未年兩國所定修好條規及通商章程各條款，與此次

〔註9〕《附總理衙門奏商辦球案情形片》《李文忠公全集》9卷，第201頁。

增加條項有相礙者，當照此次增加條項施行。

現今所立加約，應由兩國御筆批准，於三個月限內在大清國都中互換。〔註10〕

1880年10月28日，清政府派沈桂芬、景廉、王文韶等與宍戶璣會談，雙方草簽前述《琉球條約》和《加約底稿》。

上述條約中規定，條約須要經過兩國的「御筆批准」才可生效，故沈桂芬提出希望暫緩十天再簽字，因為還有內奏手續要呈報。宍戶璣對此表示理解，同時提出三個月內互換批准書。

二、清政府內部反對《球案條約》

《球案條約》雖已達成協議，但清方代表沈桂芬按照程序，並未簽字畫押，因要有十天期的奏報確認。這與崇厚在俄國談判伊犁議結後未經請旨即簽字、後被朝廷關押候審一事不無關聯。

1880年舊曆十月二十一日，沈桂芬帶草案向奕訢彙報。舊曆十月二十八日，奕訢連同《球案條約》的草案奏請御准。

此時，在京的琉球人得知琉球將被分島，請願的琉球使臣感到絕望與無助，琉球使節林世功甚至在總理衙門前揮劍自刎。他們告訴清政府，宮古、八重山兩島乃是不毛之地，在那裏生活都極其困難，更別說保留宗廟了。琉球人反抗日本人殖民統治的報導，屢屢見諸《申報》等報端，給清政府很大的壓力。

總理衙門的對日妥協引起許多官員的不滿，他們紛紛上書言事，由此引發了清政府內部關於是否接受琉球分割方案的嚴重分歧。贊同一方認為，這樣可以快速解決與日本的紛爭，防止日俄聯手夾擊中國；反對一方認為，這樣一來會讓中國丟掉宗主國的尊嚴，使得朝鮮、越南等藩屬國對中國失去信心，轉而依附日本。

反對的一方主要人物代表為陳寶琛及張之洞。舊曆的九月二十六日，陳寶琛上奏「倭案不宜遽結折」，其內容如下：

奏為俄事垂定，倭案不宜遽結，倭約不宜輕許，勿墮狡謀而開流弊，恭摺瀝陳，仰祈聖鑒事。臣聞日本使臣近因俄約未定，乘間請結琉球一案，啖我以南島而不許存中山之祀，復欲改約二條。總署惑於聯倭防俄之說，辦理已有成議。臣聞之且疑且愕，以為分琉

〔註10〕《附總理衙門奏商辦球案情形片》《李文忠公全集》9卷，第201～202頁。

球一誤也，因分琉球而改舊約又一誤也。分島之誤近於商於六里之誑。因分島而改約之誤，近於從井救人之愚。中國受其實害，而琉球並不能有其虛名，五尺童子猶不肯墮其術中，堂堂大朝奈何出此。竊謂俄倭沓至，總署當持以鎮定，朝廷當示以權衡。俄，強國也；倭，弱國也。馭俄人宜剛柔互用，而倭則可剛不可柔。處俄事已不能過緩，而倭則宜緩不宜急。敢抉其利弊、權其情勢，為我皇太后、皇上縷析陳之。日本既與我立約通商，無故擅滅琉球，虜其王、縣其地，中國屢與講論，則創為兩屬之說，橫相抵制。彼即以上腴歸我，而中國意在興滅繼絕，尚未可義始而利終。況所割南島皆不毛之地，置為甌脫則歸如不歸；若用以分封尚氏苗裔，則貧不能存，險無可守，他日必仍為倭奴所吞併。此分割琉球之說斷不可從者也。琉球中，北諸島，日本既全據之，若為持平之論，日本應聽我擇有利於中、無損於東之事加入約內，以相償抵。而今所改之約則大不然。道路傳聞謂止改約兩條，一曰利益均霑；一曰舊約與加約有礙，照加約行。其居心叵測，無非欲與歐洲諸國深入內地蠅聚蚋嘬，以竭中國脂膏。況此外又有管轄商民、酌加稅則，俟與他國定議後再與中國定議等語，則是二條之外又增二條。且故為簡括含混之詞，留一了而不了之局，以為他日刁難地步。此酌改條約之說斷不可從者也。論者謂速結琉球之案，即可聯倭以拒俄。臣愚殊不謂然。夫中國所慮於日本者，接濟俄船煤、米耳，以長崎借俄屯兵耳。然倭人畏俄如虎，中國之力終不能禁日本之通俄。日本之親我與否，亦視我之強弱而已。中國而強於俄，則日本不招而自來；中國而弱於俄，雖甘言厚賂與立互相保護之約，一旦中俄有釁，日本之勢必折而入於俄者，氣有所先懾也。萬一中國為俄所挫，倭人見有隙可乘，必背盟而趨利便者，又勢有所必至也。夫利害所關，形勢所迫，雖信義之國不能保其必守盟約，而況貪狡齷齪如日本者乎。使日本而能守約，則昔歲無臺灣之師，近年無琉球之役矣。何也，此二事皆顯背條約者也。然則琉球一案與日本之和不和何涉，日本之和不和又與俄事之輕重利害何涉，而目論之士動謂結球案即以聯倭交，聯倭交即以分俄勢，亦可謂懵於事理者矣。況極其流弊，琉球案結則禍延於朝鮮，日本約改則勢蔓於巴西諸國。何以言之，俄人遣海部派師船麇集於長崎，蟻屯於海參崴，成師而出必不虛歸；若我為弦高阻秦之舉，則俄必為孟明滅滑之謀。朝鮮之永興灣久為俄人所垂涎，猶冀中俄盟成，朝鮮為我屬國，彼時可令與各國立約通商，藉以解紛排難，而俄亦鑒於中國力庇琉球，貪謀或戢。昔布以寄人王羅馬方敗，巴黎斯約各國置若罔聞。於是俄始問津黑海，英人責之；俄反詰英何以恕布仇俄，英人語塞。今我若輕結球案，則俄人有例可援，中國無詞可措。以俄號取高麗如湯沃雪，而其勢與關東日逼，非徒唇齒之患，實為腹心之憂；禍延於朝鮮，而中國之邊事更亟矣。自咸道以來，中國為西人所侮，屢為城下之盟。所定條約挾制欺陵，大都出地球公法之外。惟日太，巴西等國定約在無事之時，亦值中國稍明外事，曾國溫主之於前，李鴻章爭之於後，始將均霑一條駁去。既藉此以為嚆矢，未嘗不思乘機伺便，由弱國以及強國，潛移默轉於無形也。今日本首決藩籬，巴西諸國必且環視而起，中國將何以應之。勢蔓於巴西諸國，而中國之財力更竭矣。就日本近事而論，政府薩、長二黨不和，民黨又倡國會之議，以與政府相抗，廣張匿名揭帖，欲伺外釁而動，其君臣惴惴朝不謀夕，內事之亂如此。通國經制之兵才數萬人，分布六鎮，數益單薄，以之彈壓亂萌尚且不足，兵力之絀如此。比年借民債三千餘萬元、借英債二千餘萬元，近又以關稅、鐵路抵借洋債三百萬元不能驟得，財力之匱又如此。結之不足以助我御俄，絕之亦不足以助俄攻我。若我中國大勢，內政清明，將相輯睦，與倭霄壤，固不待言。即論兵力、財力，以之拒俄，或當全力支柱；以之拒倭，實為恢恢有餘。現因俄事籌防，南北洋徵軍調將，所費不貲。既欲與俄乘便轉圜，即可留以為防倭之用，是我失諸俄而猶得之倭也。雖目下鐵艦、沖船尚未購齊，水師未成，沙線未習，猶未能張皇六師以規復琉球，為取威定霸之舉。而我不能往，寇亦不敢來，莫如暫用羈縻推宕之法。彼去年以此法待我矣。今我不急與議，彼又何辭。而我則專意俄事，俟定約後，擁未撤之防兵，待將成之戰艦，先聲後實，與倭相持。如倭人度德量力，願復琉球、守舊約，是不戰而屈人也。如其不應，則閉關絕市以困之。倭商以海鮮為大宗，專售中國，歲食其利；若中國禁其互市，勢必坐困。華商在東亦停貿易，則彼榷稅頓絀，紙鈔不銷，且慮華商蜂聚煽變，內顧不暇，必急求成。如此猶不應，則仗義進討以創之。三五年後，我兵益精，我器益備，以恢復琉球為名，宣示中外。沿海各鎮分路並進，抵隙攻瑕，師數出而倭必舉。此中國自強之權輿，而洋務轉折之關鍵也。不然，案一結，則琉球之宗社斬矣；約一改，則中國之堤防潰矣。俄以一伊犁餌我改約，日本又以一荒島餌我改約，是我結倭歡以防俄，而重受其結倭乘俄釁以挾我，而坐享其利也。一月之內，既辱於北，復蹙於東，國勢何以支，國威何以振。臣所由拊膺扼腕而不能不痛切上陳者也。伏祈一面飭下總理衙門，與日本使臣暫緩定議，一面將臣疏密寄李鴻章、左宗棠等詳議以聞。是否有當，伏乞皇太后、皇上聖鑒。謹奏。光緒六年九月二十六日。〔註11〕

作為帝師的陳寶琛的看法極有遠見，他認為自以「牡丹社事件」為由出兵臺灣以來，日本就是用一次次挑起事端的方法來試探清政府的反應與實力。在這種博弈中，日本權衡著自己與中國的力量對比，有條不紊地推動著自己蠶食中國、稱霸亞洲的計劃。「今我若輕結琉球之案，則俄人有例可援，中國無詞可措，以俄兵取高麗，如湯沃雪，而其勢與關東日逼，非徒唇齒之患，實為心腹之憂。禍延於朝鮮，而中國之邊更亟矣」。〔註12〕

張之洞也上奏「邦交宜審緩急折」，其內容如下：

奏為邦交宜審緩急，馭遠宜有限制，恭摺奏祈聖鑒事。竊維日本擅滅琉球，中國屢行責問，彼遂賂我兩島，而因以推廣商務，改立新約為請。近聞其使臣屢催總署，迫我速結，臣以為此不可不審也。七月初十日，臣為俄事所上邊防一疏，曾有聯日本以伐交，商務可允者允之，使彼中立不助俄勢等語。所云聯日本者，專指商務，且必可允者方允，與球事無涉也。既允商務，則必與之立約。中俄有釁，彼不得助俄為寇，濟餉屯兵，非無故而曲徇其請也。蓋商務所爭在利，方今泰西諸族麇集中華，加一貧小之日本，亦復何傷。夫中國不過分西洋諸國之餘瀝以沾丐東洋。而藉此可以聯唇齒之歡，孤俄人之黨。此所謂不費之惠，因時制宜，臣所以敢為朝廷請者也。若球案率結，寥寥荒島即復封尚氏終難自存。我不能庇累朝臣僕之

〔註11〕《附陳寶琛奏倭案不宜遽結摺》《李文忠公全集》9卷，第203～205頁。
〔註12〕《附陳寶琛奏倭案不宜遽結摺》《李文忠公全集》9卷，第203～205頁。

琉球，復不敢抗蕞爾暴興之日本。從此環海萬國接踵效尤，法踞越南，英襲緬廓，俄吞朝鮮。數年之後，屏藩盡失。他國猶緩也，朝鮮一為俄有，則奉、吉兩省患在肘腋之間，登萊一道永無解甲之日。竊念俄事擾擾將及一年，廟堂無欲戰之心，將相無決戰之策，將來結局大略可知。夫撫俄猶可言也，畏倭不可言也。情見勢絀，四裔交侵，其能堪乎。此則臣所不能不為國家深憂之者也。從古來諸國角立之世，大率須審鄰國之治亂強弱、於我之遠近緩急，分別應之。固無一律用武之道，亦無一概示弱之理。經傳所謂度德量力，史策所謂遠交近攻。故與俄戰不得不與倭和，與俄和則不妨與倭戰，此謀國不易之策也。臣愚以為此時宜酌允商務以餌貪求，姑懸球案以觀事變，並與立不得助俄之約。俄事既定，然後與之理論，感之以推廣商務之仁，折之以興滅繼絕之義，斷不敢輕與我絕。設必不復球，則撤回使臣，閉關絕市，日本甚貧，華市一絕、商賈立窘。嚴修海防，靜以待之，中國之兵力、財力，縱不能勝俄，何至不能禦倭哉。相持一年，日本窮矣。臣聞近日外間文武將吏語及日本，皆謂可討。臺灣生番一案，志士扼腕太息，以為失計。比者自俄警以來，徵兵選將，沿海森然。今日移防俄者以防日本，即借懾日本者以懾外洋各國，計孰有便於此者。倘此舉再誤，則中國安有振作之日哉。若夫出師跨海，搗橫濱，奪長崎，掃神戶，臣雖不欲為此等大言；至於修防以拒之，絕市以困之，此亦平實而甚易行者矣。臣所爭者，非琉球之存亡；所計者，乃國家之利害。仰懇廟謨裁斷，將商務擇無弊者允行，球案抽出緩辦。如聖意不決，即望飭李鴻章、左宗棠速議具奏，庶免倉卒定約，日後追悔。即或總署諸臣難於峻拒，但使封疆重臣執奏不允，即可據以為辭。昔宋真宗欲徇遼人所請，而寇準以為不可，卒改前議。此等大計，亦不可不令疆臣與議也。竊恐朝廷不察臣七月初十日上疏之本意，而又蹈生番一案之故轍，不得不縷析懇切言之，伏祈皇太后、皇上聖鑒。謹奏。光緒六年十月初一日。〔註13〕

張之洞在奏摺裏直言，如果球案草率了結，琉球將不復存在。從此環海萬國將接踵效尤日本，法踞越南，英襲緬廓，俄吞朝鮮。數年之後，屏藩盡失。

〔註13〕《附張之洞奏邦交宜審緩急摺》《李文忠公全集》9卷，第205～206頁。

他還提出」奏請防臺灣片」，其內容如下：

日本若有違言，南北海防他無足慮，北洋兵力尚厚，不能攻也；上海洋商所萃，彼不能包各國之利息，不敢擾也。所防者，惟臺灣為急。夫議臺防者已五、六年矣，而毫無效者，不得人故也。閩省兵既不練，將材又少。竊聞甘肅軍營差委候補道劉璈，曩在左宗棠軍中，才識雄毅，兼有權略；前官浙西，治行第〔一〕。曾隨沈葆楨渡臺辦理倭案；聞其平居私議，自謂惡寒喜熱，若有事臺灣，概然願以身任。又廣東潮州鎮總兵方耀，智勇沉深；身經百戰，聲威赫然。臺灣距潮甚近，其地商賈半係潮人；若令帶所部潮勇數營前往，風土尤為相習。竊思若得此文武兩人，責以臺務、畀以重權，必能左提右挈，辟士阜財、撫番捍敵，為八閩之藩衛。蓋臺灣瘴熱，任此者不惟擇其才，又必服習水土，不致疾病者；該兩員尤為相宜。兩人材器，敢請詢之浙、粵兩省官吏士民，決無異詞。朝廷如以為可用，即當先其所急，不得任聽督、撫扣留。夫日本滅球，乃垂涎臺灣之漸；為保臺灣計、為保閩省計，此亦不可緩者也。〔註14〕

張之洞提出「臺灣生番一案，志士扼腕嘆息，以為失計」，不能再蹈覆轍，應「姑懸球案以觀事變」。

慈禧太后在接到陳寶琛及張之洞的奏摺後，於舊曆十月初四日給李鴻章卜密諭：

軍機大臣密寄大學士直隸總督一等肅毅伯李鴻章，光緒六年十月初四日奉上諭：前據總理各國事務衙門奏議結琉球一案；又據右庶子陳寶琛奏球案不宜遽結，舊約不宜輕改，當經惇親王等酌議，宜照總理各國事務衙門所奏辦理，業經允准。旋據左庶子張之洞奏日本商務可允，球案宜緩，復經惇親王等議，以日本與俄深相邀結，又與福建、江、浙最近，今若更動已成之局，未必甘心，且恐各國從而構煽，卒至仍歸前說，或並二島而棄之，蓋為所輕等語。所議自為揆時度勢、聯絡邦交起見，惟事關中外交涉，不可不慎之又慎。李鴻章係原議條約之人、於日本情事素所深悉，著該督統籌全局，將此事應否照總理各國事務衙門原奏辦理，並此外有無善全之策，切實指陳，迅速具奏。總理各國事務衙門折、片各一件，單三件，

〔註14〕《清光緒朝中日交涉史料選輯（全）》，第36頁。

陳寶琛、張之洞折各一件，均著抄給閱看。劉銘傳前經賞假兩個月，本日已有旨令裕祿傳知該提督不必拘定假期，迅速來京矣。將此由五百里密諭知之。欽此。遵旨寄信前來。〔註15〕

三、李鴻章提出延宕的「支展之法」

李鴻章本不欲將琉球與修約纏絞在一起處理。接到此詔的李鴻章於舊曆十月初九日給慈禧上奏，提出延宕的「支展之法」，奏書云：

日本密邇東隅，文字、語言略同，其人貧窶，貪利無恥，一開此例，勢必紛至沓來，與吾民爭利，或更包攬商稅，為作奸犯科之事。明代倭寇之興，即由失業商人勾結內地奸民，不可不防其漸。此議改舊約尚宜酌度之情形也。琉球原部三十六島，北部九島，中部十一島，南部雖有十六島，而周回不及三百里。北部中有八島早被日本占去，僅存一島。去年日本廢滅琉球，經中國迭次理論，又有美前統領格蘭忒從中排解，始有割島分隸之說。臣與總理衙門函商，謂中國若分球地，不便收管，只可還之球人，即代為日本計算，捨此別無結局之法。此時尚未知南島之枯瘠也。本年一月間，日本人竹添進一來津謁見，稱其政府之意，擬以北島、中島歸日本，南島歸中國，又添出改約一節。臣以其將球事與約章混作一案，顯係有挾而求，嚴詞斥之，不稍假借，曾有筆談問答節略兩件，鈔寄總理衙門在案。旋聞日本公使宍戶璣屢在總理衙門催結球案，明知中俄之約未定，意在乘此機會，圖佔便宜。臣愚以為琉球初廢之時，中國以體統攸關，不能不亟與理論；今則俄事方殷，中國之力暫難兼顧，且日人多所要求，允之則大受其損，拒之則多樹一敵，惟有用延宕之一法最為相宜。蓋此係彼曲我直之事，彼斷不能以中國暫不詰問而轉來尋釁。俟俄事既結，再理球案，則力專而勢自張。近接總理衙門函述日本所議，臣因傳詢在津之琉球官向德宏，始知中島物產較多，南島貧瘠僻隘，不能自立；而球王及其世子日本又不肯釋還，遂即函商總理衙門，謂此事可緩則緩，冀免後悔。此議結球案尚宜酌度之情形也。臣接奉寄諭，始知已成之局未便更動；而陳寶琛、張之洞等又各有陳奏，正籌思善全之策，適接出使大臣何

〔註15〕《附光緒六年十月初四日密諭》《李文忠公全集》9卷，第200頁。

如璋來書，並鈔所寄總理衙門兩函，力陳利益均霑及內地通商之弊，語多切實。復稱詢訪球王，謂如宮古、八重山小島另立王子，不止王家不願，闔國臣民亦斷斷不服；南島地瘠產微，向隸中山，政令由其土人自主，今欲舉以畀球，而球人反不敢受，我之辦法亦窮等語。臣思中國以存琉球宗社為重，本非利其土地。今得南島以封球，而球人不願，勢不能不派員管理，既蹈義始利終之嫌，不免為日人分謗；且以有用之兵餉，守此甌脫不毛之土，勞費正自無窮。而道里遼遠，音問隔絕，實覺孤危可慮。若憚其勞費而棄之不守，適隨日人狡謀，且恐西人踞之經營墾闢，扼我太平洋咽喉，亦非中國之利。是即使不議改約，而僅分我以南島，獨恐進退兩難，致貽後悔。今彼乃議改前約，倘能竟釋球王，畀以中、南兩島復為一國，其利害尚足相抵，或可勉強允許。如其不然，則彼享其利而我受其害，且並失我內地之利，臣竊有所不取也。謹繹總理衙門及王大臣之意，原慮日本與俄要結，不得不揆時度勢，聯絡邦交，洵屬老成持重之見。然日本助俄之說，多出於香港日報及東人恫喝之語。議者不察，遂欲聯日以拒俄，或欲暫許以商務，皆於事理未甚切當。查陳寶琛折內所指日本兵單餉絀，債項累累，黨人爭權，自顧不暇；倭人畏俄如虎，性又貪狡，中國即結以甘言厚賂，一日中俄有釁，彼必背盟而趨利，均在意計之中。何如璋節次來函，亦屢稱日本外強中乾，內變將作，讓之不能助我，不讓亦不能難我，洵係確論。蓋日本近日之勢，僅能以長崎借俄屯駐兵船，購給煤米。彼蓋貪俄之利，畏俄之強，似非中國力所能禁也。豈惟日本一國，即英、德諸邦及日斯巴尼亞、葡萄牙各國，皆將伺俄人有事調派兵船，名為保護商人，實未嘗不思借機漁利。是俄事之能了與否，實關全局。俄事了，則日本與各國皆戢其戍心；俄事未了，則日本與各國將萌其詭計。與其多讓於倭，而倭不能助我以拒俄，則我既失之於倭，而又將失之於俄，何如稍讓於俄，而我因得借俄以懾倭。夫俄與日本強弱之勢相去百倍，若論理之曲直，則日本之侮我為尤甚矣。而議者之謀若有相反者，此臣之所未喻也。至若江蘇之上海，浙江之寧波，福建之福州、廈門，均係各國通商口岸，日本即欲來擾，既無此兵力、餉力、亦必不敢開罪於西人。惟臺灣孤懸海外，地險產饒，久為外人所窺伺。苟經理得宜，亦足控蔽東南，應請廟謨加意區畫，漸收成效。中國自強之圖，無論俄事能否速了，均不容一日稍懈。誠以洋務愈多，而難辦外侮迭至而不窮，不可不因時振作。臣前奏明南北洋須合購鐵甲船四號，其數斷難再減。所有請撥准商捐項一百萬兩，僅准戶部議撥四十萬，不敷尚多，應請旨飭令全數撥濟。各省關額撥海防經費，前經奏明嚴定處分章程，仍未如額籌解；倘再延玩，尚擬請旨嚴催。水師、電報各學堂亦已陸續興辦，數年之後，船械齊集，水師練成，聲威既壯，縱不必跨海遠征，而未始無其具。日本囂張之氣當為之稍平，即各國輕侮之端或亦可漸弭。又，總理衙門慮及日本於內地運貨蓄意已久，轉瞬修約屆期，彼必力請均霑之益。或只論修約不提球案，恐並此南島而失之。臣愚以為南島得失無關利害，兩國修約須彼此互商，斷無一國能獨行其志者。日本必欲得均霑之益，倘彼亦有大益於中國者以相抵，未嘗不可允行。若有施無報，一意貪求，此又當內外合力堅持勿允者也。臣再三籌度，除管理商民、更改稅則兩條尚未訂定，應俟後日酌議外，其球案條約及加約曾聲明由御筆批准，於三個月限內互換。竊謂限滿之時，准不准之權仍在朝廷。此時似宜用支展之法，專聽俄事消息以分緩急。俟三月限滿，倘俄議未成，而和局可以豫定，彼來催問換約，或與商展限，或再交廷議；若俄事幹一個月內即已議結，擬請旨明指其不能批准之由，宣示該使。即如微臣之執奏；言路之諫諍；與彼之不能釋放球王，有乖中國本意，皆可正言告之者。臣料倭人未必遽敢決裂；即欲決裂，亦尚無大患。明詔既責臣以統籌全局切實指陳，臣不敢因朝廷議准在先，曲為迴護；亦不敢務為過高之論，致礙施行。若照以上辦法，總理衙門似尚無甚為難之處。所有日本議結球案，牽涉改約，暫宜緩允，遵旨妥籌緣由，恭摺由驛五百里密陳，是否有當，伏乞皇太后、皇上聖鑒訓示。謹奏。〔註 16〕

李鴻章的奏摺，先是分析球案談判的過程及日本催結球案的動機，指出與日使所議諸條，既對中國有害無利，又不可行，主張暫時採取拖延辦法，

〔註 16〕《妥籌球案折（光緒六年十月初九日）》《李文忠公全集》9 卷，第 198 200 頁。

能緩則緩，「宜用支展之法，專聽俄事消息以分緩急」〔註17〕，並針對日方的兩分琉球辦法，提出新的兩分琉球辦法，即以琉球北部歸日本，中、南兩部仍歸琉球，使之復國。李鴻章還十分擔心日本藉此尋釁，同時上摺《密陳臺防事宜片》〔註18〕。

四、清政府內部就「球案」不同的意見

接李鴻章奏摺後，其覆奏的建議獲得旨准，慈禧太后於舊曆十月十六日再發上諭，「著劉坤一、何璟、張樹聲、吳元炳、譚鍾麟、勒方錡、裕寬悉心妥議，切實陳奏。」〔註19〕

江蘇巡撫吳元炳於舊曆十月二十六日最先響應，上奏云：

> 臣按日本為東洋蕞爾之邦，近年來與泰西各國通商立約，毅然以與國自居，妄自尊大。前年夷球為縣之舉，經中國再三責問，無辭可對，支吾掩飾者兩載於茲。今忽乘中國與俄議未定之時，乃以球南荒島給我結案，並要求改約「同沾利益」，貪狡之謀畢露、要挾之心如見。議者以為中國不即允許，恐其助俄為患，多樹一敵；臣竊以為不然中國與俄和戰尚在未定，萬一俄事竟爾決裂，俄兵擾我海疆，則長崎一帶屯師濟餉以為接應，勢所必然；此時倭人即與中國結好有海誓山盟之約，能閉關以拒俄師乎？能助中國以截擊俄人之後路乎？皆不能也。強弱之勢，俄足制倭、倭不足以制俄也。如果俄議漸次就範，兩國不啟兵端，則沿海各省均係通商口岸；目前整頓海防、簡兵厲卒，俄人亦既聞之；內地無可進兵。即臺灣一處，前年俄兵亦嘗履其地矣，瘴癘之毒，不戰而傷亡者七、八百人；攻之不易得、得之不易守，即欲狡焉思逞，而揆時度勢，臣料俄人必不敢犯其所難。然則倭之助俄、不助俄，在中、俄之言戰、不言戰，而與球案之結不結、約之改不改，均無涉也。若震懾於恫喝之遊談，而欲藉結案、改約以交歡，是正墮其要挾之計，而二島僅存、球祀不繼，利益已沾，後悔莫及；臣未見其可也。右庶子陳寶琛持論正大，洞中竅要；其言實有可採。直隸督臣李鴻章「支展」之說，聽俄事消息以分緩急，老謀深算，出於萬全。況球事經中國責問之後，

〔註17〕《附光緒六年十月十六日奉上諭》《李文忠公全集》9卷，第206頁。
〔註18〕《密陳臺防事宜片（光緒六年十月初九日）》《李文忠公全集》9卷，第207頁。
〔註19〕《附光緒六年十月十六日奉上諭》《李文忠公全集》9卷，第206頁。

> 倭人支吾其說者二年有餘；今即以支吾中國之法還而施之於彼，理無不順、事可徐圖，必不致遽啟端也。〔註20〕

吳元炳提出日本蕞爾之邦妄自尊大，趁我與俄議未定之時，乃以球南荒島給我結案，並要求改約「同沾利益」，貪狡之謀畢露、要挾之心如見。他認為目前對俄國不可用兵，故不應當將球案與此絞纏在一起，如果現在結案並與改約合在一起，則「正墮其要挾之計」，故贊成李鴻章的「支展」之法。

兩江總督劉坤一於舊曆十一初五上奏摺，認為琉球與高麗、越南等國有很大的差異，琉球雖然臣事中國百年，也及其恭順，但和中國遠隔大洋，得失無關痛癢。因此他既不贊同張之洞所提出的中國「閉關絕市，擯斥日本」的辦法，也不贊同陳寶琛提出的「跨海東征」，認為李鴻章的「支展之法」也是「虛聲脅之，未必有濟」，提出將琉球南部的島嶼要還給琉球，以守先王之祀，亦足以對琉球而示天下。〔註21〕

浙江巡撫譚鍾麟於十一月初六日上「覆奏球案宜速辦結折」，主要內容如下：

> 臣維日本一案，論事理，誠宜與之絕；揆時勢，宜姑與之聯：此總理衙門本意也。陳寶琛一折，言事理也；不為拒之，必當伐之。然跨海遠征，勞費百倍；自揣數年之內，力恐有所未能。李鴻章「支展」之計，亦審時度勢，有不可遽絕之意。第總理衙門既定議矣，旋與之而旋拒之，似乎中國所議事事不足取信於人；不特倭人不服，俄人將援為口實，而所議必成：此不可不審也。臣愚竊謂球案以速定為要；改約於商務無損，我既不能與之絕，不妨姑從所請，為尚氏謀一線之延。蓋琉球之廢已兩年，其君民日喁喁然冀中國有以拯之；而乃瞻顧徘徊，迄無定策，球民知所望終絕，不得不附倭以求安。年復一年，民忘舊主而球祀斬矣！趁此修約之時與商存球之策，彼能歸還中島、復其故國，固球人之幸；否則，暫以南島為球王棲息之地，他日我之力誠足以舉倭，聲罪致討，悉令反所侵地，不愁師出無名。與其遷延而絕球人之望，不若遷就以慰球人之心：此球案之宜速結也。至於條約所爭，在「均霑利益」一語；泰

〔註20〕《江蘇巡撫吳元炳覆奏球案日約可徐圖折（十月二十六日）》《清光緒朝中日交涉史料選輯（全）》，第44～45頁。

〔註21〕《兩江總督劉坤一覆奏球案宜妥速議結倭約宜慎重圖維折（十一月初五日）》《清光緒朝中日交涉史料選輯（全）》，第46～49頁。

西和約皆有之。中國之利被西人占盡，多一沾者不見絀，少一沾者不見盈。若強者任意要求而輒許，弱者欲稍分潤而不能，不足以服其心。日本前約雖有「商民不准入內地販運貨物」一條，而近來倭人之遊歷者踵相接，其為商、為民，曾否販運貨物？無從稽考。況華商之黠者，且假西人聯票肆行內地而莫之禁；豈倭人狡獪，不知出此。名曰不准沾，而沾者如故；曷若明載條約，俾之「一體均霑」，極其流弊不過海口多一倭商，於中國無損也。日本之附俄，非心服也，迫於勢也。臣前接使臣何如璋函，述其外務卿談及俄事，有不平之意；此輩詭譎原不足信，而其情可見矣。彼無故而滅人之國，自知不容於公論，何嘗不慮中國旦夕有以圖之；戶璣之請歸兩島，未必非藉此為嘗試。姑與周旋以遂其釋怨交歡之望，當不至助俄以擾我；東南無事，可分餉力以濟東北，亦兩全之策也。惇親王等恐因此構恤，江、浙、閩、粵各口未可深恃；洵老成持重、統籌全局之見。竊謂今日所患者，貧耳；誠使府庫充盈，數萬勇士可立致，以摧強敵如摧枯，何有倭人！浙洋與日本對照，輪船數日可至；臣數月以來，密為布置，未敢張皇。雖海口紛歧，不免備多而力分；現已募足勇丁二十營，擇要扼守，激厲將士敵愾同仇，雖無必勝之權，咸有敢戰之氣。臣忝膺疆寄，有地方之責；彼侵我疆，惟有戰耳。既不敢希冀和局稍懈一日之防，亦不敢創為異議以快一時之論。〔註22〕

浙江巡撫譚鍾麟明言不贊成陳寶琛的「必當伐之」之法，認為跨海遠征，勞費百倍；自揣數年之內，力恐有所未能；認為李鴻章「支展」之計，亦審時度勢，有不可遽絕之意。提出球案以速定為要。提出趁此修約之時與商存球之策，「彼能歸還中島、復其故國，固球人之幸；否則，暫以南島為球王棲息之地，他日我之力誠足以舉倭，聲罪致討，悉令反所侵地，不愁師出無名。與其遷延而絕球人之望，不若遷就以慰球人之心，故球案宜速結。」〔註23〕

福州將軍穆圖善、閩浙總督何璟、福建巡撫勒方錡於舊曆十一月二十六日上奏摺，就球案提出自己的見解：

〔註22〕《浙江巡撫譚鍾麟覆奏球案宜速辦結折（十一月初六日）》《清光緒朝中日交涉史料選輯（全）》，第50～52頁。

〔註23〕《浙江巡撫譚鍾麟覆奏球案宜速辦結折（十一月初六日）》《清光緒朝中日交涉史料選輯（全）》，第50～52頁。

至日本議結球案並請加約二條，明係乘俄事未定之時，冀申其有挾而求之伎。總理衙門與之辯論，舌敝唇焦；幾經時日，不得已而定此議，辦理自費苦心。惟方今大局轉關，祗在於俄；若倭人幸禍之心，豈能窮詰！其賣煤謀俄者，貪其利也；長崎諸處許俄泊船者，畏其勢也。是倭之助俄與否，非義所能禁、恩所能結也。今琉球南部二島以還尚氏，不足以立國自存；我若遣戍設官，不唯費用不貲，且徒與倭人分謗。是則分歸中國，尤屬非宜。至所要「在沾利益」一層，於商務原來不能無礙。直隸督臣李鴻章所陳「支展」之法，自亦具有深意。曩時中國與英修約，議定後英商以為不便，遂閣不行；援此為詞，尚不患轉圜無說。萬不獲已，亦祗得於此事勉與通融。查泰西各國，唯秘魯、古巴未經允准。日本近接中國，想望通商已非一日；前者李鴻章定約時所以力持此節者，殆慮倭人素狡，流弊易滋。惟中國若專論禦倭，自有餘力；萬一滋弊，由各省督、撫奏請停止，即可嚴以絕之。如能彼此相安，則各國既已均霑，多一日本不過多一通商之國耳。若球案曲實在彼，倘能復還中島、永不侵凌，使尚氏仍返故都，猶是「繼絕存亡」之義。今南部二島荒瘠殊甚，予之尚氏，徒被空名；列之條約，遂成實案。竊謂總理各國事務衙門尚可以事後查詢得實，再與力爭；本無利人土地之心，何事受其虛誣！如慮激而生變、助俄為惡，助彼得同沾利益，固已塞其所請；此而不已，即並二島予之，亦無以化其頑梗矣。至管理商民、議改稅則，日本與他國訂議，他國若允，中國亦自可聽之。〔註 24〕

福州將軍穆圖善、閩浙總督何璟、福建巡撫勒方錡等人贊成李鴻章的「支展之法」，提出「琉球南部二島以還尚氏，不足以立國自存；我若遣戍設官，不唯費用不貲，且徒與倭人分謗。是則分歸中國，尤屬非宜」。

兩廣總督張樹聲、廣東巡撫裕寬於舊曆十二月十八日回奏：「為球案不必急議、倭約未便牽連，宜緩允以求無弊。」〔註 25〕

〔註 24〕《穆圖善等覆奏球案與商約宜分別定結折（十一月二十六日）》《清光緒朝中日交涉史料選輯（全）》，第 53～54 頁。

〔註 25〕《兩廣總督張樹聲等覆奏球案不必與改約並議折（十二月十八日）》《清光緒朝中日交涉史料選輯（全）》，第 67 頁。

歷經兩個多月的時間，各大臣都上奏發表了自己的意見，除劉坤一外，基本都支持李鴻章的「支展之法」。在眾多大臣的反對下，總理衙門決定以不批准協議草案的辦法，將「球案」擱置起來。

五、清政府拒簽《球案條約》

此時間，宍戶璣多次派人來催問簽約一事。舊曆十一月十七日時，總理衙門派總辦葉毓桐到日本公使館，遞交了照會：

> 擬結琉球一案各折片，著交南北洋大臣等妥議具奏，俟覆奏到日再降諭旨欽此。〔註26〕

這裡所謂的「南北洋大臣妥議」，實則實施著李鴻章的「支展之法」，拖延時日而已。日本對此極為不滿。外務卿井上馨聞報，向宍戶璣發出訓令，著轉知總理衙門：

> 兩國全權特任之大臣，意見相同之後，即可簽字。簽字結束之後，即可請求批准，理應如此。簽字之前，恭請上諭及聽取南北洋通商大臣之意見，毫無必要。〔註27〕

宍戶璣於十二月二十七日向總理衙門照會要求「須期十日有所諮答」，並先後四次給總理衙門發函催問此事。總理衙門並沒有給予回覆。於是宍戶璣又發函總理衙門，通報即將回國。總理衙門對其解釋：在締結條約之際，無論何國，也會召開上下議院進行議論。中國交給南北洋大臣討論，其理同此；且延期簽字，各國不乏先例。

1881年1月17日，已十分惱怒的宍戶璣照會總理衙門，宣稱琉球談判破裂。其大意謂此事遲擱不定，無復期於必成，此為中國自棄前議，今後琉球一案，理當永遠無復異議；又稱已奉命回國，留其參贊田邊太一暫署使臣，做出決絕的姿態。1月27日，宍戶璣悻然離開北京，回國覆命。

同年2月24日，經過駐英公使、欽差大臣曾紀澤的斡旋，清政府不但要回了伊犁地區，還挽回了崇厚拱手讓給俄國的部分主權。曾紀澤經過努力，與俄國在聖彼得堡簽訂《中俄伊犁條約》(即《中俄改訂條約》)，與《里瓦幾亞條約》相比，少了割地，卻多了賠錢。一度劍拔弩張的中俄邊境暫時恢復了平靜，來自俄國的威脅解除了。清政府避免了同俄開戰，舒緩了西北的緊張局勢，

〔註26〕〔日〕《琉球問題／2》，JCAHR: B03041145500。
〔註27〕〔日〕《琉球問題／2》，JCAHR: B03041145500。

因此不用再向日本多做妥協。

1881年3月3日（二月初四），剛剛從新疆趕回的左宗棠上說貼，闡釋了自己的看法：

> 二月初二日，〔在〕軍機處敬閱發下總理衙門折片、惇親王等奏片、李鴻章、張樹聲、吳元炳、何璟、譚鍾麟各折、劉坤一、陳寶琛、張之洞各折片，得悉擬結球案及日本所請商務詳細情形。竊維各折片均在中、俄和局未定之先，故內外議論紛紜，尚未衷諸一是。而日本使臣宍戶璣覺所欲難遂，即謂我自棄前議，悻悻而歸，詞意決絕。茲據曾紀澤所發電報，商務、界務漸有成說，和議可諧；似出日本意料之外。將遂斂手待命乎？抑溺人必笑，仍思一逞，未可知也！就廢球一事言之，日本與琉球共處一方，由來已久；球為日本屬國與否，中國無從詳知。至琉球之累代請封、積年入貢，久為我中國不侵不叛之臣；史冊昭彰，固天下所共知者。即使琉球內附中國、兼屬日本，為日本計，尤宜加意撫輯，俾其相庇以安，庶於「字小」之義有合；何乃率意徑行，事前不相聞問，遽遷其國王、并其土地、廢其禋祀、迫其民人，虐視之至此！中國頻相詰問，日本任意自如美國總統格蘭忒聞之，不遠數萬里而來代為調處，遂主分地之說，圖解其紛；與中國復琉球、存禋祀本懷有合。但使琉球速復、邦人得所，中國亦又何求！姑忘聽之，尚非不可。惟日本所劃兩島，是否足為琉球立國，久遠相安？非詳加考察，無以慎許與而請御批，即無以重商務而昭劃一。宍戶璣乃以自廢前議諉過於我，悻悻而去，何耶？近見疆臣查覆：琉球原本三十六島，舊為三部。北部九島，其中八島為日本所佔；中部十一島。南部名雖十六島，周圍不及三百里，地瘠產微，以畀琉球，何能立足！復球之案不能擬結，日本且自絕於中國，尚何睦誼之足云！睦誼中乖，尚可改約「一體均霑」之足云乎！宗棠竊擬：宍戶璣此去在中、俄未諧之先，茲聞事體頓殊，或要求之意亦緩；亦將不能批准之由明白指示，看其如何登復。一面請旨飭下海疆各督、撫、提、鎮密飭防營預為戒備，靜以待之。大約以防俄之法防倭，蔑不濟矣！至跨海與戰，先蹈危機，斷不宜輕為嘗試；亦無取揚言遠伐，以虛聲相震憾。俟以窺犯深入，一再予以重創，自可耀威而彰遠略，近聞日本迫小蛾丁

輪船兩隻，可駛入長江；亦宜留意準備，免為所乘。臺灣瘴癘最盛，地險易防，或免致寇；惟定海一廳，四面環海，宜增調閩造輪船以助浙防。又，俄之兵船久泊日本長崎，軍火、糧食多屯於此，將來或藉以資寇；應預為察禁。愚見所及，合併聲明，以備採擇。〔註28〕

在接到左宗棠上摺後，1881年3月5日（二月初六），清帝頒布上諭：

前因總理各國事務衙門奏「擬辦球案」一折，當諭李鴻章、劉坤一等妥籌具奏。茲據該督等先後覆陳，覽奏均悉。原議商務「一體均霑」一條，為日本約章所無；今欲援照西國約章辦理，尚非必不可行。惟此議因球案而起，中國以存球為重，若如所議劃分兩島，於存球祀一層未臻妥善。著總理各國事務衙門王大臣再與日本使臣悉心妥商，俟球案妥結，商務自可議行。欽此。〔註29〕

上諭之主旨是認為「球案」問題解決的關鍵在於「存球祀」，即如果日本能夠滿足琉球復國這一條件，則其所要求的「一體均霑」，即享有其他國家在中國權益，也是可以商量的。但在李鴻章看來，朝貢體系下宗主國的虛名毫無價值，而讓日本「一體均霑」，則必然為禍甚遠；更何況，如此分割琉球諸島，對中國而言是徒增防禦之累贅，琉球即便復國，也無法在日本的威脅下生存。在李鴻章的堅持下，清廷中止了以同意日本「一體均霑」換取保存琉球社稷的計劃。

此後，清政府內部主張對日強硬的呼聲越發提高。編修陸廷黻上「請征日本以張國威折（二月三十日）」〔註30〕，給事中鄧承修呈「朝鮮亂黨已平請乘機完結球案折（八月初二日）」〔註31〕，翰林院侍讀張佩綸奏「密定東征之策以靖藩服折（八月十六日）」〔註32〕，這些請戰奏摺給清政府很大的壓力。

1881年舊曆八月十六日，清廷就出兵一事令李鴻章籌劃：

翰林院侍讀張佩綸奏「請密定東征之策以靖藩服」一折，據稱

〔註28〕《左宗棠說帖（二月初四日）》《清光緒朝中日交涉史料選輯（全）》，第71～72頁。

〔註29〕《上諭（二月初六日）》《清光緒朝中日交涉史料選輯（全）》，第71～72頁。

〔註30〕《編修陸廷黻奏請征日本以張國威折（二月三十日）》《清光緒朝中日交涉史料選輯（全）》，第73～75頁。

〔註31〕《給事中鄧承修奏朝鮮亂黨已平請乘機完結球案摺（八月初二日）》《清光緒朝中日交涉史料選輯（全）》，第78～80頁。

〔註32〕《翰林院侍讀張佩綸奏請密定東征之策以靖藩服折（八月十六日）》《清光緒朝中日交涉史料選輯（全）》，第81～82頁。

日本貧寡傾危，琉球之地久踞不歸；朝鮮禍起蕭牆，殃及賓館，彼狃於琉球故智，劫盟索費，貪惏無厭。今日之事，宜因二國為名，令南、北洋大臣簡練水師、廣造戰船；臺灣、山東兩處，宜治兵蓄艦，與南、北洋犄角。沿海各督、撫迅練水陸各軍，以備進窺日本等語。所奏頗為切要。著李鴻章先行通盤籌劃，迅速覆奏。原折抄給閱看。將此密諭知之。欽此〔註 33〕

李鴻章最瞭解自己的實力，更知清海軍目前沒有跨海作戰的能力，所以在舊曆八月十六日所回的長奏中強調，「所有懾服鄰邦、先圖自強」。〔註 34〕

這樣，「球案」的交涉耗時四年，終無結果。1882 年竹添進一郎任駐天津領事期間，曾與李鴻章重議琉球問題。1887 年總理衙門大臣曾紀澤還向日本駐華公使鹽田三郎聲明，中國仍認為琉球案尚未了結。〔註 35〕但由於中國邊患頻繁，無力顧及，「球案」終成懸案。

小結

綜上所述，清政府雖在面臨中俄衝突的同時與日本就琉球分島問題草擬了「條約」，但規定「條約」須要經過兩國的「御筆批准」才可生效，沈桂芬也提出暫緩十天再簽字。清政府在內部就「條約」進行了爭論，多數大臣都反對簽證此條約，故李鴻章提出拖延的「支展之法」，嗣新疆問題解決之後再行商議「球案」。1880 年曾紀澤出使俄國，通過中俄的交涉，西北新疆危機有所緩和，清政府對已經商量的「球案」缺乏認可的動力。清政府認為「球案」問題解決的關鍵在於「存球祀」，但即使日本答應琉球復國，琉球也無法在日本的威脅下生存，所以清政府一直沒有在議定的「球案」上簽字。清政府拒絕承認琉球國歸屬日本，琉球國自身也從未簽署歸屬日本的國際條約，這樣日本雖然用武力強行吞併了琉球，但是缺乏佔據琉球王國領土的國際法依據，尤其是缺乏作為琉球國歷史上的宗主國中國的認可。

〔註 33〕《軍機處密寄北洋通商大臣李鴻章上諭（八月十六日）》《清光緒朝中日交涉史料選輯（全）》，第 82 頁。

〔註 34〕《北洋通商大臣李鴻章等奏遵議鄧承修條陳球案折（八月十六日）》《清光緒朝中日交涉史料選輯（全）》，第 83～88 頁。

〔註 35〕中國社會科學院近代史研究所：《日本侵華七十年史》，第 24～25 頁。

第十八章　琉球人在日及本土的自救運動

1874 年日本出兵臺灣之後，晚清政府正處於內憂外患之時，日本趁機出臺所謂的「琉球處分」，對琉球實施實質上的吞併政策。在松田道之前往琉球之前，日本政府就催促琉球的三司官赴日，並「嚴命自今琉球應斷絕與清國的交往」〔註 1〕。琉球的三司官池城親方為拒絕這項要求，專門前往東京再三請求日本政府收回成命，但最終還是沒能阻止日本侵略琉球的政策。1875 年日本政府派內務大承松田道之前往琉球開展具體的吞併計劃，並進行政治改革，主要內容即是使琉球從此斷絕對清的朝貢關係，從而確立日本對琉球的主權。在日本的強大壓力下，琉球內部開始分化；但他們都主張琉球為一國，拒絕日本的各種無理要求，積極地進行自救活動，並到東京進行一系列的請願活動。

一、吞併初期琉球內部政情的變化

1874 年 8 月清政府與日本簽訂了《中日臺灣事件專約》，承認日本出兵臺灣為「保民義舉」，就琉球問題則沒有任何條款。琉球方面仍然按例兩年一貢之慣例，於 1874 年 10 月派出由正議大夫蔡呈詐、朝京都通事蔡德昌等共計 118 人的貢使團，來福州朝貢。駐清臨時代辦鄭永寧向日本政府報告了琉球派遣貢船到達中國一事。而此時恰逢同治皇帝駕崩，光緒皇帝繼位（1875 年）。日本政府深恐琉球再派出慶賀使，便使出了「宣召上京」之策。

〔註 1〕蔡璋著：《琉球亡國史譚》，中正書局，1951 年，第 3 頁。

12 月 15 日，自北京談判回國後，大久保利通向三條太政大臣遞交了《琉球處分》的意見，提出：前年（1872 年）貶琉王為藩王後，仍未令其「脫離清國的管轄，琉球究屬何國？依然曖昧模糊」，但出兵臺灣之後，形勢大改，因為清國也承認征臺是「保民義舉」，琉球「已有幾分屬於我國版圖的徵兆，只是尚未判然成局」，所以要馬上向琉球說明，「國家為保護琉球人而甘冒危險、耗費資產出兵臺灣」，是以尚泰藩王應上京拜謝恩，藩王不來，也得派琉官來京，恭聽征臺始末和與清國談判之曲折、以及方今之形勢，名分條理。當琉球官員上京之時，即傳達斷絕與清國關係的命令，並調派鎮臺支營到那霸港，繼而漸次推行改革。〔註 2〕

1874 年 12 月 28 日，內務卿大久保利通傳令琉球選派三司官中之一從速上京。尚泰王與三司商議後，決定派三司官池城親方率領精通日語的與那親方和鎖之側幸地親雲上（向德宏）帶領隨役八人，於 1875 年 2 月 25 日由那霸港登船而赴東京。因日本沒有透露傳召北上的緣故，致使琉球全國大為驚恐，尚泰王乃令全國各寺廟祈福，求神保佑。

明治政府首先派專員帶領琉球使節參觀了陸軍練兵場、橫須賀造船所、在東京的現代學校、製作僚工學僚等地，並招待琉球使節謁見天皇。〔註 3〕在此期間，明治政府進行了內務省的人事變動，由一直負責琉球事務的松田道之擔任內務大丞，林友幸降職為內務少丞。琉球事項由內務卿大久保利通全權負責，具體事務主要由松田道之負責。將琉球事務由處理外交事宜的外務省移交至處理日本國內事務的內務省，意味著日本準備直接吞併琉球，而非將琉球視為屬國。

1875 年 3 月 17 日，曾陪同大久保利通赴北京談判的法國顧問鮑生奈德，也就琉球問題提出建議，即是在外交上收緊琉球與清朝的關係；在內政上要用更寬優的政策對待琉球的風俗習慣。而就在琉球使團即將抵達東京之際，3 月 10 日，大久保利通再呈上《琉球藩改革處分預定案》，繼前案做了五點補充，其中包括改奉明治年號、改革刑法、藩治職制的適當調整等。

3 月 31 日，池城親方一行拜會日本內務省，接待的內務大臣松田道之即通報了大久內務卿的「處分案」。

〔註 2〕〔日〕《琉球処分（中）（印刷本）》，JCAHR: A03023002100。

〔註 3〕〔日〕沖繩縣教育委員會編：《沖繩縣史》，卷十二，國書刊行會，1989，第 110 頁。

大久保利通與松田道之向琉球使節傳達：「其一，就去年日本出兵臺灣之事，要求尚泰上京謝恩。其二，要求琉球全土使用明治年號。其三，要求琉球奉行明治政府的法律，並派人來京學習法律。其四，要求琉球進行府縣制的藩政改革，並要求派官員前往琉球赴任。其五要求琉球派出十餘名少壯之輩赴東京入學。」〔註4〕之後又提出，為保護琉球安全，欲在琉球設置鎮臺支營，下賜琉球蒸汽船一艘，以及為去年遇難的琉球人家屬下發撫恤米。

從這些要求可以看出，明治政府在政治上強迫琉球施行日本的官制，並要求琉球學習日本的法律。軍事上，日本向本無兵備的琉球派遣鎮臺兵，這對琉球的國家安全產生了極大的威脅。教育上，要求琉球派人前往東京學習日本的技術、制度，同時也向琉球展示日本的發展。

對於大久保與松田的要求，毛有斐等人感到萬分驚恐，認為此時不易讓琉球王尚泰前往東京，便以尚泰上京「會使中國感到不滿，也會使琉球人心不安」為由拒絕。關於設置鎮臺支營之事，毛有斐表示，琉球國對於外來船隻從來「不設寸兵，而以禮待之」，如果設置兵營，難保以後外國不會以武力侵佔琉球，且在琉球國土內設置鎮臺會失信於中國。對於藩政改革之事，毛有斐提出前外務卿副島種臣曾與琉球有約在先，「琉球國體政體永不改變」。而對於向遇難的琉球人家屬下發撫恤米一事，琉球則以「對於遇難者家屬的救助已經完成」為由拒絕。

對於琉球如此激烈的抵抗，大久保與松田亦感到意外，只能以「上述之事已是明治政府決定之事，琉球藩必須予以執行」為說辭向琉球施壓。而琉球面對明治政府的高壓，最終不得不同意接受蒸汽船、撫恤米以及在琉球設置鎮臺等要求。但對於尚泰上京，池城等人表示需要請示尚泰，才能做出答覆，希望明治政府直接前往琉球，與琉球人進行交涉。

池城等人一再肯求，並告以事關重大，必須奏報尚泰王才可回答。大久保利通得知其態度後，即刻做出指示，告之這是日本政府的既定方針，接受與否都要執行，絕不動搖。為了更好地執行「琉球處分」，（大久保？）委派松田道之南下琉球，宣示朝廷的既定方針。

6 月 8 日，松田和伊地知貞馨等和琉球使團池城、與那一行，同乘「大有丸」汽船由東京南下琉球。松田等人抵那霸港，首先採取了一些懷柔措施，如免去琉球國的債務，轉發清朝對「牡丹社事件」受害人遺屬的撫恤金等等。松

〔註 4〕〔日〕《琉球处分（中）（印刷本）》，JCAHR: A03023002100。

田大丞等乘坐的汽船「有功號」，也被說成是因琉球的航船常遇海難而特別贈賜的。

7 月 14 日，松田大丞和伊地知進入首里城南殿，宣讀三條太政大臣的訓令。日本原意是要尚泰王親臨聽宣的，但尚泰王已從池城親方處獲悉東京要執行「琉球處分」，將要割斷與清國的封貢關係，不禁大為震顫而病倒；只好由王弟今歸仁王子為代表，與攝政三司官和按司、親王等官吏數十人，齊集殿中，聽取太政大臣的訓令。

琉球國王和人民當時非常的震驚。琉球國王尚泰與近侍向廷翼，共同謀劃對抗日本的方針。但尚泰王信奉鬼神，以為國事可以靠神力來匡扶。

1875 年（明治八年）5 月 29 日，太政大臣三條實美給琉球下達第 9 號指令，要求琉球使用明治年號，並進行藩政改革。

1875 年 7 月 14 日，明治政府內務大丞松田道之等出訪琉球那霸，正式代表日本政府向琉球王國發出強制命令：

> 一、以後禁止向列隔年一貢的對清遣使，及慶賀清帝即位的使節。
>
> 二、以後廢止藩王統受清朝冊封的慣例。
>
> 三、琉球藩內奉新明治年號及日本年中儀禮，禁沿用清國年號。
>
> 四、刑法定律遵照日本施行，廢止舊日通行法律，是先可派遣專員二三名赴京進行調查視察。
>
> 五、改革藩內政制，勅件琉球藩王為一等官，更訂官名，設立勅、奏、判階級，廢止不問長幼之攝政官制度，一切制度不得於維新以後諸藩制度有異，須知琉球王當藩備臣僕之任，琉民視天皇殿下為大君，天皇殿下因有流民始置藩王，以統撫之者。
>
> 六、選派少壯者十名左右上京學習文明，研究時勢。
>
> 七、廢止福州琉球館，對清商業歸日本廈門領事管轄。
>
> 八、琉球王上京謝恩，速自奮發，克盡藩王之禮，前次臺灣討伐事件中，日本朝廷廢資鉅萬，遣使交涉，興師問罪，始克保護琉民，使彼邦（清國）亦認為義舉。
>
> 九、日本派遣鎮臺分管駐屯琉球諸地，琉球兵備為日本國防之一部。〔註 5〕

〔註 5〕〔日〕《明治ノ年號遵奉及藩制改革等ヲ令ス附松田內務大丞ノ說明書》，JCAHR: A03022995500。

此令一出，日本滅琉之說一時間在那霸港之內迅速傳開。人們哀歎：持續至今的冊封將被終止，以後藩王也沒有繼位之人，進貢也被禁止一般，沒有一隻船與中國進行往來，以後諸王以及諸士族的領地也將被佔領，人民也將被命令斷發，日本大軍即將來琉等等。

琉球政府拒絕了日本的要求，提出最低的條件是「琉球絕對不能和中國斷絕關係，其主要內容如下，第一刑法定律調查視察之件，以對天朝不發生障礙之條件下，可唯命是聽。第二臺灣討伐謝恩之件，以琉球王代理名義之王子前往。第三、廢止隔年進貢天朝，或慶賀清帝繼位使節及琉王續統遣求天朝冊封之件，務須盡心竭力加以拒絕……」〔註6〕

其後由富川親方、池城親方、浦添親方、伊江王子共同署名通知日方松田道之，以琉球王疾病為辭，請以今歸仁王子為入京謝恩使節，並派定學習視察人員名單。6月27日，松田要求駐兵用地18，670餘坪，三司官被迫答應。然而，三司官在關鍵問題上並不讓步，與松田反覆進行辯論。松田要求琉球應該允許各種條件，謂琉球當然為日本版圖；琉球三司官極力反駁，稱地理方面未必與日本相連，從海底亦與中國相連，人種則亞西（細）亞人種皆同，語言風俗等所以與日本稍有相似者，皆因與日本有交通關係。琉球自古為獨立的國家，唯對中國則有父子之道，君臣之義，非與其他友邦關係可比，不可有失信義等等。

隨著松田道之到達琉球並宣布吞併政策，琉球內部對於如何應對這次危機展開了討論。並逐漸分化成三個派別，其一是認為「只有遵從日本政府的決定成為日本專屬才能保住琉球的社稷」的遵奉派；其二是認為「中國對我有恩義存在，不能接受日本專屬」的遵奉反對派；以及夾在兩者中間的「希望上京請願，如果失敗則遵奉旨意」的有條件遵奉派。但無論哪一個派別，都是希望保持琉球作為「一國」的獨立性，即以保存琉球國體作為奮鬥的目標，只是三派的手段與方法不同而已。

值得注意的是，信神多病的尚泰更傾向於遵奉派。其原因是尚泰懼怕如果拒絕明治政府的要求，可能導致1609年薩摩入侵琉球的事件再次發生，「與其在此等待禍事的降臨，不如為保全社稷而同意（日本的要求）。」〔註7〕雖然琉球王尚泰傾向於「遵奉派」，但這一時期多數琉球士族則是持「遵奉反對派」

〔註6〕蔡璋著：《琉球亡國史譚》，第5頁。
〔註7〕〔日〕喜舍場朝賢《琉球見聞錄》，三秀社，1914年，第82頁。

的意見。認為只有日清兩屬才能保全琉球，如果成為日本專屬，琉球馬上就要面臨滅亡的危機，應該一面堅決抵抗松田，一邊向中國祈兵救援。

三派之中的「遵奉反對派」的主要人物有原三司官毛允良、向有德、名護朝忠、向龍光、金培義等人，他們認為「琉球國之所以能夠維持獨立，是因為對中國皇帝的恭順，正因為琉球國王對中國忠誠，琉球人民才能傚仿國王，忠順於琉球，並且就遵奉派提出的「即使脫離了中國的朝貢體系，也能繼續與中國進行朝貢貿易，從而維持琉球的經濟穩定」的說法進行了批駁。

毛允良向遵奉派提出，如果琉球與中國斷交而從屬於日本，那麼中國對於藩屬國朝貢貿易的優惠政策就會消失。同時表示，如果遵從日本斷交中國，無異於「子捨父、臣捨君。」乃不忠不孝之舉，如出此舉有何顏面立於萬國之林。對於日本的要求，毛允良認為，日本雖然強大，但介於琉球與中國的藩屬關係，故而不敢向琉球動用武力。如果琉球與中國斷交，日本就沒有了後顧之憂，屆時琉球也將無力抵抗日本。值得注意的是，此時的「遵奉反對派」領袖在琉球為日本所吞併後大多來華向清政府進行請願，是日後琉球請願運動的中堅力量。

這一時期，以毛介良為首的反對派為主流派別，琉球多數士族及平民均認為，日本會礙於中國而不敢武力侵略琉球，故而不應尊奉日本的命令書。而此時在病中的尚泰因懼怕 1609 年的事件再次重演，決定遵從松田道之的命令，這使得反對派大為驚慌。他們集結上百人進入皇宮，嚎啕大哭，希望尚泰收回成命。尚泰見此，決定先嚮明治政府進行請願，希望明治政府改變對琉球的策略。

三司官持尚泰的請願書前往日本人在琉球的住所，在途中為數百名那霸、久米的士族所包圍，欲將三司官所持的「遵奉書」奪走，三司官向其解釋：「此為請願書而非遵奉書」。但士族們並不相信，三司官只得退回首里城。從此次事件可以看出，隨著琉球危機的加深，琉球人的自我意識開始覺醒。而松田道之也意識到琉球的問題並非是可以簡單解決的於是同意尚泰提出的派出使節隨其返回東京，嚮明治政府請願的請求。

面對國家巨變，琉球官員憂心如焚，接連三日由早至晚議論不止，最終堅持要繼續保持與清朝的封貢關係，提出：改行日本刑法；派遣有關人員上京研習，派少壯學員往東京學習二項無異議，可以依從，就連設置鎮臺分營也可以接受。至於琉球王上京謝恩，亦可依行，只是尚泰王臥病，請由王子

代表旨京。〔註 8〕

此時琉球人得知到港汽船中的《郵政報紙新聞》上載有「北京總理衙門亦命福州都府急遣軍艦來琉」的報導，認為此事已產生廣泛影響，因此對松田的態度更加強硬，決定堅決拒絕日本廢止進貢中國的要求。

琉球方面強調中琉一體，不肯讓步。松田等人滯留在琉球數月終不得要領。時至 8 月，松田下令三司官在五日之內給予明確的答覆。

這期間，琉球曾委任王舅東風平親方為慶賀光緒皇帝登基之使。一切皆已準備就緒，正待起航之際，卻被松田大丞阻止，下令禁止所有與清國交通上的往來。從來恭順的琉球王國，自此全無了接貢船的船帆及從不缺席的慶賀使的蹤影，福建布政司覺得蹊蹺，想必事出有因，於是發咨文與琉球王尚泰，交還年前入貢的琉球使三人，並安排搭乘遭遇風難漂至閩的琉球船回國。

正當琉球王為日本阻貢之事而焦慮之時，他忽然接到福建布政的咨文，頗為安慰。為了突破封鎖，經由東京的池城親方（毛有斐）和在琉的普添朝昭的推薦，尚泰王派幸地親方（向德宏）〔註 9〕為陳情使，秘密前往福州告狀。

於是在 8 月，琉球以尚泰王名義正式通知松田道之，提出反對意見：請日本繼續准許琉球向中國進貢、遣使慶賀中原王朝帝位更替，並繼續接受中國正朔的冊封，以往向清朝政府隱匿的接受日本鹿兒島縣管轄一事，要對中國說明，並明確處置。琉球王國願意繼續成為中日兩國藩屬，但希望繼續使用中國曆法，尊重日本天長節等節日，還希望繼續保留藩屬制度，不願推行日本的縣制改革。

琉球王國態度明確，不願意接受日本的實際管轄。為此，松田道之又連續通告琉球王國方面，稱琉球王國必須納入日本版圖，又詭稱明清兩朝對琉球王國的宗藩關係有名無實。但是仍然遭到琉球王國方面的抵制，一直到當年 9 月，日本政府對琉球王國的種種要求都沒有被琉球國王所接受，琉球國王反而派使節到日本東京，就此事進行申訴。

〔註 8〕那霸市総務部市史編集室編：《那霸市史》通史稿第 2 卷，那霸市役所，1974 年版，第 20、22 頁。

〔註 9〕向德宏，1843～1891 年。琉球名為：幸地親方朝常，琉球國第二尚氏王朝末期王族、親清派政治家。向德宏的夫人是尚育王第四女兼城翁主，因此向德宏也是尚泰王的姐夫。向德宏原擔任琉球國的表十五人眾之一的物奉行一職。向德宏宣稱「生不願為日國屬人，死不願為日國屬鬼」。在他逝世後，其第三子松金與其部分親族，攜其靈位亡命夏威夷。其靈位至今依然供奉在茂伊島的一座臨濟宗寺院內，根據那裏的記載可以得知，向德宏於光緒十七辛卯年（1891 年）四月十七日在福州逝世。

松田向琉球政府提出「認可琉球使節上京請願，如果明治政府拒絕請願的內容，則琉球需遵奉本次的命令。」〔註10〕隨著琉球使節的上京，琉球救國運動的舞臺也轉移到了東京。

二、琉球人在日本的請願活動

1875 年 9 月，尚泰派出三司官池城親方（馬有斐）、與那原親方（馬兼才）、幸地親方（向德宏）、喜屋武親雲（向維新）、內間親雲（向嘉勳）、親泊親雲（翁逢源）等人隨松田道之抵達東京，為迴避琉球滅亡的危機而開始了嚮明治政府的請願活動。作為駐日琉球使節的高安朝崇及富盛朝直也加入了請願運動的行列。

1875 年 10 月 15 日，三司官池城親方、與那原親方、幸地親方、喜屋武親雲等人嚮明治太政大臣三條實美遞交了請願書，請願書中提出：「松田大丞來琉要求琉球與中國斷交，此乃琉球建國以來未有之大事。望日本能就琉清斷交一事給出明確說明，琉球在知曉其理由的基礎上，再行決定是否繼續遞交請願書。」〔註11〕

10 月 27 日，毛有斐、向德宏、馬兼才、向維新、翁逢源、向嘉勳、高安親方（姓名不詳）再次向日本明治太政大臣三條實美遞交了請願書，表示「琉球自建國以來即為中國藩屬，此為海內共知之事，若日本要求琉球與中國斷交，阻貢、阻封則是陷琉球於不義。且前外務卿副島種臣曾向琉球保證不會改變琉球國體。琉球為孤島小國無法自決與清斷交之事，望日本就此事與中國商議，再行定奪」。〔註12〕

從琉球請願使遞交予明治政府的這兩封請願書的主旨內容來看，琉球希望借琉清藩屬關係及清日交涉來阻止日本吞併琉球。琉球人天真地以為清政府自洋務運動以來，購艦練兵、修械設廠，其軍事力量在當時的亞洲可謂無人能出其右，反觀日本自明治維新開始還不足十年，其軍事實力遠不及中國，故判斷明治政府根本沒有與中國談判琉球所屬問題的資本。另外，琉球也認為隨著《中日修好條規》的簽訂，中日兩國進入了一段短暫的蜜月期，明治政府內持有「日清提攜論」思考的人亦不在少數，對於中國來說，琉球是中國的藩屬

〔註10〕〔日〕比嘉朝進：《最後の琉球王國》，閣文社，2000 年，第 163 頁。
〔註11〕〔日〕《池城親方外五名ノ歎願書》，JCAHR: A03022997100。
〔註12〕〔日〕《琉球処分（中）（印刷本）》，JCAHR: A03023002100；〔日〕沖縄県教育委員會編：《沖縄縣史》，卷十二，國書刊行會，1989 年，第 144～146 頁。

國這一點在明清會典中均有記載。一旦日本欲吞併琉球的意圖為中國所知曉，那麼明治政府就不得不顧及《中日修好條規》中第一條「嗣後大中國、大日本國被敦和誼，與天壤無窮。即兩國所屬邦土，亦各以禮相待，不可稍有侵越，俾獲永久安全」〔註13〕的內容，從而放棄吞併琉球。

而對於琉球遞交的請願書，日本答覆，「琉球所請之事，恕不能從，請速歸琉球。遵奉松田道之所提之命」，〔註14〕顯然對於琉球人的請願不予理會，繼續推進吞併琉球的計劃。

對於日本政府這樣的答覆，琉球人顯然不能接受。1875 年 11 月 27 日，毛有斐、向德宏、馬兼才、向維新、翁逢源、向嘉勳、高安親方再次向三條實美遞交了請願書，表示「琉球貢於中國已五百餘年，世代受中國厚恩，海內諸國均有瞭解。今若斷絕關係，勢必陷琉球於不利。且琉球小國，孤懸於海外，若無中國日本之扶持則無以自立。望日本就中琉斷絕關係一事與中國進行談判，由中國將琉球專屬於日本一事公告於天下」，依舊希望日本在與中國進行交涉之後，再行定奪琉球所屬之事。

琉球人知曉只靠琉球自身的力量無法抵抗日本。如果抗拒日本過甚，難保不會再次出現 1609 年島津武力入侵琉球的狀況。同時琉球人明白，日本要求琉球與中國斷交之事，為中日琉三國的外交問題，日本若單方面要求琉球與中國斷交，勢必會造成中日外交關係的緊張，這是日本也不希望看到的。應注意的是，請願書中說「琉球世代得中國之厚恩，海內共知」，也是從側面提醒日本，西方諸國亦知曉琉球從屬於中國。

日本方面，三條實美依舊表示「所請之事，恕不能從」〔註15〕，並要求琉球請願使歸國。另一方面，對於琉球的吞併計劃也在有序的進行。1875 年 12 月 29 日，日本陸軍卿山縣有朋向三條實美提交了在琉球建設兵營的計劃書，並於 1876 年 2 月 14 日向琉球兵營建設撥款 84323 元。琉球人無法以武力阻止日本在琉球建設兵營之事，只能繼續向日本請願。

1876 年 2 月 17 日，毛有斐、向德宏、馬兼才等與新上京的小祿親方（姓

〔註13〕〔日〕《琉球処分（中）（印刷本）》，JCAHR: A03023002100；〔日〕沖繩果教育委員會編：《沖繩縣史》，卷十二，國書刊行會，1989 年，第 145 頁。
〔註14〕〔日〕《琉球処分（中）（印刷本）》，JCAHR: A03023002100；〔日〕沖繩果教育委員會編：《沖繩縣史》，卷十二，國書刊行會，1989 年，第 146 頁。
〔註15〕〔日〕《琉球処分（中）（印刷本）》，JCAHR: A03023002100；〔日〕沖繩果教育委員會編：《沖繩縣史》，卷十二，國書刊行會，1989 年，第 151 頁。

名不詳）共八人向三條實美內務大臣遞交請願書。請願書中表示，「琉球與中國交好已五百餘年，如突然斷交，勢必陷琉球於不信不義之境地。另琉球數百年間兩屬於中國和日本，中國與日本實為琉球父母之國，若與中國斷絕關係，亦會為外國所恥笑。若日本執意要讓琉球與中國斷交，可否由本藩派人將此事告知於中國。以求不失信於中國」〔註 16〕。琉球從至今與日本的交涉中看出，日本不希望中琉斷交之事為中國所知曉，而琉球提出的由日本與中國商談「中琉斷交」一事，日本不可能允諾。只能請求日本，由琉球出面向中國進行說明。

但日本依舊以「所請之事，恕不能從」的態度答覆琉球請願使，並於 1876 年 4 月向美國駐日公使提出「琉球為我帝國之內藩，今後貴國與琉球之事由本政府與貴國交涉，貴國與琉球約定之事本政府當繼續履行，請貴國無需擔心」〔註 17〕。日本在與美國駐日公使的交涉中希望接手琉美條約一事，是在示意美國琉球為其屬地，為其後吞併琉球積累實績。

琉球對於日美之間的交涉是否知曉，在現階段搜集的史料之中沒有體現，但 1876 年 5 月 18 日，毛有斐等人再次向三條實美太政大臣提交了請願書。請願書中表示：「琉球國家之穩定，全部源自於琉球的日中兩屬，若與中國斷交，則琉球人民將會惶恐不安，為了穩定琉球民心，請日本方面同意琉球繼續中日兩屬。」〔註 18〕這一次的請願不再是以失信於中國為論點，而是以琉球內政不安為依據，請求日本同意琉球的中日兩屬。琉球請願使認為，琉球內政的動盪，無論是琉球還是日本都是不願意看到的，因此以此為理由向日本請願，以期能夠使日本同意。

而日本方面則仍然示意琉球請願使盡早離開東京、返回琉球，並指琉球與日本事宜請與身在琉球的內務省出差所的梨木精一郎進行交涉。1876 年 6 月 6 日，日本方面發布了「那霸出差所警察規則」，〔註 19〕要求琉球國內部的刑事案件由琉球政府進行問詢，由出差所進行裁定。琉球人與他府縣人之間產生刑事、民事關係，則直接由出差所負責問詢與裁定。這一規則的出臺，是對琉球王國現有法律的否定。琉球人只能就此事繼續在東京向日本政要進行請願。

〔註 16〕〔日〕《琉球処分（中）（印刷本）》，JCAHR: A03023002100。

〔註 17〕〔日〕《琉球処分（中）（印刷本）》，JCAHR: A03023002100；〔日〕沖繩縣教育委員會編：《沖繩縣史》，卷十二，國書刊行會，1989 年，第 176 頁。

〔註 18〕〔日〕沖繩縣教育委員會編：《沖繩縣史》，卷十二，國書刊行會，1989 年，第 185 頁。

〔註 19〕〔日〕沖繩縣教育委員會編：《沖繩縣史》，卷十二，國書刊行會，1989 年，第 187 頁。

1876 年 6 月 7 日，毛有斐、向德宏、馬兼才等八人就此事向三條實美內政大臣進行請願，請願書表示：「琉球雖為小國，但也有自己的政令刑法。一直以來琉球內部的事情均按此政令刑法處理。希望琉球內發生的事件，能夠按照既有的政令刑法進行處理。琉球人與他府縣人發生的事件，則由出差所進行裁定。」〔註 20〕琉球人民之間的事件如交由出差所裁定，那麼便失去了法律裁判權，琉球的自主性就會被減弱，琉球國政府的權威也會動搖，琉球國內勢必會造成動盪，這是琉球與日本都不願看到的，故而希望日本能夠讓琉球依照琉球現有的律法自行處理琉球內部問題。

對於琉球的請願，日本依舊以「所請之事，恕不能從。」作為答覆，拒絕了琉球的請願，並向琉球出差所配置警務人員。對於日本強行奪取琉球裁判權、在琉球設置鎮臺兵營、派遣警務人員的行為，琉球人無力進行抵抗，只能繼續向日本政府提交請願書。

1876 年 7 月 1 日，毛有斐等人再次嚮明治政府某大臣提交了請願書，與以往的請願書有所不同，這封請願書以西方萬國公法作為依託，表示「請日本根據萬國公法中，默認琉球的日清兩屬。或與中國進行談判，使中國同意琉球專屬於日本」。〔註 21〕毛有斐從在日本進行請願的過程中意識到，日本明治維新後，處處向西方國家看齊，學習西方的技術及法律制度。如此時琉球以東亞傳統的冊封秩序作為依託，向日本進行請願，其效果微弱。因此這一次的請願可說是琉球人的一次嘗試。而日本則依舊以「所請之事，恕不能從。」拒絕了琉球人的請願。

從 1875 年 10 月至 1876 年 10 月，以毛有斐為首的琉球請願使們共向日本遞交了十五封請願書。

	提出年月日	請願書遞交處	請願者名稱	請願書的大意	收錄文獻
1	1875 年 10 月 15 日	太政大臣三條實美	池城親方、與那原親方、幸地親方、喜屋武親雲上、內間親雲上、親里親雲上	雖收到琉球清國關係斷絕命令，但請說明其趣旨要義。	松田編《琉球處分》，第 4 頁；《明治文化資料叢書》（四）第 164 頁；《沖繩縣史》12，第 143～144 頁。

〔註 20〕〔日〕《琉球処分（中）（印刷本）》，JCAHR: A03023002100。

〔註 21〕〔日〕《琉球処分（中）（印刷本）》，JCAHR: A03023002100。

2	1875年 10月27日	太政大臣 三條實美	池城親方、高安親方、與那原親方、幸地親方、喜屋武親雲上、內間親雲上、親里親雲上	琉球與清國關係斷絕命令涉及日清之間的問題，應與清國政府進行談判。	《琉球處分》第165頁；《沖繩縣史》12，第144～146頁。
3	1875年 11月29日	太政大臣 三條實美	池城、高安、與那原、幸地、喜屋武、內間、親里	就琉清關係斷絕之件，能否拿出清國政府的承諾書？或者清國政府發出的琉球專屬日本的公告？	《琉球處分》，第166頁，《沖繩縣史》12，第146～148頁。
4	1876年 2月17日	太政大臣 三條實美	池城、高安、小祿親方、與那原、幸地、喜屋武、內間、親里	就琉清關係斷絕之件，日本政府與清國進行談判了嗎？由琉球向清國闡述其喪失信義了嗎？請二選一。	《琉球處分》，第167頁；《沖繩縣史》12，第167～168頁。
5	1876年 5月18日	太政大臣 三條實美	大宜見親方	因琉清關係斷絕將對清國失去信義之緣故，要考慮對琉球至難之藩情。	《琉球處分》，第167頁，《沖繩縣史》12，第185頁。
6	1876年 5月18日	太政大臣 三條實美	池城、高安、富盛親方、小祿、與那原、幸地、喜屋武、內間、親里	雖然接受了歸藩的命令，但琉球人心沒法安定，非常的迷茫，因為從來琉球都認可日清兩屬。	《琉球處分》，第168頁；《沖繩縣史》12，第185～186頁。
7	1876年 6月7日	太政大臣 三條實美	池城、大宜見、高安、富盛、小祿、幸地、喜屋武、親里	請求撤回琉球國內的刑事、民事裁判權的接收指令。琉球人民內部事務，應由琉球藩行使裁判權。	《琉球處分》，第174～175頁；《沖繩縣史》12，第192頁。
8	1876年 6月17日	太政大臣 三條實美	池城、大宜見、高安、富盛、小祿、幸地、喜屋武、親里	領事裁判權接收指令撤回的請願沒有被許可，琉球在接到通知進行熟悉的基礎上，將再度進行請願。	《琉球處分》，第175頁；《沖繩縣史》12，第193頁。

9	1876 年 7 月 1 日	明治政府大臣某氏	池城親方等	基於萬國公法，琉球是日清兩屬，只有同清國政府談判基礎之上，才能決定琉球日本的專屬，請妥善諒解處理琉球的立場。	《近世評論》第 5 號；《那霸市史》資料篇中之四，第 578～579 頁。
10	1876 年 8 月 21 日	右大臣岩倉具視	池城、大宜見、高安、富盛、小祿、喜屋武、親里	憐憫體察琉球人民的憂愁困苦，撤回斷絕琉清關係的命令。	《琉球處分》，第 169 頁；《沖繩縣史》12，第 204 頁。
11	1876 年 9 月 5 日	太政大臣三條實美	琉球藩王尚泰	琉清關係斷絕之件斷難奉行，再度派遣富川親方等上京進行陳情，祈求名義分明的處置。	《琉球處分》，第 170 頁；《沖繩縣史》12，第 217 頁。
12	1876 年 9 月 13 日	右大臣岩倉具視	池城、大宜見、高安、富盛、小祿、喜屋武、親里	副島前外務卿曾保證不變革琉球的國體政體，請撤回刑事民事裁判權的接收指令。	《琉球處分》，第 175 頁；《沖繩縣史》12，第 205～206 頁。
13	1876 年 10 月 27 日	太政大臣三條實美	富川親方	琉清關係斷絕的命令，沒有大義名分，難以奉行，祈求採納上京陳情及藩王的命令。	《琉球處分》，第 169 頁；《沖繩縣史》12，第 217～218 頁。
14	1876 年 10 月 27 日	太政大臣三條實美	池城、富川、大宜見、高安、富盛、小祿、與那願、喜屋武、親里、伊江親雲上	即使有琉清關係斷絕的命令，守信是各國交往的原則，因此不能對清國失去信義名分。	《琉球處分》，第 170 頁；《沖繩縣史》12，第 216～217 頁。
15	1876 年 10 月 27 日	太政大臣三條實美	池城、富川、大宜見、高安、富盛、小祿、與那願、喜屋武、親里、伊江	接到由福建布政司發出的接貢船未到達的咨文，由琉球來處理，還是置之不理？	《琉球處分》，第 171 頁；《沖繩縣史》12，第 218 頁。

日本政府對於琉球的請願全部採取無視的態度，同時繼續加緊實施吞併琉球的計劃。

琉球人的請願雖然沒有改變日本政府吞併琉球的決定，但使得日本國內的輿論中出現了為琉球請願運動聲援的聲音，自由民權派的部分日清提攜論者對於琉球的請願活動表示了關注。但大部分日本輿論還是對日本吞併琉球持支持態度。明治政府對於琉球的請願一直持堅決否定的態度，使得琉球的請願活動走上了詰路。為了打開這一局面，毛有斐指示向德宏秘密返回琉球，向於 1876 年 12 月 6 日與蔡大鼎、林世功等人密航前往福州向中國請願。〔註 22〕然而此事很快便被明治政府知曉，明治政府嚴厲譴責在日的毛有斐等人。由於在日的請願進展不順，加之明治政府方面的高壓，毛有斐於 1877 年 4 月 30 日在東京鬱鬱而終。琉球向日本政府要員的請願活動也陷入低谷。

三、琉球人在本土的自救活動

琉球人向日本政府的要員進行請願，得到的均是「所請之事，恕不能從」的回應。至此琉球人開始向各國的駐日公使進行申訴。其中最主要的申訴對象便是中國第一任駐日公使何如璋。應日本的請求，在等待日本內亂（西南戰爭）結束之後，何如璋等人乘坐軍艦「海安號」，由上海出發，前往日本出任第一任駐日公使。何如璋一行於 1877 年 12 月 7 日駛入日本神戶港。在駛入神戶港當夜，琉球使臣馬兼才潛入海安號中，向何如璋等人提交了琉球王尚泰的密信，密信中所書「日本阻止琉球向中國進貢，並將於不久徹底滅亡琉球」之語，使何如璋等人大為震驚。如何解決琉球問題，成為了何如璋作為駐日公使的第一個課題。

自 1877 年 12 月 25 日何如璋抵達東京，在東京的琉球請願使馬兼才、毛鳳來等人便開始頻頻出入中國公使館向何如璋遞交請願書。在瞭解了日本欲吞併琉球的情況後，他們於 1878 年 4 月前後經何如璋向總理衙門提交了解決琉球問題的上中下三策：在繼續外交談判的同時，向琉球派遣兵船促其進貢為上策；保證援助琉球人，助其反抗日本，如果日本軍隊進攻琉球，中國亦派遣軍隊與之對抗為中策；召開國際會議，尋求各國解決琉球問題的辦法為下策。無論上中下策，何如璋均認為琉球為中國藩屬，不應因琉球垂於海外就放棄琉球，而應派出兵船督促琉球向中國朝貢，從而威懾日本，使其放棄吞併琉球。

李鴻章在研究了何如璋的方案後，於 1878 年 5 月 30 日致信何如璋，闡述了其對於琉球問題的看法：其一，琉球乃是海中小國，就算接受琉球的進貢，

〔註 22〕〔日〕東恩納寬惇：《尚泰侯実錄》，明光社，1924 年，第 334 頁。

對於中國來說也沒有多少好處，因此中國並沒有以武力保護琉球進貢的理由。其二，日本的「瘦狗無賴之輩」尚存，通過外交交涉可能很難解決琉球問題，但只要讓日本顧慮到中國的存在而不敢私自吞併琉球，就是一大成果。其三，如果琉球不停的請求援助，就適當的給予指導，並要求琉球聽候總理衙門的指示。中國之所以採取這種對日妥協的方案，是因為這一時期中國政府的高層，尤其以李鴻章為首，大多是「日清提攜論」的倡導者，他們均試圖《中日修好條規》的框架內尋找解決琉球問題的方法。

何如璋在參考了李鴻章給出的琉球問題解決案後，暗示琉球人向西方公使提交請願書，尋求國際社會的幫助。1878 年 9 月，馬兼才、毛鳳來接受何如璋的建議，向與琉球簽約的各國發出了《在東京琉球藩吏私稟在日本外國公使書》〔註 23〕，請求他們的幫助。其中對荷蘭的請求書在《申報上》被報導：

> 查、敝國與大荷蘭國立約、係用大中國年號、文字、今若大中國封貢之事、不能照舊舉行，則前約幾同廢紙。小國無以自存、即恐得罪大國、且無以對大中國、實深惶恐。小國彈丸之地、當時大荷蘭國不行拒棄、待為列國、允與立約、至今感荷厚情、今事處危急，惟有仰仗大國勸喻日本、使琉球國一切照舊、闔國臣民戴德無極矣。〔註 24〕

這封請願書向荷蘭駐日公使申訴日本吞併琉球的行為，提出這種侵略行為違背了東亞舊有的冊封體系；同時，吞併一個與西方國家建立條約關係的獨立國家，也與西方的條約體系有所牴觸。如果日本吞併琉球，琉球便無法履行與荷蘭簽署的條約。其後琉球請願使也向法國駐日公使及美國駐日公使提交了類似的請願書。琉球向西方諸國的請願，使日本感到琉球之事應快速解決，不然日久可能生變；繼而決定動用武力來解決琉球問題。

日本知曉琉球向各國駐日公使提交請願書後，認為如果不能盡快解決琉球問題，可能會導致西方對琉球所屬問題進行干涉。於是在 1879 年 1 月 25 日，日本派遣松田道之一行到達那霸。翌日便向琉球王代理今歸仁王子以及三位三司官宣讀日本給琉球的書令：「前次來琉約定，藩王遣使上京請願，如被否決則立即奉上遵奉書，而至今仍以請願為名拒不提交遵奉書。九年本應完成（琉球藩與明治政府的）裁判事務的交接，也以請願為名，拒不交接。並且隱

〔註 23〕〔日〕《琉球処分（中）（印刷本）》，JCAHR: A03023002100。
〔註 24〕《琉球法司官上荷蘭公使加白良案》《申報》1879 年 1 月 28 日。

瞞政府向中國政府以及在東京的諸外國公使請願。這是對政府不敬的行為，如果在不獻上遵奉書，必當嚴肅處理，限於3月3日之前回覆。」〔註25〕

在這封令書中，日本斥責琉球向中國及西方各國提出請願書的行為，限琉球在3月3日之前尊奉松田道之前次來琉所攜帶的令書。其目的就是要在中國及西方各國干涉琉球問題之前，快速解決琉球的問題。

而琉球知曉中國對於琉球的處境已有一定的瞭解，並且大多數琉球官員均認為，「中國是富強大邦，若其藩屬為他國所侵，而不能護之，則有何面目面對歐美諸國今中國公使何如璋、張斯桂已詰問日本琉球之事。若日本出兵則中國必然引兵來援今當上下一心，抵制明治政府之令」。〔註26〕在他們看來，中國已經就日本欲吞併琉球一事向日本提出抗議，若日本當真以武力侵略琉球，中國必然會出兵救援。

尚泰也對此表示贊成，於3月3日向松田道之回函：「日清尚在交涉，若在完成之前遞交遵奉書，會遭中國譴責，故無法馬上遞交遵奉書。」〔註27〕而松田道之則表示「請琉球等待明治政府處分」，並於翌日返回東京。就此，琉球與日本的緊張態勢達到了頂點。而琉球對於「如果日本出兵侵琉，中國必會出兵來援」一事堅信不疑。隨著日本吞併琉球計劃的實施，中日之間的關係也日趨緊張。

3月3日，何如璋拜訪了寺島宗則，希望就琉球問題進行交涉。寺島則以何如璋之前的「暴言」問題為藉口，拒絕與之交涉。3月12日，松田道之攜內務官41名、警察隊160名、熊本鎮臺分遣隊官兵400名再次前往琉球。

3月25日，松田道之抵達那霸港，27日率領隨行官僚、警察、軍隊進入首里城，向藩王名代今歸仁王子及琉球三司官宣讀「處分斷行」的命令書，並要求尚泰與31日正午之前退出首里城。他派遣熊本鎮臺分遣隊包圍了首里城，並封鎖了首城各城門。

面對松田道之的強硬行為，琉球官吏、士族53人於28日聯名再次向松田提出了請願書：「並非不遵奉明治政府的命令，只是中國與日本正在交涉此事，請將處分命令延期至兩國交涉完畢以後。」而松田則直接拒絕了琉球的請願。4月4日，隨著明治政府向海內發布「廢藩置縣條令」，琉球王國名實具

〔註25〕〔日〕喜舍場朝賢：《球球見聞領》，三秀社，1914年，第143頁。
〔註26〕〔日〕喜舍場朝賢：《球球見聞領》，三秀社，1914年，第144頁。
〔註27〕〔日〕喜舍場朝賢：《球球見聞領》，三秀社，1914年，第145頁。

廢，成為了日本的沖繩縣。

為了穩定琉球政治，松田要求首里、那霸的士族及各個間切的役人，繼續擔任原有職務。任命原三司官浦添親方、富川親方擔任沖繩縣廳的顧問，並向伊野波親方、天久親雲上、富村親雲上，伊江親雲上等發出了具廳的任命書。而琉球則進行了全面的抵制，各間切的役所全部關團，對於縣廳的任命，則全部予以拒絕。

3 月 27 日，內務少丞木梨精一郎出任沖繩縣令，在那霸西村的內務省出張所建立臨時縣衙。木梨於 3 月 29 日發布公告：「今將琉球落廢止，建立沖繩縣舊琉球藩官吏本應廢止，但首里、泊、久米、那霸等其他間切役人照琉球藩舊制來役所通勤。」〔註 28〕對於日本來說，「廢琉置縣」後，不能讓沖繩縣的行政出現空白期，因此沖繩縣廳需要琉球的各級官吏、役人為其維護地方行政。然而以首里、那霸為首的各間切的役人均不服從木梨的命令，各地役所全部關閉。以琉球三司官浦添朝昭、毛鳳來（富川親方）為指揮，琉球下層士族、役人為主體的不服從運動就此展開。

浦添朝昭、毛鳳來及各地士族均認為琉球無法以武力與日本相抗衡，只能貫徹不服從的做法，等待中國的援兵到來。琉球的下層士族與地方官吏在各村的學校集合，並從各村選出四人，前往首里的國學院，確認各村沒有執行日本下達的政令，並且在首里簽署了血判書，「若出任日本所制定之官職，人人得而誅之。若為日本迫害因義而死者，其家屬將得到撫恤救助」，〔註 29〕對沖繩縣廳發布的命令均採取不服從的態度。值得注意的是，這份「血判書」在宮古島、八重山島等離島也被當地的役人與島民所認可。

1879 年 3 月，松田道之命令渡邊巡查責問八重山在番渡喜次親雲上、石垣頭石垣親雲上賢美不服從縣廳政令一事。聞訊而來的村民及役人手持石塊、木棍將渡邊包圍，後經石垣親雲上賢美以「如果盲目以武力反抗，新縣廳會對在番和頭進行拘捕」的理由勸服。石垣還向新縣廳遞交了服從新縣廳命令的誓約書，並同意跟隨渡邊巡查前往首里覆命。但在出港時，石垣親雲上賢美投身石垣港自殺，以死來表達不服從之意。

1879 年 7 月，沖繩縣廳派出石川警部等數人前往宮古島，傳達日本「廢

〔註 28〕〔日〕沖繩縣教育委員會編：《沖繩縣史》，卷十二，國書刊行會，1989，第 178 頁。

〔註 29〕〔日〕比嘉朝進：《最後的琉球王國》，閣文社，2000 年，第 195 頁。

琉置縣」之事，並要求宮古島役人在新縣廳的領導下繼續履行自己的職務。而宮古島役人均不服從石川的命令，並簽署了不服從沖繩縣政令的契約書：「宮古島自古為琉球國臣下，得其厚恩忠於藩王，無論是何緣由亦無服從大和之理。如有背叛本契約書之人。則殺之，並流其家眷。」〔註 30〕下里村士族下地仁屋在簽署了這一契約書後，經人推薦出任了警部派出所通弁兼使丁，並在執勤中毆打了當地農婦。聽聞此事的宮古島役人、村民約 2000 餘人將警部派出所包圍，要求交出下地。派出所員與村民發生衝突，導致下地被毆打致死。從這兩起事件可以看出，在日本「廢琉置縣」之初，琉球士族、人民的反日情緒高漲。

針對琉球士族的抵抗行為，沖繩縣政府於 8 月 18 日至 28 日間將舊定役人，舊諸座諸藏役人、各間切下知役、檢者捌理役、舊宮古島八重山各離島在番、頭役等 100 餘人進行了拘捕及拷問。為應對這一事態，9 月 13 日，毛鳳來向沖繩縣政府提交了服從沖繩縣廳命令的請願書。

此事件之後，琉球本土由琉球三司官所指揮的、以琉球中下級士族為主體的有組織的抵抗運動就此結束。

小結

1874 年 12 月，內務卿大久保利通傳令琉球選派三司官上京，開始有步驟地實施吞併琉球的計劃，次年實施包括琉王上京、終止朝貢及冊封、改奉明治年號、改革刑法、藩治職制及駐兵琉球的所謂的「琉球處分」。隨著松田道之到達琉球並宣布吞併政策，琉球內部對於如何應對這次危機而展開了討論，並逐漸分化成三個派別。其中的遵奉反對派提出，如果琉球與中國斷交而從屬於日本，無異於「子捨父、臣捨君」。他們對清國的實力並不瞭解，故想用朝貢關係，讓清國給其撐腰。琉球國王也不接受日本的「處分」，派使節到日本東京，就此事進行請願。這些人在日本進行了 15 次的申訴，提出「處分」是日清之間的問題，應與清國政府進行談判。而日本則依舊以「所請之事，恕不能從」為由拒絕了琉球人，並加緊了吞併的步伐，設立沖繩縣，完全吞併琉球。

〔註 30〕〔日〕新川明：《琉球然分以後》，朝日新聞社，2013 年，第 45 頁。

第十九章　琉球人在清的自救活動

1875 年 11 月，派往東京的琉球王國三司官毛有斐等人向日本明治政府遞交請願書，內容就是此前琉球國王尚泰向松田道之所提的幾項要求，包括繼續保持中國藩屬的地位、不變更琉球國體政體等。但是此時的日本明治政府已經下定決心要吞併琉球。1876 年 5 月，日本政府命令琉球使節回國。6 月，派遣內務少丞木梨精一郎，帶領部分警官、巡查前往琉球。1877 年，日本政府以武力為後盾，強行將琉球的司法權納入大阪高等法院轄內。經過日本的逐步蠶食，琉球王國的主權逐漸喪失。在這種情況下，琉球王國除了在本土與日本的入侵做鬥爭並嚮明治政府請願，還向清政府派出了秘密使節。

一、向德宏等琉球人赴京請願

1875 年 9 月 11 日，以池城親方為首的琉球官員赴東京請願。在與明治政府的交涉陷入無果之時，向德宏脫離了請願團體，與內務少丞梨木精一郎一同於 1876 年 6 月返回琉球。返回琉球的向德宏稱病拒絕與日本官吏接觸。此後，在琉球王國指派下，紫巾官向德宏等人於 12 月 10 日從名護間切出發，經由八重山島，以偽裝遇風漂泊避開日本監視，秘密赴華。隨行人員有蔡大鼎（伊記親雲上大鼎）、蔡錫書（伊記錫書）、林世功（名城裏之子親雲上世功）等 39 人。

1874 年琉球依照慣例向中國派出的進貢使團成員，此時都留居在福建的琉球館。這個使團於 1874 年 10 月 23 日從那霸港出發，29 日到達福州懷遠驛，以毛精長（國頭親雲上盛乘）為進貢使，蔡呈祚為副進貢使，隨團成員共 200 餘人。1875 年 3 月 15 日，使團抵達北京，入住紫禁城內的四譯館（進貢使節的宿泊地）。

日本駐日公使鄭永寧在得知琉球向中國派遣進貢使的事情之後，向中國官員要求與琉球進貢使會面，但被中國以無此先例的理由所拒絕。3 月 28 日，鄭永寧向寺島外務卿報告此事。日本方面就琉球向中國派遣進貢使一事提出了「琉球藩處分之方略」，中止琉球隔年向中國進貢的政策，並通知鄭永寧默許本次琉球進貢之事，不可因此事與中國發生衝突。

進貢使團返回福州懷遠驛後，方得知日本已發布斷絕琉清外交關係的命令。本應從那霸出發、迎接進貢使團返回琉球的船隻已被禁止出航。國頭親方等人只能滯留在福州懷遠驛。

1877 年 4 月 12 日，向德宏到達福建，與毛精長等琉球使會合後，馬上面見閩浙總督何璟、福建巡撫丁日昌，呈遞琉球國王尚泰的陳情書，乞求清政府出面向日本政府交涉，代紓國難，以福州懷遠驛為中心，開始了在中國請願的活動。

向德宏等人向閩浙總督何璟、福州巡撫丁日昌提交了琉球國王尚泰的密信，信中說明了琉球因薩摩島津氏的侵略而隸屬於日本，並說明了光緒元年日本阻止琉球向中國朝貢之事，並請求上京進行請願。

這一時期在中國主導朝政的官員，以李鴻章為首，大部分為日清提攜論的倡導者，不希望因琉球問題影響清日關係，故而不允許琉球使節上京請願，並要求其「統行回國，毋庸在閩等候」。但向德宏等人繼續堅守在福州懷遠驛，等待琉球的指示。

1879 年 4 月 4 日，日本宣布將琉球改為沖繩縣，並任命鍋島直彬為第一任縣令。5 月 27 日，尚泰被迫抱病前往東京，琉球王國就此滅亡。同年 9 月，琉球在閩官員毛精長、通事蔡大鼎等向中國總署遞交告急文書，其中描述了日本在琉球的種種暴行：「敝國慘遭日本侵滅，已將國主世子執赴該國。屢次哀請回國，不肯允准……詎意日人於六月十四日，率領巡查兵役，突入世子宮，先將各門緊守，迫索歷朝頒賜詔敕。此乃小邦鎮國之寶，虔誠供奉，豈敢輕示於人。當即再三懇請，日人不聽，各官與之據理論爭。日人大怒，立召巡查數十名，毒打各官，直行協去，至天朝欽賜御書、匾額、寶印，亦恐被其奪掠……又近日上自法司等官，下至紳耆士庶……多被日人劫至各處衙置，嚴行拷審，或有固執忠義，自刎而死者。又將諸署所有簿冊暨倉庫所藏錢糧，一概脅取，且馳赴諸郡，迫以捐納賦稅，即行嚴責，復將所積米穀，擅行劫去……既吞國

執主，復囚官害民，苟責掠奪，無所不至。」〔註1〕

1879 年 7 月 3 日及 23 日，向德宏已向清政府北洋大臣李鴻章遞交《琉球國紫巾官向德宏初次稟稿（五月十四日）》請願書，請求清政府出兵援助琉球：

具稟琉球國陳情孤臣紫巾官國戚向德宏，為泣血呼天立救國難事。

竊照本年閏三月，有漂風難民來閩，據稱敝國業於本月間被日本滅亡，聞信之下，心神迷亂，手足無措，業經瀝血具稟閩省各大憲在案。爾時即欲躬赴憲轅，叩懇救難；但恐事益彰露，轉速非常之禍，乃著蔡大鼎等先行北上，密陳苦情，當蒙中堂恩准速為函致總理衙門定奪，並承道憲鄭傳示訓詞，宏等感激涕零，焚香碰頭。距於四月十七日倭回閩商交到敝國王世子密函，內云：業於本月初三日有日本內務大書記官松田道之率領官員數十名、兵丁數百名到琉，咆哮發怒，備責國主何以修貢天朝等事，又不從日諭，乃敢籲請天朝勸釋，如此行徑甚屬悖逆，應即癈藩為縣。現雖合國君臣士庶誓不甘心屈服，而柔弱小邦，素無武備，被其兵威脅制，國主萬不得已退出城外，舉國驚駭。松田又限定日期，欲敝國主赴日候令，當有官民人等，再三哀請，敝國主染病臥床，乞免赴日。松田不允，敝世子思欲延緩日期，以待天朝拯救，已於閏三月間前抵日京，具稟日國政府號泣，哀懇暫緩敝國主赴日之期。該政府不允所請，敝世子擬即稟明欽差大臣，而日人查禁甚嚴，不能通達消息，不得已託閩商帶回密函，飭宏迅速北上，瀝血呼天，萬勿刻緩，如不能收復，惟有絕食而死，不能辱國負君。淚隨筆下，宏泣讀之餘，肝膽幾裂，痛不欲生。

溯查敝國自前明洪武五年隸入版圖，至天朝定鼎之初，首先效順，納款輸誠，迭蒙聖世懷柔，有加無已。恪遵大清會典，間歲一貢，罔敢愆期。不意光緒元年，日本禁阻進貢，又阻慶賀皇上登極各大典，當即具備情由，百般懇請，該日本不肯允准，敝國主特遣宏等捧諮赴閩陳明，荷蒙福建督撫列憲具奏，欽奉上諭，著總理各國事務衙門，即傳示出使日本大臣，相機妥籌辦理。欽此欽遵在案。

〔註 1〕王芸生：《六十年來中國與日本》卷 1，大公報社，1932 年版，第 131～132 頁。

嗣于欽差大臣抵任之日，敝國駐日法司官等，屢次瀝稟懇求設法，節蒙欽差大臣與日國外務省剴切理論，冀可勸釋。詎料日人悍然不顧，竟敢大肆凶威，責滅數百年藩臣之祀，主憂臣辱，主辱臣死，宏等有何面目復立天地之間，生不願為日國屬人，死不願為日國屬鬼，雖糜身碎首，亦所不辭。在閩日久，千思萬想，與其曠日持久，坐待滅亡，曷若薙髮改裝，早日北上；與其含垢忍辱，在琉偷生，不如呼天上京，善道守死。合國臣民及商人鄉農，雪片信至，催宏上道，效楚國申包胥之痛哭，為安南斐伯耆之號求。用敢不避斧鉞，來津呼泣，伏維中堂威惠播於天下，海島小邦，久已奉若神明，必能體天子撫綏之德，救敝國傾覆之危。籲請據情密奏，速賜拯援之策，立興問罪之師，不特上目國主，下及臣民，世世生生，永戴皇恩憲德於無既。即日本欺悖之志亦不敢復萌，暹羅、朝鮮、越南、臺灣、瓊州亦可皇國永固矣。

再，此番北上情節，應先稟明閩省各大憲，再行啟程，衹恐枉需時日，緩不濟急，故敢星夜奔馳，徑趨相府，犯法之罪，諒不容辭。宏等在上海聞得日本之黨，密防敝國來華請救，遇必拏捉，宏等為此，薙髮更服，延邀通事等同伴，以作貿易赴京，然謠多言雜，心怯神迷，且風土不悉，飲食很難，可否恩賜保護憐察，或可有人照料，以全孤臣，臨詞苦哭稽顙，延頸待命之至，須至稟者。〔註2〕

在請願書中，向德宏有感於國恨家仇，悲憤地寫道：「生不願為日國屬人，死不願為日國屬鬼，雖糜身碎首，亦所不辭。」一連幾日，向德宏徘徊於李鴻章居所之外，「呼號泣血」，可他的申訴仍舊沒有結果。他堅持不懈，第二次上書給李鴻章：

具稟琉球國陳情孤臣紫巾官國戚向德宏，為感泣瀆稟求解倒懸事。竊宏於五月十四日冒叩相府，泣懇救難，經蒙憲諭准為辦理，復荷憲恩體恤憐念孤臣，格外矜全，飭為安插善地，常加存問。美領事又敬傳恩諭，下情感激，形於夢寐。惟敝國自光緒元年間慘遭日本阻貢，敝國主命宏齎諮赴閩陳明國難，稟請督撫列憲大人據情具奏，復飭宏即日進京甯籲。當於光緒三年五月十四日奉到上諭：

〔註2〕《琉球國紫巾官向德宏初次稟稿（五月十四日）》《李文忠公選集》32卷，第444～445頁。

著何、丁飭令統行回國，毋庸在閩守候，將此由四百里諭令知之，欽此。以致宏不能陳情北上，請旨定奪，又不能早叩相府，預請設法辦理，虛延歲月，致日本無所顧畏，大肆憑凌，派官派兵前來敝國，將敝國主驅出城外，將敝世子擁去。國危君辱，皆宏不能仰副敝國主進京匍叩之命所致。回憶宏貴諮赴閩時，敝國主臨行泣諭，何啻倒懸；望解之情，慘迫急切，宏乃稽閩日久，迄無成事，誤國誤君，已屬死有餘罪。近承美領事交閱西報中，有敝國主被日迫赴日京，革去王號，給予華族從三品職，著令歸國，敝世子留質日京等語。伏思敝國主忍辱至此，無非以敝國素無武備，難與抗拒，故暫屈辱其身，上以延敝國一線之命脈，下以全敝國百姓之生靈，斷非甘心容忍屈從倭令。其所以殷殷屬望於宏，冀能籲請天朝拯救，知猶是飭宏齎諮赴閩時慟哭望援之心也。倘宏仍復需時曠日，坐失事機，敝國主臥薪嚐膽，宏乃苟活偷安，真為罪上加罪，為此不揣冒昧，再行稽首相府。前月老中堂大人據情密奏之後，大皇帝即否興師問罪，日人之在敝國者如何驅逐，敝世子可否召入內都詳察被難之苦情，泣求老中堂大人恩示端倪。如得興師問罪，即以敝國為鄉導，宏願充先鋒，使日本不敢逞其凶頑。宏於日國地圖、言語、文字諸頗詳悉，甘願效力軍前，以泄不共戴天之憤；或頒兵敝國堵御日本，如前明洪武七年間命臣吳楨率沿海兵至琉球防守故事，使日本不敢萌其窺伺。敝國官民仰仗天朝兵威，必能協力齊心，盡逐日兵出境，自無不克者。愚瞽之見是否有當，統懇老中堂大人立賜裁決施行，則敝國上自國主下及臣民，世世生生永沐皇恩憲德於無既矣。臨詞苦哭，惶恐待命之至。須至稟者。〔註3〕

在得知琉球亡國、國王被俘後，向德宏等人不顧清廷是否恩准他們進京面呈，化裝成商販，秘密潛行趕往北京。8 月 14 日，蔡大鼎、林世功等人隨向德宏一起，從福州萬壽橋（今福州倉山區解放大橋）附近的渡口出發，經由海路到達天津，請求李鴻章向日本交涉。

隨後，琉球國耳目官毛精長、都通事蔡大鼎、通事林世功等趕到北京，跪乞清廷出兵救援琉球王國。

〔註 3〕《附照錄琉球國紫巾官向德宏二次稟稿（光緒五年六月初五日）》《李文忠公選集》32 卷，第 450～451 頁。

二、向德宏助李鴻章駁斥日本

向德宏赴京請願之時，駐日公使何如璋正在東京與日本角力，總理衙門也向日本公使宍戶璣發送照會，加上美國前總統格蘭忒到東京的斡旋，令日本明治政府頗受壓力。但日本仍以琉球是日本的屬國為由，堅持廢琉置縣是日本的內政。1879 年 8 月 2 日，駐華公使宍戶璣向總署轉交外相寺島宗則於 7 月 16 日發出的《說略》。《說略》引用史書並援引琉球的文獻，其中包括薩摩藩強加琉球的「十五條」等內容，以圖證明琉球是日本的屬國，並強調琉球的語言文字、風俗信仰等均是由日本南傳或深受日本影響所致。

琉球與中國長期的朝貢關係是不爭的事實，不僅有禮部存檔的文獻可查，更有各冊封使撰寫的《使錄》為證。但清政府對琉球與日本之間的關係知之甚少，總理衙門各大臣對日本的《說略》也無法辨別，只好將之轉交李鴻章來決定怎樣回覆。李鴻章在清政府內部是熟知琉球、瞭解日本之人，但由於琉球一直對中國隱瞞著與日本的關係，故李也沒有辦法判明。這時他想起一個多月前曾向其「泣告」的琉球紫巾官向德宏。

李鴻章將向德宏暫且安置在天津，特委託向德宏就《說略》做「閱覽辯駁」，向德宏為求救國，奮筆寫成《覆寺島來文節略》（簡稱《節略》），逐一斥駁《說略》的琉球日本專屬論。李鴻章據此做出刪減，並以總理衙門之名回覆日本《說略》照會。

《節略》論證有據，扼要講述了琉球的立國和發展歷程，反擊了《說略》的無據之言。其內容如下：

> 一、日本謂敝國屬伊南島，久在政教之下，引伊國史，謂朝貢日本事實在中國隋唐之際，此謊言也。考敝國在隋唐時，漸通中國，嘗與日本、朝鮮、暹羅、爪哇、緬甸通商往來，至明萬曆間，有日本人孫七郎者，屢來敝國互市，頗識地理，因日本將軍秀吉著有威名，孫乃緣秀吉近臣說秀吉曰：倘赴琉球，告以有事於大明，彼必來聘。秀吉聽之，致書琉球，略曰：我邦百有餘年，群國爭雄，予也誕降，有可治天下之奇瑞，遠邦異域，款塞來享，今欲征大明國，蓋非吾所以為天所授也；爾琉球宜候出師，期明春謁肥前轅門，若懈愆期，必遣水軍，悉鏖島民。敝國懼其威，因修聘焉。若據日史所言，則敝國隋唐時已屬日本，何以至大明萬曆年間尚未入聘？其言之不實，不辨自明矣。國史附會，何所不至。至引所載太宰府遣

使於南島以下云云，安知非日本人在敝國為市者，將敝國地圖畫歸，送呈日使館，故鋪揚而張大其說？乎且赤木為敝國地產木，至今尚無進與日本，如當隋唐時有貢，何今日反無之？事隔千餘年，久遠無稽，日本任意揑造，那有窮乎？

二、敝國距閩四千里，中有島嶼相綿亙，八重山屬島近臺灣處相距僅四百里。志略所謂：去閩萬里，中道無止宿之地者，誤也。距薩摩三千里，中有島嶼相綿亙，敝國所轄三十六島之內七八島在其中，萬曆三十七年，被日本占去五島，亦在其中，志略所謂：「與日本薩摩州鄰一葦可航者」誤也。今日本以敝國當薩摩州一郡邑，謂久屬伊南島，實屬混引無稽之詞，成此欺人之譚。

三、敝國世紀載：開闢之始，海浪泛濫，時有男名志仁禮久，女名阿摩彌姑，運土石、植草木，以防海浪，穴居野處，是為首出之君。迨數傳而人物繁殖，智識漸開，間出一人，分群類，定民居，稱天帝子。天帝子生三男二女，長男稱天孫氏，為國君始，二為按司官始，三為百姓始，長女為君君，次女為祝祝，均掌祝祭之官。天孫氏傳二十五世為權臣利勇所弒，浦添按司名尊敦者起兵誅利勇，諸按司推戴尊敦為君，即舜天王。舜天王父源為朝，乃日本人，遭日本保元之亂，竄伊豆大島。嗣復浮海至琉球，娶大理按司之妹，生尊敦，即舜天王也。自舜天王至尚泰王，凡三十八代。中間或讓位於人，或為所奪，如此者幾易五六姓，舜天王之統三世已絕矣。察度王洪武年間，賜琉球名巴志王，永樂年間賜姓尚，至尚泰王，或雖有嗣承，同係天朝賜國號受姓之人。尚泰王之祖尚圓王，伊平屋島之人，乃天孫氏之裔也。日本何得認為日本之後耶？總歸時異世遷，斷不能妄援荒遠無稽之論，為此神人共憤之事。如按此論，則美國百年前之君為英吉利人，刻下英吉利能強要此美國之地乎？地球內如美國者極多，紛紛翻案，何有窮乎？

四、尚寧王被擒，事固有之。蓋因豐臣氏伐朝鮮之後，將構兵於大明，以敝國係日本鄰邦，日本前來借兵、借糧，敝國不允所請，日本強逼甚嚴，尚寧更不承服。嗣後義久召在薩摩球僧，親諭日本形勢，還告尚寧王速朝德川，尚寧王不從，遂被兵，尚寧王為其所擒。

五、神教，則自君君、祝祝掌祭祀之官時，敝國已有神教。據云島祀伊勢大神等，出自日本，不知敝國亦祀關聖、觀音、土地諸神何嘗出自日本也。

六、風俗，則敝國冠、婚、喪、祭，均遵天朝典禮。至席地而坐，設具別食，相沿已久，亦天朝之古制，經典詳載也。焉知非日本之用我球制乎？如日本以古制私為己物，則日本亦可為天朝之物矣。至雲蒸饗用伊小笠原氏之儀，尤為無據。如按此論，亦可云小笠原氏之儀乃引用敝國之儀矣。

七、四十八字母，敝國傳自舜天王，對天王雖日國人所生，然久月三傳而絕，何得據此為日本之物？且敝國亦多用漢文字，並非專用四十八字母也。如以參用四十八字母為據，則日本之嚮用天朝漢文不止四十八字母者，日本亦可為天朝之物矣。有此牽強之理乎？

八、言語，敝國自操土音，間有與日本相通者，累因兩國貿易往來，故彼此耳熟能通。若未經與日本通商則日本不能通敝國人之言語，敝國亦不能通日本人之言語。據日本以敝國稱國為屋其蕊，乃沖繩，形似浮繩，故曰沖繩。始祖天孫氏，天孫氏天帝子所生，非日本人也。此言語與日本何涉？不待辯而誤見矣。如按此而論，則日本能操敝國言語，敝國亦可云日本為敝國之物也。

九、日本謂敝國有饑則發帑賑之，有仇則興兵報之，以為保庇其島民，此語強孰甚焉。敝國荒年雖嘗貸米、貸粟於日本，而一值豐年便送還清楚，無短欠，在日本祇為恤鄰之道，在敝國祇循乞糴之文，如即以此視為其島民，則泰西各國近年效賑天朝山西地方，以及天朝商人之施政奧國，則天朝可為泰西之地耶？奧國可為天朝之地耶？至臺灣之役，彼實自圖其私，且將生端於琉球，故先以斯役為之兆，何嘗為敝國計哉。敝國又何樂日本代為啟釁哉？

十、日本謂敝國國體國政皆伊所立，敝國無自主之權。夫國體國政之大者，莫如膺封、爵錫、國號、受姓、奉朔、律令、禮制諸巨典，敝國自洪武五年入貢，冊封中山王，改流求國號曰琉球。永樂年間，賜國主尚姓，歷奉中朝正朔，遵中朝律例，至今無異。至於國中官守之職名、人員之進退、號令之出入、服制之法度，無非敝國主暨大臣主之，從無日本於預其間者。且前經與佛、米、蘭三國，互立約言，敝國書中皆用天朝年月，並寫敝國官員名，事屬自主，各國所深知、敝國非日本附庸，豈待辯論而明哉？〔註4〕

向德宏的《節略》從多個方面反駁了日本為吞併琉球捏造的種種謊言。又將《沖繩志》呈給李鴻章參閱：

照錄琉球紫巾官摘譯日本人貞馨所撰《沖繩志·序》。不肖貞馨列內務之末班，管理琉球藩之事務。抑琉球彈丸黑子之地，僻在南海中，風俗偏固，見聞狹隘，墨守舊章，不欲遷新就變；然使臣來朝以來，屢蒙恩典，藩王諸臣深感戴朝旨，皇化日隆，政綱月張，歸其統一之治，期日可待。唯奉支那（即天朝）之正朔，茲五百年。今全歸我藩籍，他日或往復論辨，有費口舌之日。當其時，為之援據者捨書籍其何以然。古來記琉球之事者概皆不免訛謬，記載其服從我與支那（即天朝）前後信使往來之顛末，確乎可證者極鮮矣。貞馨既奉其職，不能免其責，於是不顧不文，就和（即日本）、漢（即天朝）史傳，舊藩古記錄及琉球人所著之諸書，歷考沿革，參訂異同，親質問琉球人，稍得其要領。乃省煩雜、摘要旨輯為三卷，謄寫錄上，以備在上諸公之參考，庶幾有所裨補朝謨之萬一云爾。明治七年貞馨謹志。〔註5〕

《沖繩志》的作者伊地知貞馨是領銜外務省出任「處分琉球」的六等官員，也是內務省的六等官員。數年前完成的《沖繩志》中的自序和貢獻志皆承認琉球為兩屬之國，尤以「貢獻志」的論述更為詳盡述：「琉球自明清以來，世世受其奉爵……故琉球世世而為兩屬之國。琉球雖為蕞爾小國，但具備有自主之國體。」〔註6〕

8月22日，李鴻章將《節略》及向德宏請願書《第一、二次稟稿》，一同作為上奏文之附文上呈。同日，總理衙門即對日公使宍戶璣發出琉球仍兩屬之照會，反對日本政府琉球專屬論觀點。照會中還引用了日本外務省負責「琉球處分」事務之薩摩藩士伊地知貞馨所著《沖繩志》中的上述觀點。

〔註4〕《附向德宏登復寺島來文節略（光緒五年六月二十四日）》《李文忠公選集》32卷，第459～461頁。

〔註5〕《附摘譯日人貞馨所著《沖繩志·序》（光緒五年六月二十四日）》《李文忠公全集》32卷，第461頁。

〔註6〕〔日〕伊地知貞馨：《沖繩志》，國會刊行會，1973年，第146～147頁。

三、林世功以死反對分割「琉球」

向德宏北上3個月後，毛精長、蔡大鼎、林世功從福州出發，10月與在天津的向德宏匯合。他們通過向德宏知曉了美國前總統格蘭忒來華一事，且清日就兩分琉球的方案達成了某種程度的一致，於是決定前往北京向總理衙門及禮部提出請願書。

1879年10月22日，毛精長、蔡大鼎、林世功抵達北京並向總理衙門恭親王奕訢提交了請願書。請願書中表示：「琉球自古以來便受中國冊封，是為中國外藩。從琉球國主至琉球子民皆為中國赤子。今為日人荼毒，國主受辱，國家亦為日人所滅。今長（毛精長）等，剃髮改裝，泣血以請。望總理（衙門）諸大人，念在二百餘年藩屬之情上，發天威以救琉球。」〔註7〕值得注意的是，在這封請願書中，琉球請願使並沒有提示或請求清政府進行具體的行動，只是向清政府傳達琉球的現狀。

1879年10月23日，毛精長等人在北京總理衙門呈遞請願書於恭親王奕訢，記述琉球王國被日本吞併之慘狀，請求清政府支持。24日，毛精長等人又呈遞請願書於禮部。

1880年3月26日，日本駐天津公使竹添進一郎向李鴻章提出日本對於琉球問題的解決方案，即將琉球的南島（宮古島、八重山島）割讓給清政府；作為交換，需修改《中日修好條規》，日本將享有與西方諸國相同的最惠國待遇。清政府對於日本提出的處理方案進行討論後，向日本提出了將琉球北島分割予日本，沖繩本島歸還琉球，使琉球在此重新建國，南島分割予中國的「三分方案」。竹添進一郎對於清政府提出的方案表示拒絕並啟程回國。

這一時期，正值清政府與俄國就伊犁問題進行談判，此時的清政府最不願看到的即是日本與俄國聯盟，故而只能在「日清提攜論」的基調之內尋求琉球問題的解決方案。1880年10月21日，清政府同意以日本的兩分方案作為解決琉球問題的方案，但要求日本放還琉球國王尚泰或尚泰直系子嗣，並允許其在南島即位，重建琉球國。日本對此予以拒絕，並暗示清政府可讓滯留天津的琉球王族向德宏在南島即位。最終，清政府決定全面接受日本的分島方案。

在得知琉球亡國、國王被俘後，向德宏等人不顧清廷是否恩准他們進京面呈，化裝成商販，秘密潛行趕往北京。8月14日，蔡大鼎、林世功等人隨向

〔註7〕〔日〕西里喜行編：《琉球救國請願書集成》，琉球大學，1987年，第43。

德宏一起，從福州萬壽橋（今福州倉山區解放大橋）附近的渡口出發，經由海路到達天津，請求李鴻章向日本交涉。

李鴻章就琉球兩分案及向德宏在南島即位一事與滯留在天津的向德宏進行商議。向德宏對於清政府的決定大為震驚，一方面向李鴻章強調南島貧瘠不足以立國，另一方面向此時滯留在天津的琉球請願使毛精長、蔡大鼎、林世功等人說明情況，讓毛精長、蔡大鼎、林世功等人前往北京進行請願。

自第二次鴉片戰爭後成立以來，總理衙門一直是處理清政府與西方國家外交事宜的場所，也是中日之間外交問題進行交涉的場所，故而毛精長向總理衙門提交請願書；而在清政府內一直由禮部處理琉球的進貢事務，他們根據慣例，亦向禮部提交了同樣內容的請願書。

總理衙門與禮部均接受了琉球的請願書，但並沒有給予琉球請願使任何口頭或書面上的答覆，而是賜琉球請願使白銀三百兩作為回福州的旅費，要求琉球請願使返回琉球。

毛精長、蔡大鼎、林世功三人認為如果遵從清政府的命令返回琉球，恐怕再無法赴華進行請願，因此於 1879 年 10 月 29 日再次向總理衙門提交了請願書。但清政府已向琉球請願使發布了回閩命令，故而沒有接受這封請願書。無奈之下，毛精長等人只能繼續無視清政府的回閩命令，再次向總理衙門遞交請願書，請求清政府允許琉球請願使繼續在北京進行請願活動。

1880 年 1 月 2 日，毛精長等人向總理衙門遞交的請願書被總理衙門的恭親王奕訢所接受，也表明清政府默許了琉球請願使滯留北京的請求。

1880 年 11 月 18 日，毛精長等人再次向總理衙門遞交了請願書：

> 竊〔毛精〕長等入都〔北京〕以來，屢次冒叩轅下，稟請救援，節經奉有憲諭，有妥為辦理等因。惟是仰候逾一載，然作何辦法，尚未蒙諭示，實深焦急也。惻念敝國主及世子為倭所脅迫，流離、播越至今已二年。仰望天朝之救〔援〕，日日更甚，艱楚萬狀，慘不忍言。且至國人，亦更苦其〔暴〕戾〔惡〕虐，皆不堪命，切齒同仇，待拯孔殷。〔毛精〕長等夙夜憂惶，萬分迫切。惟泣懇王爺及大人，洞察前由，傳召駐〔北〕京之倭使，諭之以大義，威〔壓〕之以聲靈，俯准妥速籌辦，還我君主，復我國都。〔註 8〕

面對中日即將交涉琉球分島一事，林世功判斷如果清日兩國簽署了琉球

〔註 8〕〔日〕西里喜行編：《琉球救國請願書集成》，第 75 頁。

分割條約，之後琉球再做任何的救國努力都會變得「有名無實」。不如在簽署條約前以死相諫，阻止清日簽署分島條約，以救琉球。

1880 年 11 月 20 日，林世功向恭親王奕訢遞交請願書，以死請求清政府出兵援救琉球：

琉球國陳情通事林世功謹稟，為一死泣請天恩，迅賜救亡存國，以全臣節事：竊功因主辱國亡，已於客歲九月，隨同前進貢正史耳目官毛精長等，改裝入都迭次匍叩憲轅，號乞賜救各在案，惟是作何辦法，尚未蒙諭示。昕夕焦灼，寢饋俱廢，泣念奉王命抵閩告急，已歷三年，敝國慘遭日人益肆鴟張，一則宗社成墟，二則國王世子見執東行，繼則百姓受其暴虐。皆由功不能痛哭請救所致，已屬死有餘辜，然國主未返，世子拘留，猶期雪恥以圖存，未敢捐軀以塞責，今晉京守候，又逾一載，仍復未克濟事，何以為臣？計惟有以死泣請王爺，暨大人俯准，據情具題，傳告駐京倭使，諭之以大義，威之以聲靈，妥為籌辦，還我君王，復我國都，以全臣節。則功雖死無憾矣。謹稟。〔註 9〕

同時，林世功還為家人留下二首絕命：

古來忠孝幾人全，憂國思家已五年。一死猶期存社稷，高堂專賴弟兄賢。

廿年定省半違親，自認乾坤一罪人。老淚憶兒雙白髮，又聞噩耗更傷神。

林世功死後，22 日，得知此事的慈禧太后認為林世功是琉球王室的忠臣，贈白銀 200 兩，厚葬於通縣張家灣立禪庵村。

在 1880 年 12 月 27 日的清日關於琉球分島案的談判中，清政府一改之前贊成將琉球兩分的態度，拒絕在「分島條約」上簽字。

清政府之所以拒絕在琉球分割條約上簽字，其原因在李鴻章《妥籌球案折（十月初九日）》中有所記載：

從前中國與英、法兩國立約，皆先兵戎，而後玉帛。被其迫脅，兼受蒙蔽，所定條款，吃虧過巨。往往有出地球公法之外者。厥後美、德諸國及荷蘭、比利時諸小國，相繼來華立約。斯時中國於外務利弊未甚講求，率以利益均霑一條，列入約內。一國所得，諸國

〔註 9〕〔日〕西里喜行編：《琉球救國請願書集成》，第 76～77 頁。

安坐而享之。一國所求，諸國群起而助之。遂使協以謀我，有固結不解之勢。

……

琉球原部三十六島，北部九島，中部十一島，南部雖有十六島，而周回不及三百里，北部中有八島，早被日本占去，僅存一島。去年日本廢滅琉球，經中國迭次理論，又有美前統領格蘭忒從中排解，始有割島分隸之說。臣與總理衙門函商，謂中國若分球地，不便收管，只可還之球人，即代為日本計算，捨此別無結局之法。此時尚未知南島之枯瘠也。本年二月間，日本人竹添進一來津謁見，稱其政府之意，擬以北島、中島歸日本，南島歸中國。又添出改約一節。臣以其將球事與約章混作一案，顯係有挾而求，嚴詞斥之，不稍假借。曾有筆談問答節略兩件，鈔寄總理衙門在案。旋聞日本公使宍戶璣，屢在總理衙門催結球案。明知中、俄之約未定，意在乘此機會，圖佔便宜。臣愚以為：琉球初廢之時，中國以體統攸關，不能不亟與理論。今則俄事方殷，中國之力暫難兼顧。且日人多所要求，允之則大受其損，拒之則多樹一敵。惟有用延宕之一法，最為相宜。蓋此係彼曲我直之事，彼斷不能以中國暫不詰問，而轉來尋釁。俟俄事既結，再理球案，則力專而勢自張。近接總理衙門函述日本所議，臣因傳詢在津之琉球官向德宏，始知中島物產較多，南島貧瘠僻隘，不能自立，而球王及其世子，日本又不肯釋還，遂即函商總理衙門，謂此事可緩則緩，冀免後悔。此議結球案尚宜酌度之情形也。

臣接奉寄諭，始知已成之局，未便更動。而陳寶琛、張之洞等，又各有陳奏，正籌思善全之策，適接出使大臣何如璋來書，並鈔所寄總理衙門兩函，力陳利益均霑及內地通商之弊，語多切實。復稱詢訪球王謂：「如宮古八重山小島，另立三子，不止五家不願，闔國臣民亦斷斷不服。南島地瘠產微，向隸中山，政令由其土人自主。今欲舉以畀球，而球人反不敢受。我之辦法亦窮」等語。臣思中國以存琉球宗社為重，本非利其土地。今得南島以封球，而球人不願，勢不能不派員管理，既蹈「義始利終」之嫌，不免為日人分謗。且以有用之兵餉，守此甌脫不毛之土，勞費正自無窮，而道里遼遠，音問隔絕，實覺孤危可慮。若憚其勞費而棄之不守，適墮日人狡謀。且恐西人踞之，經營墾闢，扼我太平洋咽喉，亦非中國之利。是即使不議改約，而僅分我以南島，猶恐進退兩難，致貽後悔。今彼乃議改前約，倘能竟釋球王，畀以中、南兩島，復為一國，其利害尚足相抵，或可勉強允許。如其不然，則彼享其利，而我受其害，且並失我內地之利。臣竊有所不取也。〔註 10〕

從上述記載內容分析來看，清政府最終沒有在分島案上簽字，其原因是多方面的。其一是擔心「被其迫脅，兼受蒙蔽，所定條款，吃虧過巨。往往有出地球公法之外者」。其二是，李鴻章知曉兩分琉球的不可行之處。其三是，清政府之所以對日本讓步，同意其提出的兩分琉球的方案，是因為這一時期清俄關係緊張，為防止俄日聯合。而 1880 年 12 月 24 日，正在談判伊犁問題的曾紀澤向清政府當局發來了「諸事均有頭緒」的電報，清俄緊張關係得到緩解。沒有了日俄聯合的後顧之憂，清政府亦可對日採取強硬態度。其四是琉球人對分島的堅決反對，特別是林世功以死的請願行為，對清政府拒絕在「分島條約」上簽字的決定產生了影響。

阻止清日「分島條約」的簽訂無疑是琉球人在清請願運動的最大成功。琉球大學西里喜行教授認為，「李鴻章豹變的直接原因在於向德宏的泣訴」。〔註 11〕筆者竊以為，李鴻章態度變化的主要原因一定是多方面的，但向德宏的反對使他意識到分島條約實際上是行不通的。此點可以從李鴻章 10 月 19 日向總理衙門提交的「請球案緩結」書函中可窺見：

抄示初一日以後與頡剛來往電信五件，並照會俄使稿謹已聆悉。宍戶議論球案僅能歸我南島，仍許彼加約二條。詢以琉王及子嗣，堅稱不能交出，乃謂球王宗族避尚姓為向姓，向之人各處皆有云云，似明指在津之向德宏而言。此外，未聞有向姓，亦無如德宏名位者屬。即設法詢問，查向德宏自去秋踵門求救，泣涕出血以後，鴻章即妥為安置署西大王廟內。伊屢來乞援，愧無以應，令人勸其回球，或赴他處，亦苦守不動。聞資斧告匱。日食不繼，量如濟助，而未忍數數接見之也。其忠貞堅忍之操視包胥殆有過焉。頃屬津海關鄭

〔註 10〕《妥籌球案折（光緒六年十月初九日）》《李文忠公全集》9 卷，第 198～200 頁。

〔註 11〕〔日〕西里喜行：《清末中琉日關係的研究》，京都大學學術出版會，2005 年，第 374 頁。

道從旁以己意諮，一切筆談問答具載十四、十五日另折。又自繪草圖一紙恭呈鑒閱。向德宏確係球王族屬至戚，前為紫中官亦甚顯，明白事體，忠義有守，可謂賢矣，若圖另無逾越此者。然所稱八重，宮古二島，土產貧瘠無能自立，尤以割南島另立監國，斷斷不能遵行。竟又伏地大哭不起，仁賢可敬，而孤忠亦可憫。尊處如尚未與宍戶定議，此事似以宕緩為宜。言者雖請速結球案，究未深悉其中曲折。即使俄人開釁，似無須借助日本。而日本畏忌俄人最深，其隱衷亦難與合從中國之力實不敵俄，寧可屈志於俄，亦何必計及日本之有無扛幫耶？若照現議，球王不復，無論另立某某，南島枯瘠不足自存，不數年必仍舊日本耳。若由中國另行設官置防，徒增後累。而以內地通商均霑之實惠，易一甌脫無用之荒島，於義奚取。既承下問，敢貢其愚，伏惟裁擇。應否令向德宏赴京備詢之處，仍俟後命。〔註 12〕

李鴻章的意見得到清廷許多重臣的贊許，因此清廷很快採納了李鴻章的建議，決定對球案採取拖延政策。1881 年舊曆二月，清俄簽訂《伊犁條約》，中俄關係有所緩和，李鴻章重新提出了延宕的「支展之法」，寄希望於未來。數年之後，清廷船械齊集，水師練成，聲威既壯，則日本囂張之氣，當為之稍平。客觀地說，政治腐敗、經濟衰竭、國力日益衰落的清政府在當時的複雜情況下是很難圓滿解決「球案」的，因此也只能採用李鴻章的「支展之法」，宣布拒絕批准總理衙門和日本已議寫的「球案草約」底稿。從 1881 年至 1886 年，日方多次遣使來華重提「球案」，但由於日本人提出的條件關鍵點在於不允許琉球人復國，與中方「存琉祀」的出發點是針鋒相對的，故中日雙方始終未能達成共識。

四、在清琉球人後期的請願活動

在隨後數年裏，伴隨中日兩國政府關於琉球問題的談判，這些在華求援的琉球官員不斷呈遞請願書，希望清政府驅逐日本，助琉球復國。

1881 年 2 月 22 日，毛精長、蔡大鼎等人致書清朝駐日公使許景澄，請其赴日履職後全力與日本談判，助琉球復國；3 月 15 日，毛精長、蔡大鼎等人致書大學士左宗棠、禮部及總理衙門，反對日本代表此時提出的琉球分島論，

〔註 12〕《李文忠公全集》「譯署函稿」卷 11。

請求琉球復國；11 月 17 日，毛精長、蔡大鼎等人致書總理衙門恭親王奕訢等，再陳琉球滅國慘狀，請求清廷出兵支持。

1882 年 5 月 1 日，毛精長、蔡大鼎等人致書總理衙門恭親王等，陳述救琉球的諸款辦法。1883 年，向德宏等向福建布政使遞交了琉球境內八重山島官民懇請清朝出兵復國的請願書；向文光等向禮部提交了請願書；向德宏等向左宗棠遞交了援引清廷救援朝鮮、越南等過往先例、要求清廷出兵助其復國的文書，凡此種種，達數十次。

琉球向清政府及各國提出的請願表

	提出年月日	請願書遞交處	請願者名稱	請願書的大意	收錄文獻
1	1876 年 11 月 30 日	福建等處承宣布政司	琉球國中山王尚泰	向清政府報告日本禁止琉球派出納貢船及通知救援陳情使向德宏的派遣	松田編《琉球處分》第 171～172 頁。
2	1878 年 10 月	清國駐日公使	琉球國法司官毛鳳來、馬兼才	明治政府禁止進貢及冊封的要求是無理的，勸告明治政府收加。	松田編《琉球處分》第 179 頁。
3	1879 年 7 月 3 日	北洋大臣李鴻章	琉球國紫巾官向德宏	鑒於琉球滅亡的經過及慘狀，為救援琉球而派問罪之師。	《李文忠公全集》譯署翰稿九。
4	1879 年 7 月 23 日	北洋大臣李鴻章	琉球國紫巾官向德宏	為恢復琉球國而派問罪之師，其先鋒由向德宏擔任。	《李文忠公全集》譯署翰稿九。
5	1879 年 10 月 22 日	總理衙門、恭親王奕訢等	毛精長、蔡大鼎、林世功	鑒於琉球滅亡的慘狀，請求盡快救援。	沖繩縣立圖書館東恩納東恩納文庫藏《北京投稟抄》。
6	1879 年 10 月 24 日	禮部	毛精長、蔡大鼎、林世功	鑒於琉球滅亡的慘狀，請求盡快救援。	《清光緒朝中日交涉史料》卷一。
7	1879 年 10 月 29 日	總理衙門、恭親王奕訢等	毛精長、蔡大鼎、林世功	請求暫緩琉球使臣回福州，暫時留在北京。	《北京投稟抄》。
8	1879 年 11 月 10 日	總理衙門、恭親王奕訢等	毛精長、蔡大鼎、林世功	再次請求暫緩琉球使臣回福川。	《北京投稟抄》。

9	1880 年 1 月 2 日	總理衙門恭親王奕訢等	毛精長、蔡大鼎、林世功	憐憫琉球的慘狀，快速進行救援。	《北京投稟抄》。
10	1880 年 8 月 13 日	總理衙門、恭親王奕訢等	毛精長、蔡大鼎、林世功	鑒於琉球的慘狀，請求快速進行救援。	《北京投稟抄》。
11	1880 年 9 月 8 日	總理衙門恭親王奕訢等	毛精長、蔡大鼎、林世功	為救援琉球，請與駐北京的日本公使進行談判。	《北京投稟抄》。
12	1880 年 9 月 28 日	總理衙門、恭親王奕訢等	毛精長、蔡大鼎、林世功	琉球的分島就是琉球的滅亡，堅決反對分島案。	《北京投稟抄》。
13	1880 年 11 月 18 日	總理衙門、恭親王奕訢等	毛精長、蔡大鼎、林世功	為救援琉球，請與駐北京的日本公使進行談判。	《北京投稟抄》。
14	1880 年 11 月 20 日	總理衙門恭親王奕訢等	林世功	為促使臣節，即使死也要請求救援琉球。	《北京投稟抄》《尚泰候實錄》。
15	1880 年 11 月 20 日	總理衙門、恭親王奕訢等	蔡大鼎	報告林世功為國自刃事件。	《北京投稟抄》。
16	1881 年 2 月 23 日	駐日清國公使許景澄	毛精長、蔡大鼎	請求公使赴任後與日本進行談判盡力將琉球復舊。	《北京投稟抄》。
17	1881 年 3 月 15 日	大學士、左宗棠、禮部、總理衙門	毛精長、蔡大鼎	反對琉球分島案，請求興師日本救助琉球。	《北京投稟抄》。
18	1881 年 4 月 16 日	禮部、總理衙門	毛精長、蔡大鼎	請求為逝去的東太后著孝服行禮。	《北京投稟抄》。
19	1881 年 11 月 17 日	總理衙門、恭親王奕訢等	毛精長、蔡大鼎	憐憫琉球亡國，請求興師日本救助琉球。	《北京投稟抄》。
20	1882 年 5 月 1 日	總理衙門、恭親王奕訢等	毛精長、蔡大鼎	反對新任駐日公使、黎庶昌的分島案，為恢復琉球全貌，向日本派遠征軍。	《北京投稟抄》。
21	1883 年 7 月 30 日	福建布政使	向德宏、蔡德昌、蔡錫書	向總督及巡撫轉交八重山島官吏憲英演的救國請願書，為恢復琉球派遣遠征軍。	竹原孫恭《城問船中國漂流顛末》93～94 頁。

22	1883年12月3日	禮部(恩承、徐桐等)	向文光、魏元才等	拿著琉球國王的密函逃亡至此，鑒於琉球王國的慘狀，奏請快速向日本派出遠征軍。	《清末外交史料》第三十七卷；外務省外交史料館藏《清國外交秘史》卷三。
23	1884年12月（1885年1月）	督辦福建軍務左宗棠	向德宏、向有德、蔡德昌、鄭輝煌、蔡以讓	奏請傚仿法國在越南的遠征軍，向日本派出遠征軍。	國立中央研究院近代史研究所藏《清季外交檔》（琉球檔）。
24	1885年4月9日	督辦福建軍務左宗棠	向德宏、向有德、蔡德昌、鄭輝煌、蔡以讓	援引朝鮮越南救援的先列，派遣琉球救援軍，他的先導由往流亡的琉球人來充當。	《清季外交檔》（琉球檔）
25	1885年4月9日	督辦福建軍務左宗棠	向德宏、向有德	鑒於琉球列島戰略的重要性，請求派遣遠征軍恢復琉球王國。	《清季外交檔》（琉球檔）
26	1885年3月	閩浙總督楊昌睿（？）	向德宏、向龍光、向有德、蔡德昌、鄭輝炳、蔡以讓、楊紹來	基於朝鮮越南救援的先烈派遣軍隊救援琉球，他的先導由流亡的琉球人來充當。	《清季外交檔》（琉球檔）
27	1885年4月5日	督辦福建軍務左宗棠	向德宏、向龍光、向有德、蔡德昌、鄭輝煌、鄭輝炳、蔡以讓、楊紹來	鑒於日本統治下琉球的慘狀，參照朝鮮甲申政變事後處理事宜，來謀求琉球問題的解決，派出遠征軍，強迫日本讓步，盡力恢復琉球。	《清季外交檔》（琉球檔）
28	1885年5月6日	清國全權大臣李鴻章	向德宏、向龍光、魏元才	鑒於琉球處分的慘狀，再度向危機的朝鮮派遣救援軍，將在越南駐紮的征法清軍遠征日本，以恢復琉球。	《清季外交檔》（琉球檔）
29	1885年6月7日	總理衙門慶郡王奕劻等	毛鳳來、蔡大鼎、王大業	鑒於清法戰爭已經終結，向朝鮮和越南都派遣了救援軍，將越南駐紮的對法清軍，派往日本遠征，盡力恢復琉球。	《清季外交檔》（琉球檔）

30	1885年 7月10日	北洋大臣李鴻章	向德宏、魏元才	琉球的慘狀目不忍睹，應快速派遣問罪之師征討日本，以求恢復琉球。	《河北第一博物院畫報》第70期（中華民國23年8月10日）。
31	1885年 7月10日	北洋大臣李鴻章	向德宏	鑒於琉球列島的戰略重要性，應向日本派遣遠征軍來恢復琉球。	《河北第一博物院畫報》第75期（中華民國23年8月25日）。

由於1883年法國出兵中國的藩屬國越南，使清政府與法國進入對峙狀態，清政府對外強硬派的左宗棠前往福州督戰。此時身在福州的向德宏立即開始向左宗棠提交請願書，希望清政府能夠援引出兵越南之例，出兵琉球。

自1883年至1885年，琉球人以向德宏、福州懷遠驛為中心，向左宗棠提交了數封請願書。琉球人在清請願的中心再次回到福州。

1883年，八重山的琉球士族經過協商，派遣老憲英演作為代表攜八重山士族所書的請願書前往清請願。憲英演於1883年6月8日抵達福州懷遠驛，與在那裏的向德宏等人匯合。憲英演通過向德宏將請願書遞交給了福建當局。在請願書中八重山士族表示，此請願書為八重山官吏的請願，太平山島的官吏也將於近日抵達福州進行請願，以顯示琉球各島均未屈服於日本。這封請願書表明，琉球人並未屈服於日本的統治，而是希望清政府能夠出兵，恢復琉球王國。

1884年9月7日，清政府任命左宗棠為欽差大臣、督弁福建軍務前往福州，左宗棠於1884年11月中旬到達福州。在得知這一消息後，向德宏等人於11月19日向左宗棠提交了請願書。請願書中指出：「正因為中國對日本蠶食琉球與朝鮮持放任的態度，今日法國才肆無忌憚的侵略越南。」向德宏等人指出，法國是發現中國在對待朝鮮、琉球問題上的軟弱態度，才敢侵略越南。並希望中國能援引出兵越南的例子，出兵琉球。左宗棠以「所請之事正與日本方面談判，且現正值中法戰爭期間，待戰爭結束，談判達成，再行商議。在此之前，請在此靜候」〔註13〕為由將這封請願書交還給了向德宏等人。

1885年2月23日，法國軍隊在鎮南關被清軍擊敗。3月5日，清軍佔領法軍基隆基地。3月24日，法軍進攻臨洮，被岑毓英率軍擊潰。同日法軍再次進攻鎮南關，被馮子才率軍擊潰。清軍的勝利，無疑鼓舞了在福州的疏球請

〔註13〕〔日〕西里喜行編：《琉球救國請願書集成》，琉球大學，1987年，第24頁。

願使。4 月 9 日，在清政府下令停戰撤兵的同日，向德宏等人向左宗棠提出了請願書。在這一時間，琉球請願使並不知曉中法條約的內容，故而認為中法戰爭是以清政府的勝利而告終，因此在請願書中提出「請援引出兵越南的例子，向日本派出兩三艘兵船，對日本興問罪之師。待兵船到琉，琉球人雖無武備，但也必然揭竿而起，誓死驅逐琉球內的日本人」。〔註 14〕向德宏在這封請願書中指出了臺灣事件、日本吞併琉球、壬午、甲申政變、越南中法戰爭之間的關聯性。並認為只要清政府迅速向琉球派遣軍隊，就可阻止日本對琉球的侵略。從這封請願書中也可以看出琉球人復國的決心。

從 1876 年開始直到 1885 年，琉球人持續地向清政府進行請願，反對日本入侵吞併琉球；反對「分島案」，為恢復琉球全貌，請清政府向日本派遠征軍。1885 年 7 月 10 日，向德宏還在向李鴻章上書，陳述琉球王國在東海的戰略地位，請求清政府出兵驅逐日寇光復琉球。然而這一切努力都以失敗告終。

小結

從 1876 年開始，琉球人不斷來華，向清政府控訴日本侵略吞併琉球的種種惡行，請求清政府幫助琉球復國。他們反對「分島案」，力求恢復琉球全貌，甚至請清政府向日本派遠征軍。向德宏等人還助力李鴻章等清政府官員就琉球事務與日本進行爭辯。在得知琉球將被肢解後，林世功捨生取義自殺抗爭，其頑強的鬥爭精神對清政府造成很大的壓力，最後使清政府沒有在「分島條約」上簽字。故從歷史上講，日本對琉球的併吞沒有任何的國際法依據，純屬侵略性的強佔，還將其強盜的行為美化為「琉球處分」。不過，面對日本強盜性的侵略行為，清政府卻無力助琉球人復國，「球案」最終成為一個懸案。

〔註 14〕〔日〕西里喜行編：《琉球救國請願書集成》，琉球大學，1987 年，第 27 頁。

結束語

琉球是東亞古老的國家，它從1372年開始接受大明王朝的招撫，在此後的500多年間，不管琉球內部政治如何變遷，歷代琉球王都向中國皇帝請求冊封，並與中國進行「朝貢」貿易；琉球國使用中國年號、曆法，奉中國為正朔；琉球國的官方文件、對外文書、對外條約以及編纂的琉球正史等，均用漢文書寫而成。琉球因中華文化的影響而成為「守禮之邦」；琉球因中琉貿易而成為「萬國津梁」。

由於地緣上相近，從中琉貿易中得到好處的日本薩摩島津氏，開始覬覦琉球。1609年，島津氏派兵攻打琉球並掠走琉球王，強迫其接受「掟五十條」並寫下效忠誓文，強行佔據琉球北方五個島嶼，琉球被迫成為薩摩藩的附屬；琉球的內政、外交也開始受制於薩摩藩。中琉「朝貢貿易」也變成了薩摩藩謀利的手段。明治維新以後，琉球成為日本對外擴張的首個領土目標。日本趁法國入侵越南，中國西南邊疆危機之時，策劃吞併琉球的「琉球處分」，藉口「難船事件」，出兵侵略臺灣，庫清中琉關係，為吞併琉球做了準備。日本又趁中國新疆危機之時，強令琉球中止與清的朝貢貿易，於1879年完全吞併了琉球。

琉球作為東亞的古國，卻在近代被日本強行吞併。這完全違背琉球人民的意願，也嚴重地違反了《國際法》中關於領土取得的條款。戰後，琉球本應當成為一個獨立的國家，但卻被美國作為「禮物」還給了日本。美日的私相收授並不符合國際法，琉球人民有權決定自己的未來。

參考文獻

一、日本國立公文書館所收藏原始檔案

1.《公文錄·明治五年·第九卷·壬申·外務省附錄(琉球藩)》,A01100014600。

2.《公文錄·明治十八年·第二百二卷·明治二年～七年·使清締約始末(一)》,A01100295700。

3.《公文錄·明治十八年·第二百二卷·明治二年～七年·使清締約始末(二)》,A01100295500。

4.《日清交際史提要》,B03030240600。

5.《琉球関係雜件／類聚琉球入貢諸例》,B03041127700。

6.《琉球関係雜件／琉球藩入貢諸例 第一卷》,B03041128600。

7.《琉球関係雜件／琉球藩入貢諸例 第二卷》,B03041130600。

8.《琉球関係雜件／琉球藩入貢諸例 第三卷》,B03041132100。

9.《琉球関係雜件／琉球藩取扱書》,B03041134200。

10.《琉球関係雜件／琉球使臣上京書類》,B03041136200。

11.《琉球関係雜件／琉球使臣來朝始末》,B03041137500。

12.《琉球関係雜件／琉球藩在勤來往翰》,B03041138400。

13.《琉球関係雜件／琉球藩諸調書 第一卷》,B03041139400。

14.《琉球関係雜件／琉球藩諸調書 第二卷》,B03041140300。

15.《琉球関係雜件／琉球藩諸調書 第三卷》,B03041141500。

16.《琉球関係雜件／伊地知在琉中書類》,B03041142800。

17.《琉球関係雜件／琉球藩諸件上陳》,B03041143000。

18.《琉球関係雜件／琉球藩派員來往翰》，B03041143800。
19.《琉球関係雜件／琉球藩関係書類》，B03041144200。
20.《琉球関係雜件／琉球ノ所屬問題ニ関シ日清両國爭議関係》，B03041144900。
21.《琉球関係雜件／琉球ノ所屬問題ニ関シ日清両國爭議関係 松本記錄 第一卷》，B03041145600。
22.《琉球関係雜件／琉球ノ所屬問題ニ関シ日清両國爭議関係 松本記錄 第二卷》，B03041147000。
23.《琉球関係雜件／琉球関係新聞拔萃》，B03041148000。
24.《琉球関係雜件／琉球沿革及琉案始末（稿本）》，B03041148500。
25.《琉球藩米蘭仏約定書》，B06151020500。
26.《琉球藩ヘ熊本鎮臺步兵一分隊派遣居》，A01100144600。
27.《公文錄・明治十三年・第二百十三卷・公文附錄在外公使報告十三（清國公館）》，A01100208900。
28.《琉球國王尚泰ヲ藩王トナシ華族ニ陞列スルノ詔》，A14110271700。
29.《藩王尚泰ヲ一等官トナス》，A01000029500。
30.《琉球王府（評定所）日記》，A05020338900。
31.《琉球王府異國御用掛日記》，A05020339700。
32.《琉球王府諸外國ト琉球ト條約並ニ往復書類》，A05020342300。
33.《処蕃始末総目 第一冊より第七十冊までのものを収む》，A03030492900。
34.《単行書・琉球使臣來朝始末》，A04017200500。
35.《単行書・生蕃事件》，A04017197200。
36.《単行書・琉球藩諸調書一》，A04017200700。
37.《単行書・琉球藩諸調書二》，A04017200900。
38.《単行書・琉球藩諸調書三》，A04017201100。
39.《単行書・琉球藩諸調書四》，A04017201300。
40.《単行書・琉球藩諸調書四》，A04017201500。
41.《1・通信始末／琉球書類 通信始末／1 入貢年表》，B03041128000。
42.《2・中山略品位官職》，B03041128300。
43.《1・琉球使臣來朝始末 乾／序言》，B03041137800。

44.《亜米利加合眾國／分割 1》，B13090769000。
45.《琉球國米國間條約》，B13091080200。
46.《鹿児島藩琉球國事由取調書》，A03030094900。
47.《井上大蔵大輔琉球國版籍收入建議並左院 問答議》，A03030095100。
48.《琉球國使來朝接待ノ儀》，A03030095400。
49.《琉球國融通貨幣下賜ノ儀》、《藩内融通ノ為メ貨幣三萬円下賜》，A03030095700。
50.《琉球國使參朝上表貢獻ニ付島主ヲ藩主ニ付シ華族ニ列スルノ勅旨並貨物下賜ノ儀》，A03030095600。
51.《井上大蔵大輔琉球國版籍收入建議並左院 問答議》，A03030095100。
52.《副島外務卿琉球國藩屬體制建議》，A03030095800。
53.《外務大蔵両省官員琉球派出達》，A03030096100。
54.《琉球藩於テ各國取結條約自今外務省管轄並小笠原島同藩所轄達付副島外務卿米國公使往復書》，A03030096000。
55.《琉球藩王一等官取扱並邸宅下賜ノ儀》，A03030096200。
56.《琉球藩負債消卻ノ儀》，A03030096500。
57.《単行書．処蕃始末．辛未壬申．第一冊》，A03030094700。
58.《単行書．処蕃提要．第一巻》，A03031117200。
59.《大山鹿児島県參事琉球島民臺灣ニ於テ遭害ニ付問罪云々上陳附琉球王子遭害始末届書》，A03031117400。
60.《琉球國民臺灣漂到遭害居ニ付大山鹿児島県參事問罪出師建言ノ儀》，A03030095300。
61.《臺灣征討／86 臺灣征討事件補足四柳原外務大丞ヨリ西鄉參議宛》，B03030121800。
62.《臺灣征討事件／86 臺灣征討事件補足 三 柳原小弁務使ヨリ外務大少丞記宛》，B03030121700。
63.《臺灣征討事件／3 二 鹿児島県ヨリ外務省宛》，B03030113200。
64.《琉球國民臺灣漂到遭害居ニ付大山鹿児島県參事問罪出師建言ノ儀》，A03030095300。
65.《大隈長官ヨリ蕃地勦撫ニ付琉球藩ヘ御達ノ儀云々伺》，A03031130900。
66.《大久保弁理大臣ヘ勅旨》，A03031133900。

67.《臺灣ニテ暴殺ニ逢候琉球人髑髏同藩へ運送ノ儀伺》，A01100060800。
68.《琉球藩処分ノ儀伺》，A01100061700。
69.《琉球藩へ可下賜汽船並撫恤米ノ儀伺》，A01100108800。
70.《琉球藩処分著手ノ儀再上申》，A01100109300。
71.《琉球藩へ諸新聞紙送達ノ儀伺》，A01100109600。
72.《琉球藩隔年朝貢ト唱へ使節ヲ清國ニ派遣シ或ハ清帝即位ノ慶賀使ヲ差遣シ且清國ノ冊封ヲ受クルヲ止ム》，A03022995400。
73.《明治ノ年號遵奉及藩制改革等ヲ令ス附松田內務大丞ノ說明書》，A03022995500。
74.《藩王尚泰及伊江王子外三名歎願書》，A03022995500。
75.《松田內務大丞対弁書ヲ以テ更ニ令達ノ旨趣ヲ說明ス》，A03022995500。
76.《伊江王子外八名具狀書》，A03022995900。
77.《藩王尚泰及伊江王子外三名再願書》，A03022995800。
78.《琉球藩処分方ヲ松田內務大書記官ニ令ス》，A03022997800。
79.《內務省上申琉球藩処分方法》，A03022998200。
80.《琉球所屬問題第一 7》，B03041146800。
81.《琉球所屬問題第一／2》，B03041146300。
82.《琉球所屬問題第一／3》，B03041146400。
83《琉球関係雜件／琉球沿革及琉案始末（稿本）》，B03041148500。
84.《琉球問題／2》，B03041145500。
85.《琉球処分（中）（印刷本）》，A03023002100。
86.《池城親方外五名ノ歎願書》，A03022997100。

二、日文參考書目

1. 伊波普猷，《琉球史料從書》第一、二卷，名取書店，1940 年。
2. 伊波普猷，《琉球史料從書》第三卷，名取書店，1942 年。
3.《伊波普猷全集》三卷、平凡社，1974 年。
4. 伊波普猷，《古琉球》，青磁社，昭和 18 年。
5. 野口鐵郎，《中國と琉球》，開明書院，昭和 52 年。
6. 東恩納寬惇，《琉球の歷史》，至文堂，昭和 47 年。
7. 東恩納寬惇，《琉球史料叢書》，名取書店，1940 年。

8. 饒平名智太郎著，《沖繩》，三一書房，1956 年。
9. 新屋敷幸繁，《新講沖繩一千年史》，雄山閣，昭和 46 年。
10. 大槻文彥，《琉球新志》，國書刊行會，1973 年。
11. 金城正篤，《琉球處分論》，沖繩タイムス社，1978 年。
12. 仲里讓，《琉球處分的全貌》，クォリティ出版，2001 年。
13. 新川明，《琉球處分以後（上、下）》，朝日新聞社，2005 年。
14. 渡久山寬三，《琉球處分》，新人物往來社，1990 年。
15. 大城立裕，《琉球處分》，講談社，1968 年。
16. 並岳生，《尚泰王 / 琉球処分（上、中、下）》，新星出版，2006 年。
17. 大城立裕，《小說琉球處分》，講談社，1972 年。
18. 安間繁樹，《琉球列島》，東海大學出版會，1982 年。
19. 宮城榮昌，《琉球の歷史》，吉川弘文館，1977 年版。
20. 大城立裕，《沖繩歷史散步》，創元社 1991 年版）
21. 宮城榮昌等編，《沖繩歷史地圖》，柏書房，1983 年版。
22. 金城正篤，《琉球處分論》，沖繩タイムス社，1980 年版。
23. 高良倉吉，《琉球的時代》，日本沖繩南西出版社 1989 年版。
24.《琉球王國》，岩波書店，1993 年版。
25. 松浦章著，《清代中國琉球交涉史の研究》，関西大學出版部，2011 年。
26. 上原兼善著，《鎖國と藩貿易》，八重嶽書房，1981 年。
27. 宜野灣《世界史からみた「琉球処分」》，榕樹書林，2017 年。
28. 伊波普猷，東恩納寬惇，橫山重編纂，《琉球史料叢書》五卷，井上書房，1962 年。
29. 溝口雄三（浜下武志）編，《周縁からの歷史》，東京大學出版社，1994 年。
30. 德富豬一郎著《近世日本國民史：彼理來航及其當時》，明治書院，1934 年。
31. 毛利敏彥的，《臺灣出兵》，中央公論社，1996 年。
32. 安里延，《日本南方發展史》，三省堂刊行，昭和 16 年。
33. 小葉田淳，《中世南島交通貿易史》，東京刀江書院，昭和 43 年。
34. 東恩納寬惇，《黎明期の海外交通史》，東京帝國教育會出版部，昭和 16 年。

35. 外間正幸等，《日本の工芸別卷——琉球》，淡交社，昭和 47 年。
36. 高良倉吉，《琉球の時代》，築摩書房，2012 年。
37. 浦添市教育委員會，《琉球——中國交流史をぐる》，南西出版社，1988 年。
38. 池宮正治等，《久米村——歷史と人物》南西出版社，1993 年。
39. 徐恭生，《中國．琉球交流史》，南西出版社 1993 年。
40. 赤嶺誠紀，《大航海時代の琉球》沖繩時報社，1988 年。
41. 日本浦添市教育委員會，《琉球王國評定所文書》1991 年。
42. 明治文化研究會主編，《明治文化全集》第 24 卷，日本評論社，1993 年。
43. 明治文化資料叢書刊行會主編，《明治文化資料叢書》第 4 卷，風間書房，1962 年。
44. 那霸市企劃部市史編集室所編著，《那霸市資料》中的第 2 卷資料篇，那霸市，1971 年。
45. 嶋津與志，《琉球王國衰亡史》，岩波書店，1992 年。
46. 番地事務局，《処番趣旨書》，內閣秘本，大久保文庫 952．031S55，日本立教大學図書館蔵。
47. 金井之恭，《使清辨理始末》，日本立教大學図書館蔵，明治八年刊。
48. 板野正高，《近代中國政治外交史》，東京大學出版會，1973 年。
49. 板野潤治，《近代日本の外交と政治》，研文出版社，1985 年。
50. 渡邊幾治郎，《日本戰時外交史話》，千倉書房，1937 年。
51. 我部政男、栗原純，《ル．ジャンドル臺灣紀行》，緑陰書房，1998 年。
52. 山本春樹、黄智慧，《臺灣原住民の現在》，株式會社草風館，2004 年。
53. 東アジア近代史研究會，《東アジア近代史》，第二號（東アジア近代史研究會，1999 年 3 月。
54. 東アジア近代史研究會，《東アジア近代史》，第三號（東アジア近代史研究會，2000 年 3 月。
55. 佐藤慎一，《近代中國の知識人と文明》，東京大學出版會，1996 年。
56. 山室信一，《思想課題としてのアジア》，岩波書店，2001 年。
57. 清澤きよし，《外政家としての大久保利通》，中央公論社，昭和十七年。
58. 安岡昭男，《明治前期日清交涉史研究》，嚴南堂書店，1995 年。
59. 茂木敏夫，《変容する近代東アジアの國際秩序》，山川出版社，1997 年。

60. イアン ニッシュ編麻田貞雄訳，《歐米から見た岩倉使節团》，ミネルバ書房，2002 年。
61. 田中彰，《岩倉使節团の歷史的研究》，岩波書店，2002 年。
62. 浜下武治，《朝貢システムと近代アジア》，岩波書店，1997 年。
63. 岡崎久英，《百年の遺產》，扶桑社，2002 年。
64. 加藤陽子，《戰爭の日本近現代史》，講談社，2002 年。
65. 竹內好，《近代の日本と中國》，朝日新聞社，1971 年。
66. 入江昭，《日本の外交》，中公新書，1966 年。
67. 戶川豬佐武，《山県有朋と富國強兵のリーダー》，講談社，1983 年。
68. 多田好問，《岩倉公実記》，原書房，1968 年。
69. 日本史籍協會，《大久保文書》，東京大學出版會，1929 年。
70. 田中彰，《岩倉使節团と歐米回覧実記》，岩波書店，1994 年。
71. 久米邦武，《米歐回覧実記》，博聞社，1878 年。
72. 東亜同文會編，《対支回顧錄》東京，原書房，1968 年。
73. 上原兼善，《鎖國と藩貿易——薩摩藩の琉球密貿易》，八重嶽書房，昭和五十六年。
74. 上里隆史，《琉日戟爭一六〇九》，那霸：ボ-ダ-インク，2009 年。

三、中文史料及著作

1.《隋書》，中華書局，1973 年。
2.《明史》，中華書局，1974 年。
3.《明實錄》，臺灣中研院歷史語言所影印本，1962 年。
4.《明會典》，臺灣商務印書館，1986 年。
5. 周煌輯，《琉球國志略》，商務印書館，1936 年。
6. 李國祥等，《明實錄類纂》，武漢出版社，1993 年。
7.《清史稿》，中華書局，1977 年。
8.《清實錄》，崇謨閣影印本，1936 年。
9.《李文忠公全集》，文海出版社，1980 年版。
10.《李文忠公選集》，臺灣大通出版社，1989 年。
11.《李鴻章全集》，海南出版社，1997 年版。
12.《中山世鑒》，琉球大學附屬圖書館伊波普猷文庫藏本。

13.《中山世譜》，琉球大學附屬圖書館伊波普猷文庫藏本。

14.《球陽》，琉球大學附屬圖書館伊波普猷文庫藏本。

15.《歷代寶案》，臺灣大學刊行本，1972 年。

16. 高津孝，陳捷主編《琉球王國漢文文獻集成》（全三十六冊），復旦大學出版社，2013 年。

17. 中國第一歷史檔案館編，《清代中琉關係檔案選編》，中華書局，1993 年。

18. 中國第一歷史檔案館編，《清代中琉關係檔案續編》，中華書局，1994 年。

19. 中國第一歷史檔案館編，《清代中琉關係檔案三編》，中華書局，1996 年。

20. 中國第一歷史檔案館編，《清代中琉關係檔案四編》，中華書局，2000 年。

21. 中國第一歷史檔案館編，《清代中琉關係檔案五編》，中國檔案出版社，2002 年。

22. 中國第一歷史檔案館編，《清代中琉關係檔案六編》，中國檔案出版社，2005 年。

23. 中國第一歷史檔案館編，《清代中琉關係檔案七編》，中國檔案出版社，2009 年。

24. 方寶川，謝必震主編，《琉球文獻史料彙編》，海洋出版社，2014 年。

25. 中國第一歷史檔案館編，《清代琉球國王表奏文書選錄》，黄山書社，1997 年。

26. 臺灣銀行經濟研究室編，《使琉球錄三種》《臺灣文獻從刊》第 287 種，臺灣銀行，1970 年。

27. 臺灣銀行經濟研究室編，《清代琉球紀錄集輯》《臺灣文獻叢刊》第 292 種，臺灣銀行，1971 年。

28. 臺灣銀行經濟研究室編，《琉球國志略》《臺灣文獻叢刊》第 293 種，臺灣銀行，1971 年。

29. 中國檔案彙編：《清光緒朝中日交涉史料》，卷一，故宮博物院文獻館編印，1932 年影印本。

30. 中國檔案彙編：《清光緒朝中日交涉史料》，卷二，故宮博物院文獻館編印，1932 年影印本。

31. 費信，《星槎勝覽》，中華書局，1954 年。

32.《星槎勝覽》，天一閣藏明抄本。

33. 汪大淵撰，《島夷志略校注》，雪堂叢刻。

34. 徐繼畬撰，《松龕全集》，山西文獻委員會印。
35. 李鼎元撰，《使琉球記》，文海出版社，1970 年。
36. 陳魯丁著，《琉球問題》，文獻書局，1949 年。
37.《琉球概覽》，國民圖書出版社，1945 年。
38. 藩相輯，《琉球入學聞見錄》，文海出版社。
39.《皇明四夷考》，據吾學編重印，1933 年。
40. 鄭若曾撰，《鄭開陽雜著 4》，無出版信息。
41. 胡宗憲、鄭若曾，《籌海圖編》，中華書局，2007 年。
42.《清光緒朝中日交涉史料》，文海出版社，1963 年版。
43.《國家圖書館藏琉球資料彙編》，上中下冊，2000 年 10 月。
44. 蔡璋，《琉球亡國史譚》，正中書店，1951 年版。
45.《使琉球錄三種》，臺灣大通書局，1995 年。
46. 陳龍貴、周維強編、《順風相送——院藏清代海洋史料特展》，臺灣故宮博物館，2013 年版。
47. 國史館臺灣文獻館，《處番提要》，2005 年。
48. 國史館臺灣文獻館，《風港營所雜記》，2003 年。
49. 曾紀澤撰：《曾惠敏公遺集》，江南製造總局，1893 年。
50. 徐葆光：《中山傳信錄》，《臺灣文獻史料叢刊》第三輯《清代琉球紀錄集輯、清代琉球紀錄續輯》，臺灣大通書局印行，1995 年版。
51. 徐藝圃主編，中國第一歷史檔案館編、《清代中琉關係檔案選編》，中華書局，1993 年版。
52. 徐藝圃主編，中國第一歷史檔案館編、《清代中琉關係檔案三編》，中華書局，1996 年版。
53. 楊家駱主編、《中國近代史文獻彙編．清光緒朝文獻彙編》，鼎文書局，1979 年版。
54. 中國第一歷史檔案館編，《清代中琉關係檔案續編》，中華書局，1994 年。
55. 楊中揆，《琉球古今談》，臺灣商務印書館，1990 年版。
56. 張啟雄，《清光緒朝中日交涉史料選輯》，臺灣省文獻委員會，1997 年版。
57. 吳壯達，《琉球與中國》，正中書局，1948 年。
58. 王亮輯，《清季外交史料（光緒朝）》卷 13，北平外交史料編纂處，1935 年鉛印本。

59. 王鐵崖，《中外舊約章彙編》第一冊，三聯書店，1957 年版。
60. 王璽，《李鴻章與中日訂約（一八七一）》，臺北中央研究院近代研究所，2006 年版。
61. 中國第一歷史檔案館編，《清代中琉關係檔案選編》，中華書局，1993 年版。
62. 寶鋆等編修，《同治朝籌辦夷務始末》，北京圖書館古籍館清史文獻中心藏。
63. 沈雲龍主編，《清末臺灣洋務 臺灣對外關係史料》，近代中日史料叢刊續編第五十一輯，文海出版社。北京圖書館古籍館清史文獻中心藏。
64. 王鐵崖，《中外舊約章彙編》第二冊，三聯書店，1962 年版。
65. 楊仲揆，《琉球古今談》，臺灣商務印書館，1990 年。
66. 臺灣銀行經濟研究室，《甲戌公牘鈔存》，臺灣銀行出版社，1959 年版。
67. 唐淳風編著，《悲憤琉球》，東方出版社，2014 年 5 月版。
68. 陳碧笙，《臺灣地方史》，中國社會科學出版社，1982 年版。
69. 陳劍峰著，《文化與東亞、西歐國際秩序》，上海大學出版社，2004 年版。
70. 陳守亭，《牡丹社事件與沈葆楨治臺政績考》，正中書局，民國七十五年版。
71. 陳向陽，《中國睦鄰外交》，時事出版社，2004 年 1 月版。
72. 程道德，《近代中國外交與國際法》，現代出版社，1993 年版。
73. 戴寶村，《帝國的入侵 牡丹社事件》，自立晚報社文化出版部，1993 年版。
74. 李金明，《明朝時期琉球日本關係史》，中國社會科學出版社，1990 年。
75. 李雲泉，《朝貢制度史論》，新華出版社，2004 年版。
76. 李祖基，《臺灣歷史研究》，臺海出版社，2006 年版。
77. 米慶餘，《日本近代外交史》，南開大學出版社，1988 年版。
78. 米慶餘，《琉球歷史研究》，天津人民出版社，1998 年版。
79. 米慶餘，《日本近現代外交史》，世界知識出版社，2010 年版。
80. 米慶餘主編，《國際關係與東亞安全》，天津人民出版社，2001 年版。
81. 米慶餘主編，《日本百年外交論》，中國社會科學出版社，1998 年版。
82. 米慶餘監修，肖偉著，《戰後日本國家安全戰略》，新華出版社，2000 年版。

83. 謝必震，《中國與琉球》，廈門大學出版社，1996 年版。
84. 謝必震，《明清中琉航海貿易研究》，海洋出版社，2004 年版。
85. 徐勇、湯重南主編，《琉球史論》，中華書局 2016 年。
86. 法學教材編輯部，《國際關係史資料選編》上冊（第一分冊），武漢大學出版社，1983 年版。
87. 高岐，《福建市舶提舉司志》考異，1939 年鉛印本。
88. 何慈毅，《明清時期琉球日本關係史》，江蘇古籍出版社，2002 年版。
89. 黄天，《琉球沖繩交替考》，人民出版社，2016 年版。
90. 紀連海，《琉球之迷》，北京大學出版社，2011 年版。
91. 鞠德源，《日本國竊土源流——釣魚列嶼主權辯》（上下冊），首都師範大學出版社，2001 年版。
92. 劉少東，《二戰前後的沖繩問題及中日美關係研究》，人民出版社，2015 年版。
93. 劉少東，《日美沖繩問題起源研究（1942～1952）》，世界知識出版社，2011 年版。
94. 劉曉峰，《日本的面孔》，中央編譯局出版社，2007 年版。
95. 呂萬和，《簡明日本近代史》，天津人民出版社，1984 年版。
96. 孟凡仁、黄振華主編，《中俄伊犁交涉》，新疆人民出版社，1995 年版。
年版。
97. 沈雲龍主編，《近代中國史料叢刊續編》第 696 冊，文海出版社，1975 年版。
98. 宋成有、李寒梅等，《戰後日本外交史（1945～1994）》，世界知識出版社，1994 年版。
99. 汪向榮、夏應元，《中日關係史資料彙編》，中華書局，1984 年版。
100. 王芸生，《六十年來中國與日本》，大公報社，1932 版。
101. 王振鎖，《日本戰後五十年（1945～1995）》，世界知識出版社，1996 年版。
102. 王振鎖，《戰後日本政黨政治》，人民出版社，2004 年版。吳汝綸編：《李文忠公全集》，1908 年版。
103. 張健，《戰後日本的經濟外交（1945～1972）》，天津人民出版社，1996 年版。
104. 吳廷璆主編，《日本史》，南開大學出版社，1994 年版。

105. 吳學文主編，《日本外交軌跡（1945～1989）》，時事出版社，1990 年版。
106. 戚其章，《國際法視角下的甲午戰爭》，人民出版社，2001 年 9 月版。
107. 沈予，《日本大陸政策史》，社會科學文獻出版社，2005 年 8 月版。
108. 藤井志津枝，《近代中日關係史源起 1871 年～1874 年臺灣事件》，金禾出版社，1992 年版。
109. 伊能嘉矩著、楊南郡譯，《臺灣踏查日記》，遠流出版公司，1996 年版。
110. 中國社會科學院近代史所，《日本侵華七十年史》，中國社會科學出版社，1992 年 10 月版。
111. 蕭一山，《清史》，臺灣商務印書館，1980 年版。
112. 張雅麗，《戰後日本對外戰略研究》，浙江人民出版社，2002 年版。
113. 張蘊嶺主編，《轉變中的中、美、日關係》，中國社會科學出版社。1997 年版。
114. 趙學功：《巨大的轉變——戰後美國對東亞的政策》，天津人民出版社，2002 年版。
115. 浙江大學日本文化研究所，《日本歷史》，高等教育出版社，2003 年版。
116. 鄭海麟：《釣魚島列嶼之歷史與法理研究》（增訂本），中華書局，2007 年版。
117. 楊生茂主編、《美國外交政策史 1775～1989》，人民出版社，1991 年版。
118. 於群，《美國對日政策研究》，東北師範大學出版社，1996 年版。
119. 信夫清三郎：《日本政治史》，譯文出版社，1982 年。
120. 孫曉光，趙德旺，侯乃峰著，《琉球救國請願書整理與研究》，新華出版社，2018 年。
121. 《對日和約問題》，亞東協會出版，1947 年。

四、論文

1. 我部政男，《明治國家與沖繩》，《歷史評論》，第 379 號，1981。
2. 熊谷光久，《從軍事面上看琉球處分》，《政治經濟史學》，第 208 號，1983 年。
3. 菊山正明，《琉球處分中裁判權接收問題與真宗法難事件》，《琉球大學教育學部紀要》，第 27 號，1984 年。
4. 伊東昭雄，《「琉球處分」與琉球救國運動——以脫清者的活動為中心》，

《橫浜市立大學論叢人文科學系列》，第 38 號，1987 年。
5. 山下重一，《琉球處分概說》，《國學院法學》，第 27 號，1990 年。
6. 安岡昭男，《山縣有朋與琉球處分——圍繞壬申 8 月建議》，《政治經濟史學》，第 312 號，1992 年。
7. 原剛，《明治初期沖繩的軍備——琉球處分時分遣隊的派遣》，《政治經濟史學》，第 317 號，1992 年。
8. 小林隆夫，《臺灣事件與琉球處分——李仙得的作用再考—1》，《政治經濟史學》，第 340 號，1994 年。
9. 小林隆夫，《臺灣事件與琉球處分——李仙得的作用再考—2》，《政治經濟史學》，第 341 號，1994 年。
10. 小沢隆司《日本與沖繩——琉球處分的憲法史》，《法學研究》，第號 1997 年。
11. 德松信男《被侵略的尖閣列島——是日本人守衛國土（6）從琉球處分到日清戰爭》，《祖國與青年》，第 259 號，2000 年。
12. 閻立《清末洋務派的「近代」受容——以「琉球處分」為中心》，《法政大學教養部紀要》，第 116 號，2001 年。
13. 芳澤拓也，《琉球處分以後、明治期沖繩社會構造——以伊波普猷為中心的新知識人的誕生》，《教育科學研究》，第 19 號，2001 年。
14. 山下重一，《「ジャパン・ガゼット」論說的琉球處分批判與井上毅的反論》，《國學院法學》，第 154 號，2002 年。
15. 山下重一，《井上毅的反駁稿（ミニシンポジウム 「琉球処分をめぐる國際紛爭）》，《國學院法學》，第 158 號，2003 年。
16. 山口栄鐵，《ガゼット論說の琉球処分批判（ミニシンポジウム「琉球処分をめぐる國際紛爭）》，《國學院法學》，第 158 號，2003 年。
17. 梧陰文庫研究會，《ミニシンポジウム 「琉球処分をめぐる國際紛爭」》，《國學院法學》，第 158 號，2003 年。
18. 後藤新平，《「琉球處分」的基礎研究——以琉球番設置為中心》，《法學政治學論究》，第 56 號，2003 年。
19. 孫軍悅，《「同文」的陷阱——圍繞著「琉球處分」的日清交涉為中心》，《奈良教育大學國文》，第 27 號，2004 年。
20. 里井洋一，《日本·臺灣·中國教科書中臺灣事件·琉球處分記述的考察》，

《琉球大學教育學部紀要》，第 68 號，2006 年。

21. 塩出浩之，《圍繞琉球處分日本的報紙報導》，《政策科學·國際關係論集》，第 9 號，2007 年。
22. 上間創一郎，《近代天皇制與琉球處分》，《應用社會學研究》，第 50 號，2008 年。
23. 割田聖史，《「琉球處分」史中的民族——「琉球處分」史相關基礎的考察》，《沖繩研究日記》，第 17 號，2008 年。
24. 西里喜行，《東亞史中的琉球處分》，《經濟史研究》，第 13 號，2009 年。
25. 川畑惠，《琉球處分研究的回顧——以一九五〇年代～七〇年代為中心》，《沖繩研究日記》，第 18 號，2009。
26. 波平恒男，《「琉球處分」再考——琉球藩王冊封和臺灣出兵問題》，《政策科學．國際關係論集》，第 11 號，2009 年。
27. 與儀秀武，《薩摩侵攻四〇〇年和琉球處分一三〇年》，《情況》，第三期，第 87 號，2009 年。
28.《特集 琉球侵略四〇〇年、琉球處分一三〇年》，《飛礫》，通號 62，2009 年。
29. 我部政男《公開研究會關於「琉球處分」》，《沖繩研究日記》，第 19 號，2010 年。
30. 波平恒男，《琉球處分的歷史過程再考——從「琉球處分」的本格化到廢藩置縣》，《政策科學．國際關係論集》，第 12 號，2010 年。
31. 西里喜行，《「琉球處分」的負遺產》，《環》，第 43 號，2010 年。
32. 陳在正，《牡丹社事件所引起之中日交涉及其善後》，《中央研究院近代史研究所集刊》，第二十二期，民國 82 年 6 月。
33. 陳在正，《1874 年日本出兵臺灣與挑起臺灣內山領土主權的爭論》，《中國邊疆史地研究報告》1992 年第 1～2 期合刊。
34. 陳在正，《1874 年中日〈北京專條〉辨析》，《臺灣研究集刊》1994 年第一期、中國史學會、全國臺灣研究會主編的《臺灣史研究論集》，華藝出版社 1994 年版。
35. 程鵬，《西方國際法首次傳入中國問題的探討》，《北京大學學報》，1989 年第五期。
36. 曹勝，《試論國際法的輸入對晚清近代化的影響》，《青島科技大學學報》，

2002 年第四期。
37. 曹英、劉蘇華，《論早期維新派的國家主權觀念》，《長沙理工大學學報》，2004 年第四期。
38. 丁光泮，《試論北京同文館對近代國際法的翻譯與教學》，《西華師範大學學報》，2005 年第四期。
39. 黃俊華，《李鴻章與晚清宗藩體制的瓦解》，2004 年河南大學碩士論文。
40. 洪燕，《同治年間萬國公法在中國的傳播和應用》，2006 年華東師範大學碩士論文。
41. 況落華，《大沽口船舶事件：晚清外交運用國際法的成功個案》，《安慶師範學院學報》，2006 年第一期。
42. 孔凡嶺，《1874 年日本出兵臺灣探析》，《臺灣研究》1997 年第二期。
43. 呂彩雲，《晚清中日兩國修改不平等條約之比較》，2005 年西南交通大學碩士論文。
44. 路偉，《日本與近代東北亞國際體系的轉型》，2005 年吉林大學碩士論文。
45. 劉彬，《李鴻章外交思想評析》，《北方論叢》，2000 年第三期。
46. 劉悅斌，《薛福成對近代國際法的接受和運用》，《河北師範大學學報》，1998 年第二期。
47. 米慶餘，《琉球漂民事件與日軍入侵臺灣（1871～1874 年）》，《歷史研究》，1999 年第一期。
48. 歐陽躍峰，《李鴻章與近代唯一的平等條約》，出自《安徽師大學報》，1998 年第二期。
49. 藤井志津枝，《一八七一年～一八七四年臺灣事件之研究》，臺灣大學歷史系碩士論文，1982 年。
50. 張振鵾，《關於中國在臺灣主權的一場嚴重鬥爭～1874 年日本侵犯臺灣之役在探討》，《近代史研究》，1993 年第六期。
51. 鄒芳，《近二十年對郭嵩燾與國際法問題研究綜述》，《船山學刊》，2006 年第一期。
52. 孫承，《1874 年日本侵略臺灣始末》，《日本問題》，1980 年第二十六期。

附錄一　中國文化對琉球的薰陶及影響

「琉球國，在泉州之東，自福州視之，則在東北。是以，去必孟夏，來必季秋，乘風便也。國無典籍，其沿革不能詳然。隋兵劫之而不服，元使招之而不從。我太祖之有天下也，不加兵而遣使，首效歸附，其忠順之心，無以異於越裳氏矣。」〔註1〕這是明代冊封使陳侃在《使琉球錄》中對琉球國的記錄，清晰地顯示了琉球的地理位置及中琉之間的往來關係。根據琉球最早國史《中山世鑒》的記載，「琉球」之名是由隋朝大將朱寬所取。從607年開始，中國便尋求與之接觸交流。1372年，中山王察度接受明太祖朱元璋詔諭，首次遣使納貢稱臣，與大明建立宗藩關係，至1879年被日本強行吞併改名為沖繩以前，琉球一直是中國的附屬國。在長達五百多年的時間裏，琉球歷代國王都受中國皇帝的冊封，奉中國為正朔，並定期遣使朝貢，因而其政治制度、經濟領域、思想文化、教育體系、農業、手工業、生產工藝、服飾、園林和文學藝術無不深受中國的影響，隨處顯現著中國元素及基因。

一、中琉五百年交流的歷程

（一）「琉球」之名的由來及藩屬關係的確立

根據《中山世譜》中記載，隋統一後就開始關注琉球，「隋大業元年乙丑，海師何蠻，每秋二時，天清風靜，東望，依稀似有煙霧之氣，亦不知幾千里」。公元607年，「煬帝令羽騎尉朱寬入海訪求異俗」首次到達琉球。朱

〔註1〕陳侃：《使琉球錄》（二），商務印書館，1937年，第53頁。

寬「遙觀地界，於波濤間蟠旋蜿蜒，其形若虬浮水中，名曰『流虬』」，「言不相通，掠一人而返。」後煬帝再命朱寬至琉球，「復至撫之，不從。」「帝復遣武賁郎將陳棱、朝請大夫張鎮州等率兵至國，其軍甚眾。……擄男女千餘人，載軍實而返。」〔註2〕因「虬」為無角之龍，《隋書》將「流虬」改為「琉求」。〔註3〕

元統一中國後，「世祖改流求曰瑠求，遣兵來征。不果。元貞之初，成宗遣大將率兵來擊。國人合力拒戰不從，元兵擒一百三十餘人而返。」〔註4〕按《中山世譜》的記載，元朝時曾兩次征討琉球。

明初之時，「太祖改『瑠求』曰『琉球』，遣使招撫。」〔註5〕1372年（明洪武五年），明太祖「遣楊載持詔諭琉球國」：

> 昔帝王之治天下，凡日月所照，無有遠邇，一視同仁。故中國奠安，四夷得所，非有意於臣服之也。自元政不綱，天下兵爭者十有七年。朕起布衣，開基江左，命將四征。不庭。西平漢主陳友諒，東縛吳王張士誠，南平閩越，戡定巴蜀，北清幽燕。奠安華夏，復我中國之舊疆。朕為臣民推戴，即皇帝位，定有天下之，號曰大明，建元洪武。是用遣使外夷，播告朕意。使者所至，蠻夷酋長稱臣入貢。惟爾琉球，在中國東南，遠處海外，未及報知。茲特遣使往諭，爾其知之。故諭。〔註6〕

此時琉球中山王、山南王及山北王三王之間矛盾重重。開明的中山王察度最先接受明朝的招撫，並挑選貢品，寫好臣服表章，特派弟弟泰期跟隨楊載往京面見大明皇帝朱元璋。《中山世譜》中記載「察度王受其詔，即遣弟泰期，奉表稱臣，貢方物。太祖賜王《大統曆》及金織文綺紗羅各五疋。賜泰期衣幣。有差。由是琉球始通中國，以開人文維新之基。」〔註7〕隨後山南王與山北王也相繼入貢。

（二）中國助琉球進入王國時代

察度接受中國的冊封以後，洪武帝首先在祭天地中將琉球納入福建。《明

〔註2〕《中山世譜》卷一歷代總記歷代總論。
〔註3〕《隋書》卷八一，中華書局刊本，第1823～1825頁。
〔註4〕《中山世譜》卷一歷代總記歷代總論。
〔註5〕《中山世譜》卷一歷代總記歷代總論。
〔註6〕《明太祖實錄》；《琉球周詢》[illegible]，故宮博物院圖書館，1930年，第1頁。
〔註7〕《中山世譜》卷三察度王。

太祖實錄》記載「福建則宜附祭琉球」。《中山世譜》也記載「八年（1375）乙卯，太祖命附祭琉球山川於福建。」〔註8〕祭祀山川江河不僅是皇權儀式，更是代表中國皇帝管轄範疇及於此地。

其次，洪武帝賜琉球三王官印。1383年，《明史》的記載為「詔賜二王鍍金銀印。」《中山世譜》的記載為「太祖賜中山王察度鍍金銀印一，及幣帛七十二疋。又賜山南王承察度幣帛七十二疋。」「十八年又貢，賜山北王鍍金銀印如二王。」〔註9〕明王朝賜給琉球王官印，實質上表明明王朝對琉球的行政具有管轄權。

第三，賜琉球王官服。《中山世譜》記載，1396年「中山又遣使請賜冠帶，命禮部繪圖，令自制。」山南王、山北王的官服是大明所賜，「其王固以請，乃賜之，並賜其臣下冠服。」此後歷任中山王繼承王位，明清皇帝都賜予官服一套。「垂衣而治」是中華王朝獨有的思想，穿上賜給之衣，表明臣服、接受統治之意。

第四，中山王察度與二王「爭衡不止」，太祖派特使梁民前往琉球下詔令其停止爭鬥和平相處，「事聞於朝，太祖遣使賜勅」〔註10〕。給中山的詔書中云：「琉球三王互爭，廢農傷民，朕甚憫焉。詩曰：『畏天之威，于時保之。』王其罷戰息民，務修爾德。則國用永安矣。」給其他二王詔云：「二王能體朕意，息兵養民，以綿國祚，則天必佑之；不然悔無及矣。」〔註11〕三王各受其詔，罷戰息兵，亦皆遣使謝恩。

第五，接收琉球子弟來學並賜「三十六」姓。中山王與大明進貢往來頻繁，並送子弟到國子監學習。明太祖「各賜衣巾、靴襪、衾褥及鈔，禮待甚厚。」琉球人從這個時期開始，不斷向中國派出留學生。琉球貢使還向大明乞求「賜職加冠，使本國臣民有所仰止，以變番俗。」明太祖也依從了他們。明太祖還「賜閩人三十六姓」給琉球。這樣琉球人「始節音樂，制禮法，改變番俗，而致文教同風之盛。太祖稱為禮義之邦。」赴琉球的中國人促進了琉球的文化，「由是中山始強」，「宮古、八重山始來稱臣納貢於中山」。〔註12〕

第六，賜巴志「尚」姓。巴志於1430年統一琉球後，馬上遣使臣進貢告

〔註 8〕《中山世譜》卷三察度王。
〔註 9〕《中山世譜》卷三察度王。
〔註10〕《中山世譜》卷三察度王。
〔註11〕《中山世譜》卷三察度王。
〔註12〕《中山世譜》卷三察度王。

知情況。明宣宗得知消息，特別下賜詔嘉獎巴志：「爾琉球國分為鼎足，人民塗炭，百有餘年。比爾義兵，復致太平，是朕素意。自今以後，慎終如始，永綏海邦，子孫保之。」〔註13〕同時，還賜「尚」姓給巴志。「尚」是掌管帝王之物的意。賜巴志「尚」姓，顯然是要巴志替大明管理琉球。巴志借助大明的勢力，也注重琉球的治理，使其影響力大增，其他各小島紛紛來歸。「王愈恭理治。南夷宮古、八重山等島，皆來稱臣。由是始築層樓，以為遊觀之具。」〔註14〕

據琉球國史及其他史料記載，自中山王察度開始，歷代的琉球王都要向中國皇帝請求冊封，正式確定藩屬關係，整個明朝時期，共冊封了21位琉球王（此間共計25位）。

（三）清時期持續的藩屬關係

明朝覆滅後，清政府繼承明朝的傳統，仍與琉球保持著藩屬關係，往來更加密切。1646年（順治三年），琉球派使來華，順治皇帝親自接見。1647年，尚賢王去世，其弟尚質自稱「世子」遣使來表歸誠。1653年，尚質遣使王舅馬宗毅、蔡祚隆來貢，兼繳前朝敕印，請求襲封。清廷因命兵科副理事官張學禮，行人王垓為正使於次年，出使琉球，賚捧詔印，往封尚質為琉球王。由於當時鄭成功控制著海權，直到1663年，張學禮才到達琉球，帶來了清政府賜與的鍍金銀印一枚，先諭祭故王，然後行冊封典禮，冊封世子尚質為琉球國中山王。清政府准許琉球兩年一貢，禮儀如明朝，進貢人員不能超過150人，限正副使兩名及十五名隨從入京。是年11月，冊封使張學禮離開那霸回京。此後每當琉球新王繼位，都有清使節前往冊封與慶賀，下表為清代冊封琉球王詳表：

冊封時間（公元）	受封琉球王（即位年）	冊封使
康熙二年（1663）	尚質（1648）	張學禮、王垓
康熙二十二年（1683）	尚貞（1669）	汪楫、林麟昌
康熙五十八年（1719）	尚敬（1713）	海寶、徐葆光
乾隆二十年（1756）	尚穆（1752）	全魁、周煌
嘉慶五年（1800）	尚溫（1795）	趙文楷、李鼎元

〔註13〕《中山世譜》卷四尚思紹王

〔註14〕《中山世譜》卷四尚思紹王。

嘉慶十三年（1808）	尚成（1803）	齊鯤、費錫章
嘉慶十三年（1808）	尚灝（1804）	齊鯤、費錫章
道光十八年（1838）	尚育（1835）	林鴻年、高人鑑
同治五年（1866）	尚泰（1848）	趙新、於光甲

大量史實證明，琉球對中國並沒有因為明清交替和國內的多變，而改變對中國的臣屬關係；而清代的中國皇帝，對於琉球也是格外優撫。1663 年和 1756 年，清政府還兩次賜印給琉球王，乾隆所賜之印寫有「琉球王之印」的字樣。1682 年，康熙派翰林院檢討汪楫、林麟昌赴琉時，親自御書「中山世土」匾額，琉球也是「舉國瞻仰，唯有舞蹈歡悅，不能仰酬萬一。」〔註 15〕以後的清朝皇帝也多次賜匾額給琉球。

西曆紀年	中國紀年	大清皇帝	中山王	御書匾額內容
1682 年	康熙二十一年	愛新覺羅 玄燁	尚貞	中山世土
1724 年	雍正二年	愛新覺羅 胤禛	尚敬	輯瑞球陽
1738 年	乾隆三年	愛新覺羅 弘曆	尚敬	永祚瀛壖
1784 年	乾隆四十九年	愛新覺羅 弘曆	尚穆	海邦濟美
1798 年	嘉慶四年	愛新覺羅 顒琰	尚溫	海表恭藩
1823 年	道光三年	愛新覺羅 旻寧	尚灝	屏翰東南
1853 年	咸豐三年	愛新覺羅 奕詝	尚泰	同文式化
1865 年	同治四年	愛新覺羅 載淳	尚泰	瀛嶠屏藩

以上種種，說明清時期中琉關係更加密切，甚至出現全方位的發展。

琉球入貢於中國原是其自身的需要，因此往來特別頻繁，多時往往一歲入貢三、四次之多，明政府特別在福建福州水部門外河口建柔遠驛（又稱琉球館），以處理琉球貢使及上岸時儲存貨物之需。不論是大明還是滿清，中國從未對琉球使用武力，他們願意歸順並奉中國為正朔，完全出於自願。在五百多年間的歷史中，中國的物質改善了琉球人的經濟生活，中國的文化薰陶了琉球人的思想意識。

二、中國文化對琉球的薰陶和影響

中國與琉球之間的宗藩關係，是前近代以中國為核心的東亞秩序的體現。它反映了兩國的政治從屬關係，是琉球政治文化的基礎，更是中國對琉球社會

〔註 15〕周煌，《琉球國志略》，臺灣文獻叢刊第 293 種，第 249 頁。

產生影響與改變的前提。在接受中國冊封的五百多年歷史中，朝貢制度、中國的移民、留學生的來華、大量往來貢使及交流人員，使中國文化源源不斷地傳播到琉球，對琉球社會產生了全面、深遠、重大的影響。

（一）中國年號的使用

所謂的年號，即是「紀年」的名稱。每當改朝換代，新任皇帝都要實施「改元」，其意義在於宣布新王朝的確立。同姓皇帝承嗣即位之時，也要「改元」，頒布新年號，意在表明新皇帝的統治。因此，凡是新王朝或新任皇帝政治權力所及的地方，都必然使用新年號，這本身便是一種法令。年號的使用，在中國始於漢武帝。漢武帝即位後首創年號為建元，此後形成制度，為中國封建皇帝治世的標誌。爾後歷代傳承，乃至影響於朝鮮、日本及越南。

1372 年，琉球中山王接受中國的冊封後，開始使用中國年號。此後形成慣例，琉球國主要想稱王，必須要向中國皇帝請封，以期求得中國皇帝的任命。1403 年，山南王承察度去世，因無世子，故而「遺命從弟汪應祖攝國事」，後經冊封，始稱山南王。同樣，1406 年中山王武寧為佐敷按司巴志所滅，同年，「諸按司奉巴志之父思紹為君」。思紹自稱「世子」，向中國皇帝進貢並告知實情。《明史》中記稱，「中山王世子思紹遣使告父喪」〔註 16〕。其實，思紹與武寧並非父子關係。思紹之所以自稱「世子」，是為獲得中國皇帝的冊封與認可，並對中國皇帝保持臣屬關係。

中琉宗藩關係的確立，琉球開始奉中國為正朔，並使用中國年號，即使十八世紀琉球與歐美諸國立約，也均使用中國紀年標準，直到 1879 年日本吞併琉球，前後共延用了五百多年。

（二）官制仿傚中國、官服中國賜與

琉球的政治制度深受明朝官制體系的影響。根據 1706 年程順則、蔡鐸、蔡應瑞等人編寫的《琉球國中山王府官制》記載，琉球的政治體系高度模仿「中國」，其理念為「周家之制」「讀麟經而知春王之意也，讀孟子而知爵祿之班也。」〔註 17〕

這套系統化的官制體系由王族、王府、地方官職三部分組成。中山王以下的王族，分有王妃、世子、王子、王弟、郡主等。而這套體系的一些官職的名

〔註 16〕《明史》卷三百二十三，第 8368 頁。

〔註 17〕程順則、蔡鐸、蔡應瑞等，《琉球國中山王府官制》，康熙四十五年八月初八日。

稱也同於中國，如世子、丞相、正議大夫、中議大夫、長史、通事等。

1732 年，蔡溫在程順則所制的「中山王府官制」基礎上，制定了《位階定》，對琉球位階的陞進進行了詳細的規定，將王族之下、平民之上的士族分為九品官和十八個位階，即所謂的「九品十八階」。這項制度一直延續到琉球被日本吞併之時。

琉球不僅官制採取「中國模式」，官制服式也大體與中國一致。特別是冠服的式樣。1374 年琉球第二次譴使時，明室賜給琉球王以文綺、紗、羅，並賜給使者衣、幣、靴襪等，開啟了琉球官制服式的「中國化」。1398 年，又賜中山王冠帶，並以冠服賜予其臣屬。這樣明代貴族衣冠，成為琉球國君臣們榮耀的象徵。1403 年，山南與山北二王主動請賜冠帶衣服，亦給之。1437 年。中山王以洪武年所賜各官服年久，請求賜予更新，明朝特許其自行依照原有樣式進行製作。

自行製作中國式官服給琉球國官員習用中國官服更大的便利，「一品綠袍爵最高，二品以下皆青袍，須知藍袍總是吏，自古朝衣此三號。」另外，其冠帶、簪品等也有明確規定，這樣使琉球的王室貴族養成了以漢民族漢式衣冠為最高禮服的習慣。這種在琉球形成的以袍、冠、飾、帶等服飾體現等級的形式，是典型的中國模式。即使後來琉球人入貢於清，其沿襲也沒有改變，且為清廷所承認。

（三）「三十六姓」中國移民改變了琉球

琉球本為島國，但航海造船業並不發達，史料曾多次記載明朝賜給琉球「海舟」。為了幫助琉球造船業的發展，明政府將一批福建能工巧匠移民到琉球。鄭曉的《皇明四夷考》、嚴從簡的《殊域周諮錄》等，均記載移民者為「善操舟者」。

這些人到達琉球後，聚居在沖繩本島那霸港附近的久米島上。在永樂年間已發展至百餘家。他們築土為城，被琉球人稱為「那霸唐營（後稱久米村）」，「號其地曰唐營，亦曰營中」並世代定居於此。後又以顯榮者居多，改曰「唐榮」，意思是「受到尊敬的中國人」。

「閩人三十六姓」為琉球國文化的發展做出了巨大的貢獻。他們在琉球負責航海、造船、改良農耕方法、興修水利工程，其中有一部分人識文斷字，在琉球王府書寫官文、管理書籍、教育王室成員、充當翻譯、管理對外貿易等事務，將明朝的法律、政治管理制度帶到了琉球。由於他們文化水平高，有技術，懂得管理，因此得到王府上下和民眾的極大尊重。他們參與到琉球重要的政治、經濟、文化活動中去，對琉球社會產生深刻的影響。《中山世譜》中記載「更賜閩人三十六姓，始節音樂，制禮法，改變番俗，而致文教同風之盛。」《琉陽》也記載閩人對琉球的文化進行了多方位的改造後，「太祖稱為禮義之邦」〔註 18〕。

閩人東渡琉球，不但促進了琉球經濟、文化的發展，還使琉球的血液裏流淌著中國的血統與基因。三十六姓中的程復和王茂都曾擔任琉球國相、鄭迵擔任過法司官，他們的後人多位都成為琉球歷史上建立重大功績的人物，由此可知這些移民在中國文化對琉球的傳播上曾經有過深刻的影響和作用。

（四）制度禮儀、傳授航海技術

福建人到達琉球後，其中「知書者授大夫、長史，為貢謝之司；習海者授通事、總官，為指南之備」。〔註 19〕所謂「貢謝之司」，就指職掌了琉球朝貢典禮。他們還為琉球官員制定官服，「王子及按司等皆穿袷衣以為朝賀，其餘官亦若朝衣而皆帶中國之大坤，時制定法司親方、正議大夫等皆帶赤色坤，座敷，當官等帶黑色坤也」。〔註 20〕同時，還創制了許多民間禮儀，如「禁城米蒔」之禮便是移民到琉球的閩人所制。又如明以前琉球親人死，喪葬儀式非常簡單，「哭泣相弔後俗其屍，除腐收骨」，「親士而殯，上不起墳」；福建人則為之定「三年之喪」禮，後雖普通人守喪期縮為五十天，但「國君已薨，乃造廬於陵側，猶行三年之喪」。〔註 21〕

而「習海者授通事、總官，為指南之備」，就是到達琉球的福建人，以通事及總官的身份來傳授給琉球人造船、航海方面的技術。他們還將「針路」帶到琉球，並以文本形式留傳下來。根據程順則在《指南廣義》的記載，其書中的「海島圖」、「針路條計」、「過洋要決」以及洋中祭祀天妃等儀式與內容，也均出自中國「永樂元年」以後形成的「封舟掌舵之人所遺針本及畫圖」。另外，《傳授航海針法本末考》中也記載，中國冊封「尚貞」為中山王時，主掌羅盤針的舵工將永樂元年鄭和、李愷、楊敏等人所積累的航海技術和經驗，毫無保留地傳授給了琉球舵工。

〔註 18〕鄭秉哲等，《球陽》卷一。
〔註 19〕鄭秉哲等，《球陽》卷四。
〔註 20〕鄭秉哲等，《球陽》卷一。
〔註 21〕鄭秉哲等，《球陽》卷一。

（五）天文曆法對琉球農時及生活的影響

曆法是日常生活中必備的物品。琉球在接受中國冊封後，很快就使用中國的曆法。明朝時期的「大統曆」均為政府頒行，嚴禁私人編纂或者翻譯。1374年，琉球第二次遣使來華時，請求賜給曆法：「琉球貢使至京，必候十月朔頒曆攜返本國，及至，已逾半年。故國中設司曆通事豫為推算造曆應用，曆面書明：琉球國司曆官，謹奉教令選造通書，權行國中以候天朝頒賜官曆，共得凜遵一王正朔。」〔註22〕「自此將其新法印造撰日通書，而不用古法」。〔註23〕「大統曆」的實施使得琉球人農時生活與中國人相同，也使琉球在歷史紀年上有了統一的依據。

為了更好地掌握曆法，琉球也派人到中國專門學習曆法。《琉球國舊記》《球陽》都記載了琉球人到中國學習的經歷。現存的琉球漢文文獻中，尚存多種琉球曆書，如《大清乾隆二十七年選日通書》《推朔望法》《求節氣》《四行立成》《太陽均度立成》《太陰均度立成》《黃赤道差加減時分立成》等等，雖沒有留下作者姓名，但毫無疑問都是中國文化的結晶。

（六）留學生改變了琉球的文化

1392 年，中山王察度譴其從子三人到南京國子監讀書，開啟了琉球人來華留學的開端。此後至明末的二百五十年間，琉球先後共派遣來華留學生 14 次，人數更是多達 450 人。清時期來華的學生也有七、八次，人數合計有 234 人。

琉球選派到京師國子監學習的稱為「官生」。一般身份為王子或官宦子弟，在京的一切費用由中國政府負責。這些人進入國子監接受教育，入學之後完全享受中國官費的待遇，而且備受優待。國子監在明清兩代的五百多年裏，為中國培養了一大批文化精英，也為琉球輸送了高素質的政治人才。

除了「官生」外，自己主動來華學習的稱為「勤學」。其費用自理，以琉球讀書人居多，人數也比官生多。其中福建人的後裔，大部分都選擇去福州學藝。他們除了學習儒家經典外，還學習天文、地理、國畫、音樂、醫學等；還有當學徒學技藝的，如冶煉、鑄錢、燒瓷、造船、燒墨、採茶、製糖、製傘等。

五百年間，琉球的「官生」和「勤學生」，都為中華文化在琉球的傳播和

〔註22〕《福建通志》卷六十四外島琉球國。

〔註23〕鄭秉哲，《琉球國舊記》卷之四「曆」，《球陽》卷七、卷十五。

琉球融入中華文明的血脈做出了貢獻。其中以程順則和蔡溫的儒學貢獻最大。程順則回到琉球後，建起明倫堂，弘揚儒家文化。並制定了漢語課本，用漢語授課。這些課本還傳到了日本，對日本教學影響深廣。程順則還依據中國官制改進琉球官制，改進度量衡。蔡溫榮任琉球的三司官，畢生致力於琉球政治基礎的建立，被譽為該國的「古今獨步的大政之家」，傳世的著作有琉球三大國史之一的《中山世譜》，文集《瞻園全集》，還有《琉球國中山王府官制》《教條》《獨物語》等，他把儒家思想作為國家思想，作為施政綱領，奠定了儒學在琉球思想界的統治地位，使整個琉球成為一個以儒家孔孟思想、孝義為主導的社會。

（七）中國儒學在琉球傳播及影響

從明代初期琉球官生到中國學習時，學習內容就有四書、五經等儒家經典，他們回國後，自然把儒家思想帶回了琉球。到明代中後期，琉球開始從內地聘請有名望的儒學者到琉球授課。琉球學生要學習四書五經，還要學習《近思錄集解便蒙詳說》《千家詩》《古文真實》等儒家典籍。這使儒家思想在琉球得到進一步傳播。琉球原本沒有學校。福建「三十六姓」到琉球後，各家族在家中設立私塾，自己家族的孩子在一塊學習。天妃宮落成後，在此設立講堂。

1647 年，孔廟在那霸的久米落成，自此每年舉行春秋兩次祭奠，都由監國的國法司官主祭，祭奠的禮儀皆遵從於中國的各種規制。而象徵中國儒學教育的孔廟在琉球落成，標誌著琉球文化教育體制是以中國的教育為範式。

1718 年，程順則奏請中山王尚敬，要求設立「明倫堂」，以孔廟東西兩廡為校舍，招收王府及久米村子弟進學，聘請大儒及官生擔任講師，用漢語授課，並制定了漢文課本。「明倫堂」是依照中國教育之制而建造的，這樣中國式的官吏學校也在琉球出現。

1798 年，中山王尚溫下令設立「國學」和「鄉學」。1837 年，中山王尚育下諭，在首里國學旁建文廟。文廟兩廡皆蓄經書，多自福州購回。

來自各地的學子學習儒家文化，使琉球也出現了一些大儒，如明代的蔡堅，清代的金正春、程順則、蔡溫等人。程順則還任過世子尚純、世孫尚益的侍講。這樣在琉球形成尊聖人，重文教，按儒家思想治理的理念，使琉球「禮樂文章殆與中華無異」。到了蔡溫任三司官執政琉球時，琉球人「知言忠信、行篤敬，有彬彬鄒、魯之餘風焉」，琉球社會「佇見都邑之間，風醇俗美，戶誦家弦；臣與臣言忠、子與子言孝」，儒家思想裏的忠孝禮義信的景象在琉球已出現。

（八）漢字成為琉球的官方文字並書寫了琉球的歷史

琉球的兒童在「天妃宮」和「鄉學」接受儒家的初等教育，在「明倫堂」開始接受儒家思想和外交知識，再到琉球最高學府「國學」，最後選派優秀學生去京師國子監學習，這樣在琉球形成了一整套的儒家教育體系。在這種教育體制下，漢字成為琉球的官方文字，所有來往文書都用漢字書寫。

流傳至今的琉球重要歷史文獻《中山世譜》、《球陽》、《歷代寶案》等都用漢語寫作完成。成書於 1650 年的《中國世鑒》，用漢字及琉球語寫成，是琉球國第一部史書。《中國世鑒》在史實上存在著許多錯誤，1697 年，琉球又重修此史，由蔡鐸對《中山世鑒》進行漢譯、改訂，後世稱其為蔡鐸本《中山世譜》。1725 年，蔡溫又重訂該書，後世稱其為蔡溫本《中山世譜》。《中山世譜》用漢文寫成，是琉球的第二部國史。《中山世譜》後被收入到伊波普猷〔註 24〕等編纂的《琉球史料叢書》中，他在一些關鍵用詞上做了改動，如對序言所記：「特命按司向象賢始用『國字』，著中山世鑒一部」，竟將「國字」改為「番字」，其用心昭然若揭。

《球陽記事》簡稱《球陽》，是琉球國第三部官修編年史，漢文編撰，全書有本卷 22 卷、附卷 3 卷、外卷（遺老傳說）3 卷、附卷 1 卷。1743 年，唐通事鄭秉哲等奉尚敬王之命開始編纂，1745 年初步完成，後由從中國留學而歸的史官繼續編寫，直至 1876 年。其內容包括琉球王室系譜、國事、政治、經濟、宗教、社會、文化、天文星象以及自然災異等。

《歷代寶案》是琉球國首里王府委任久米村的華裔撰寫、保管的漢文外交文件，全書有 262 卷、目錄 4 卷及別集 4 卷，現存 242 卷、目錄 4 卷及別集 4 卷。此書將 1424 年至 1867 年間的外交文件，以漢字書寫，共分為三大冊。

〔註 24〕伊波普猷：著有《古琉球》，主張「日琉同祖論」，創立了「沖繩學」，所謂的「沖繩學之父」。沖繩學的代表人物有：東恩納寬惇（沖繩學先驅者）、真境名安興（沖繩學先驅）、宮城文（《八重山生活志》的作者）、佐喜真興英（法學史、法思想史）、新垣美登子（沖繩縣女性作家之代表人物）、金城朝永（語言學者）、金城芳子（記者、沖繩女性史）、宮良當壯（語言學者）、山之口貘（詩人）仲宗根政善（琉球方言學之父）、比嘉春潮（歷史學者）、仲原善忠（沖繩研究者）、服部四郎（語言學者）、外間守善（沖繩學研究所所長）、中本正智（語言學者）、名嘉真三成（語言學者）、高良倉吉（琉球大學教授）。

《琉球國由來記》是琉球國第二尚氏王朝時期編纂的第一部系統的漢文地方志，寫成於 1713 年。

另外，在日本及琉球現存著大量的漢文古籍。它們一方面是中琉五百年交流歷史的果實，也是中國文化在琉球的傳播及影響的有力見證。它們的存世對瞭解琉球國的歷史以及研究中國文化在琉球的傳播及影響，均有不容忽視的作用。

（九）琉球的詩歌深受中國詩歌的滋養與薰陶

琉球用漢文撰寫官方的正史、地方志等史書，用漢文教科書教授孩童等，展示著漢語在琉球的傳播與發展。在與中國交流的過程中，漢語在琉球的土壤中生根發芽，漢詩創作在琉球國的社會生活中也佔有相當重要的地位。

中國的冊封使抵達琉球後，會與當地文人互贈漢詩，以文會友。1687 年，孫鋐編錄進呈給皇上的《皇清詩選》收錄了琉球詩人創作的 69 首詩歌。1719 年，冊封副使徐葆光抵達琉球後，寫有《奉使琉球詩》。1800 年，趙文楷與李鼎元出使琉球，分別寫有《槎上存稿》《師竹齋集》。1808 年，齊鯤出使琉球，寫有《東瀛百詠》。1725 年，程順則收集了琉球王族、官員及久米村華裔的作品，其中包括程順則的《雪堂燕遊草》《雪堂紀榮詩》、曾益的《執圭堂詩抄》《新建至聖廟記》《關帝廟記》、蔡鐸的《觀光堂遊草》、徐葆光的《贈言》、陳元輔的《中山自了傳》、程摶萬的《焚餘稿》、周新命的《翠雲樓詩箋》等著作。程順則還編輯了琉球最早的漢詩文集《中山詩文集》，收錄了蔡鐸、程順則、曾益、王明佐、周新命、毛泰永、毛國珍、尚弘毅、尚純等人約 70 首漢詩。

琉球的詩歌創作深受中國古典詩歌的滋養與薰陶。無論是漢魏古風，還是晚近選體；也無論是李、杜，抑或王、韋，各種流派、各種風格，都能在琉球詩人的作品中找到蹤影。在琉球詩人的作品中還有著大量歌詠中國文物古蹟、山水景觀與歷史人物的內容，在謳歌這些對象時，琉球詩人表現出與中國詩人相同或相近的情調，充滿著對中國文化的認同感與歸屬感，所謂「一統車書際盛平，梯航萬里謁神京。高依日月叨培植，近傍宮牆荷化成」；〔註 25〕所謂「聖恩奕葉久彌綸，穆穆於今德日新。二百載來歌浩澤，九千里外漸仁深」，〔註 26〕字裏行間無不表現出附屬國臣民對上國的仰慕之情。即使在海上觀潮時，詩人

〔註 25〕《琉球詩錄》卷之一林世功《入學述懷》

〔註 26〕《東國興詩集・恭擬皇帝六旬萬壽賀詩四首》。

想到的也是「從來滄溟納浩蕩，眾瀆百流皆來歸。即今聖德被遐邇，螺車羽輪朝皇畿。奔鯨駭浪不復有，天光海鏡清漣漪」。〔註27〕他們把中國比作可以容納浩蕩之水的大海，把自己的國家及其他附屬國比作眾多的河流與小溪。

（十）風俗習慣的中國化

音樂是儒家教化的重要組成部分。儒家認為，音樂能感化人心，所以不僅列為「六藝」之一，而且把它與「禮」及「刑」、「政」等看作同樣重要的治國手段。琉球國本無音樂，「洪武間閩人抵國，制禮作樂，以教於國。從此之後，音樂洋洋乎盈耳哉不異中國云爾」，「本國音樂自三十六姓而始也已無疑矣」。〔註28〕據琉球史書《球陽》記載，琉球自明初通中國後，「始節音樂，制禮法」，其音樂頗受中國影響。閩人三十六姓到達琉球，把閩南民間戲曲也帶到琉球，除此之外，大明的冊封使還把宮廷雅樂帶到琉球。這樣中國音樂、書法、詩歌、繪畫雕刻等藝術開始在琉球傳播。

閩人還將中國的民間信仰帶到了琉球。主持修建國廟、天尊廟、天妃廟、龍王殿等祭祀國王祖先或神靈之所。《球陽》卷三：「太祖賜三十六姓而禮法咸興，則有國廟之設也。自舜天王而下，準即位者必奉安此廟：而春秋二仲以中華禮祭之，著為定規。」又卷二：「《天尊廟，昔閩人移居中山者創建廟祠，為國析福，天妃廟、龍王殿亦此時創建之」。〔註29〕

隨著中國和琉球兩國頻繁的接觸，流行於中國民間的各種風俗，也陸續的傳播到琉球。在琉球的那霸、久米及古米山島等三處先後建立了東南沿海人崇拜的護海神天后宮。在中國作為忠義象徵的關帝廟，也於1638年在中國冊封使汪楫、林麟焻的捐資下，於那霸的久米建成。

在城市布局上以中國為榜樣進行功能布局。有街上的牌坊，有城牆、有城門、有王宮、有官署等等。就是城牆也按中國的方式分外廓的城牆和內廓城牆。城門起名也極具中國特色。如首里城的城門叫「歡會門」，意思是歡迎中國皇帝的冊封使。還有「瑞泉門」、「廣福門」等典型的中國名稱。

在園林建築方面。琉球的王宮、天使館等重要建築，都是模仿中國的式樣而建，並採用了中國庭院的傳統布局，以中軸線為中心兩邊對稱布局。房屋、大殿的起脊、斗拱、廊柱等等都取自中國傳統建築。甚至連王宮的圍牆，都讓

〔註27〕《琉球詩錄》卷之二鄭學楷《海上觀潮歌》。

〔註28〕鄭秉哲等，《球陽》卷一。

〔註29〕鄭秉哲等，《球陽》卷二、卷三。

中國冊封使感到「略仿京城外牆園之制」。琉球的園林建築也受到中國的很大影響，從布局到造景，無論是園林建築還是假山流水乃至花木道路，都與中國園林如出一轍，就是景物的命名也是中國式的。

綜上所述，從 1372 年琉球成為中國的藩屬國，直至 1879 年被日本強行吞併為止，琉球總計赴中國從事朝賀、進貢、謝恩共計 773 次，表明中琉交往極為密切。在這五百多年的時間裏，朝貢制度奠定了琉球的政治文化基礎，其社會思想文化的方方面面都深受中國的薰陶及影響，除上述所列之外，琉球的許多農業、手工業、生產技術及其他工藝製造技術也都是從中國引進，包括吃穿、中醫、農耕、製糖、紡織、釀酒、造船、煙花制作、製瓷、造墨、冶銅、製茶等手工技術等，都先從中國學得，而後在本國應用、推廣和改進，對琉球人日常生活產生重大的影響，成為植根於琉球本土特色的中國地方文化。大量的中琉古籍也記載了這五百多年中琉交流的盛況，如欽定明史、大清會典、淵鑒類函、大清一統志、福建通志、太學錄、隋書、南史、唐書、宋史、元史、明實錄、明一統志、明會典、明陳侃嘉靖甲午使錄、高澄甲午操舟記、郭儒霖嘉靖辛酉使錄、蕭崇業萬曆己卯使錄、謝傑己卯使錄、撮要補遺、夏子陽萬曆丙午使錄、胡靖崇禎癸酉記錄、國朝張學禮使琉球記、中山紀略、汪楫冊封疏抄、中山沿革志、使琉球雜錄、海東吟稿、林麟焻竹枝詞、海寶使琉球詩、徐寶光中山傳信錄、使琉球詩、周煌琉球國志略、中山世纘圖、中山世鑑、中山世譜、琉陽、琉球國由來記、歷代寶案、中山詩彙集、指南廣義、杜氏通典、贏蟲錄、星槎勝覽、集事淵海、使職要務、廣輿記、鄭若曾日本圖編纂、朝野應載、寰宇記、池北偶談、職方外記、殊域周諮、渡海輿記等等。反觀日本對古琉球記載極少，更沒有古籍言之。日琉關係追溯至「推古」更是無稽之談，而所謂的「沖繩」也是新井白石在 1719 年《南島志》首次提出。日本對琉球的重視起始於明治維新後欲入侵吞併之時。現存的《中山世鑒》等琉球古籍，也是 1872 年前後派人到琉球所抄回；外務省檔案館更留存大量日本吞併琉球的檔案。筆者竊以為，現在學術界的所謂「兩屬」，是直接借用了日本的「研究用語」。「薩摩藩」是日本多「藩」之一；所謂的「兩屬」是沖繩學者們將「薩摩」等同「日本」的用語。這種現象也存在如「琉球處分」這樣的用語上，「處分」是中性詞語，弱化掩蓋了日本侵佔吞併琉球的史實。

附錄二　美國教唆菲律賓反對國民政府收回琉球

釣魚島全稱為「釣魚臺群島」，由釣魚島、黃尾嶼、赤尾嶼、南小島、北小島和大南小島、大北小島、飛瀨島等 8 個無人島礁組成，分散於北緯 25° 40´～26° 、東經 123° ～124° 34´之間，總面積約 6.344 平方公里。這些島嶼在地質構造上，與花瓶嶼、棉花嶼及彭佳嶼一樣，是臺灣北部近海的觀音山、大屯山等海岸山脈延伸入海後的突起部分，在歷史上作為中日航海指針被中國古籍所記載，本為中國臺灣島的附屬島嶼，與古「琉球」沒有任何的關係。資料已經確鑿證明，日本在明治新後，曾多次想建立國標佔有該群島，但迫於清政府的壓力而沒能實施。1895 年日本利用《馬關條約》，偷偷將該群島納入其領土範圍。而所謂的 1895 年 1 月 14 日內閣決議及 1896 年 4 月 1 日的敕令「13」號，都沒有明確提及「釣魚臺群島」。直到 1902 年，日本才以天皇敕令的形式將釣魚臺群島正式併入領土。而所謂的古賀家族的「租賃契約」，更是以後的事情。這些歷史史實都有力地證明，在 1945 年二戰結束以前，「釣魚臺群島」與「古琉球」沒有所謂的「所屬」關係。戰後，按照盟國的一系列宣言，日本領土將限於本士四島及其鄰近小島之內，此外原屬於日本之領土，其歸屬問題，盟國間已經協議，但有兩塊地區懸而未決，第一為小笠原群島，第二為琉球群島。而「琉球」本為中國藩屬國，1879 年被日本吞併。故「中華民國」政府積極主張收回琉球，但美國暗中教唆菲律賓政府提出反對，並以「臺灣自決」相抗衡，至使風雨飄搖的「中華民國」，連退而要求將中琉分界線劃在「釣魚臺列島」以外的想法，也沒有實現。這樣「釣魚臺群島」就被裹挾到「琉球群島」中，進而以「琉球」的一部分，最後被美國所託管。

一、二戰後期對日本領土疆域的界定與「琉球」及「釣魚臺群島」

1.《開羅宣言》為戰後「琉球」的劃定奠定最初的國際法依據

戰後日本疆域領土的劃定，最早的法理依據為 1943 年 12 月 1 日的《開羅宣言》。「宣言」由美國總統特別助理霍普金斯，根據美國總統羅斯福、英國首相丘吉爾和中國國民黨主席蔣介石三人會談的內容進行起草的，其中關於日本疆域問題中涉及到中國之部分，其擬初稿明確表示：「被日本人背信棄義地所竊取於中國之領土，例如滿洲和臺灣，應理所當然地歸還中華民國。」〔註 1〕

英國代表賈德幹爵士，在參加修改意見時，建議將草案中的「歸還中華民國」，修改為「當然必須由日本放棄」。中國代表王寵惠據理力爭，美國代表哈里曼附議中國之觀點，將宣言草案的文字表述為：「被日本所竊取於中國人之領土，特別是滿洲和臺灣，應歸還中華民國。」

丘吉爾本人，又對宣言草案文字作了進一步的修改，將文中的「特別是」改為「例如」，又在「滿洲和臺灣」兩個地名後，加上了「澎湖」。《開羅宣言》就這樣定了稿。為徵求斯大林的意見，《開羅宣言》並未簽字，開羅會議結束後，羅斯福、丘吉爾即刻前往德黑蘭，同斯大林會晤。

1943 年 11 月 30 日，丘吉爾就《開羅宣言》的內容，詢問斯大林的意見，斯大林回答稱他「完全」贊成「宣言及其全部內容」，並明確表示：這一決定是「正確的」，「朝鮮應該獨立，滿洲、臺灣和澎湖等島嶼應該回歸中國」。〔註 2〕

第二天，即 1943 年 12 月 1 日，《開羅宣言》由重慶、華盛頓、倫敦對外正式發表。其內容如下：

> 三國軍事方面人員關於今後對日作戰計劃，已獲得一致意見，我三大盟國決心以不鬆弛之壓力從海陸空各方面加諸殘暴之敵人，此項壓力已經在增長之中。我三大盟國此次進行戰爭之目的，在於制止及懲罰日本之侵略，三國決不為自己圖利，亦無拓展領土之意

〔註 1〕《美國對外關係文件》，FRUS1943，開羅和德黑蘭，美國威斯辛大學數位收藏，第 401 頁。

〔註 2〕《美國對外關係文件》，第 566 頁。

思。三國之宗旨，在剝奪日本自從一九一四年第一次世界大戰開始後在太平洋上所奪得或佔領之一切島嶼；在使日本所竊取於中國之領土，例如東北四省、臺灣、澎湖群島等，歸還中華民國；其他日本以武力或貪欲所攫取之土地，亦務將日本驅逐出境；我三大盟國稔知朝鮮人民所受之奴隸待遇，決定在相當時期，使朝鮮自由與獨立。根據以上所認定之各項目標，並與其他對日作戰之聯合國目標相一致，我三大盟國將堅忍進行其重大而長期之戰爭，以獲得日本之無條件投降。〔註3〕

雖然目前各方對《開羅宣言》還存有異議，但不可否認的是，戰後履行日本領土處理方式的《波茨坦宣言》，其國際法理依據即為此「宣言」。

此「宣言」中雖然沒有明確言及「琉球」及「釣魚臺群島」，但其所規定的「竊取於中國之領土」及「武力或貪欲所攫取之土地」之內容，成為戰後「被吞併的琉球」的處理，及海峽兩岸的「中國」，對被日本「偷偷竊取的釣魚臺群島」要求權力的最初法理基礎。

在開羅會議上，美國總統羅斯福曾多次向蔣介石提出，要把琉球交給中國。23 日，美國總統羅斯福在與蔣介石商量日本投降後的領土處理問題時，首次涉及到琉球問題。根據美國官方公佈的記錄，其內容如下：「總統（指羅斯福）……提及琉球群島問題並數次詢問中國是否要求該島。委員長（指將主席）答稱將同意與美國共同佔領琉球，並願將來在一個國際組織（即後來的聯合國）的託管制度下，與美國共同管理（該地）。」〔註4〕

復旦大學歷史系和斯坦福大學胡佛研究所合作的「宋子文檔案」系列新書《宋子文生平與資料文獻研究》中也記載，1943 年底開羅會議期間，羅斯福就琉球群島，對蔣介石說：「琉球係許多島嶼組成的弧形群島，日本當年是用不正當手段搶奪該群島的，也應予以剝奪。我考慮琉球在地理位置上離貴國很

〔註 3〕1943 年 12 月 3 日《新華日報》。開羅宣言原文收錄在美國國務院出版的美國條約彙編（參閱：charles i.bevans, treaty and other international agreements of the united states of america 1776-1949, vol.3, multilateral, 1931-1945, Washington, d.c.: us），日本國會圖書館已經影印保存，網頁上也有原件掃描檔。另外在日本外務省所彙編的「日本外交年表並主要文書」下卷也有官方譯文。

〔註 4〕轉引自丘宏達，《琉球問題研究》，《政大法學評論評論》，1970 年 6 月，第 2 頁。原文參見：Foreign Relations of the United States, Diplomatic Papers: The Conferences at Cairo and Tehran 1943, Washington, D.C.: Government Printing Office, 1961, p.324.

近，歷史上與貴國有很緊密的關係，貴國如想得到琉球群島，可以交給貴國管理。」〔註5〕

另外，在1946年顧維鈞發給國民政府外交部長王世杰的電報中，也曾回憶羅斯福有將琉球交還中國統治的意向：「回憶兩年前，羅斯福對鈞曾詢及我與琉球關係，並謂美無意參加代治，中國願意接受否。」〔註6〕

通過以上內容分析來看，羅斯福對「琉球」表態，表明美國在此時期（1943年），已經明確「琉球」不屬於日本，而有意將琉球交由中國治理。這也從另一角度說明，美國對歷史上中琉關係的密切有所瞭解，甚至承認中國在歷史上對琉球的「宗藩」關係，具有近代國家意義上的「主權」關係。

2.《波茨坦公告》明確規定日本的領土範圍

《波茨坦公告》是中、美、英三國在戰勝德國後，致力於戰勝日本，以及履行開羅宣言等對日本的處理方式的決定。它是1945年7月26日在波茨坦會議上，由美國總統杜魯門、國民政府主席蔣中正和英國首相丘吉爾，聯合發表的一份公告，其名稱為《中美英三國促令日本投降之波茨坦公告》，簡稱《波茨坦公告》或《波茨坦宣言》。

公告宣布：盟國對日作戰將繼續到日本完全停止抵抗為止，日本政府必須立即投降。公告還規定了盟國接受日本投降的條件，即剷除日本軍國主義；對日本領土進行佔領；實施開羅宣言之條件，解除日本軍隊的武裝，懲辦戰爭罪犯；禁止軍需工業等等。

「波茨坦公告」方的三國為「中、美、英」，與「開羅宣言」的「中、美、蘇」不同，這有著深刻的背景。當時法西斯德國已經投降，日軍在亞洲和太平洋戰場屢遭失敗。而美國的原子彈已經試爆成功。美方認為不借助蘇聯的力量，促使日本投降的條件已經具備。急切希望蘇聯對日作戰之情況，已經轉為擔心蘇聯對日參戰，將會影響其獨佔日本及在遠東的戰略地位。

「波茨坦公告」的發出，使日本政府十分恐慌。還沒有來得急回應之時，8月6日、9日，美國分別在廣島和長崎長投下原子彈；9日，蘇聯對日作戰。日本政府被迫於10日通過中立國瑞士，向中、美、英、蘇發出乞降照

〔註5〕《宋子文檔案揭秘：羅斯福提出「琉球群島歸還中國」》，《新民晚報》，2010年5月21日。

〔註6〕《紐約顧維鈞電》，《琉球問題資料》 臺灣中央研究院近代史研究所檔案館所藏，《外交部檔案》419／0008。

會。8 月 15 日，日本天皇發表接受《波茨坦公告》的停戰詔書，宣布無條件投降。

「波茨坦公告」第八條明確規定：「開羅宣言之條件必將實施，而日本之主權必將限於本州、北海道、九州、四國及吾人所決定其他小島之內。」〔註7〕此條明確規定了日本的主權領土範圍，但「吾人所決定其他之小島」，是一個模糊的概念。而這個模糊的概念中，是否包含「琉球」及「釣魚臺群島」，沒有明文規定。

3.「琉球」在盟軍指令明確日本的領土範圍之外

「波茨坦公告」雖然明確了戰後日本領土的範圍，但「吾人所決定其他之小島」內容尚不明確，故盟軍於 1946 年 1 月 29 日發布「關於非日本領域各島嶼分離之文件」，來確定「其他小島」之範圍，這份文件即是「對日本政府指令（SCAP-N-六七七）」，其內容如下：

> 一、茲指令日本帝國政府停止其行使與停止其企圖行使在日本以外地域之政治的與行政的權限，及在該地域內之政府官吏雇員以及其他人員等之政治的及行政的權限。
>
> 二、除盟軍總司令部准許之場合外，日本帝國政府不得同日本以外地域之政府官員雇員以及其他人員等通信，但經總部准許之航行通信氣象關係之日常業務不在此限。
>
> 三、本指令之目的在規定日本領有日本四個主要島嶼（北海道本州四國九州）及對馬島、北緯三十度以北琉球（南西）群島（口之島除外）約一千以內之鄰近群島。
>
> 下列各島不屬於日本。
>
> A. 鬱林島、竹島、濟州島。
>
> B. 北緯三十度以南之琉球（西南）群島（包括口之島）、伊豆、南方小笠原、火山（硫黃）群島及其他所有在太平洋之上島嶼（包括大東群島、沖鳥島、南鳥島、中之島）。
>
> C. 千島群島、哈火馬（？）（ハホマセ）群島（包括水晶、勇留、秋勇留、志發、多樂群島）、伊凡島（色凡島）
>
> 四、下列各地域應不屬於日本帝國政府之政治上及行政上之

〔註 7〕《波茨坦宣言英文原文與日文翻譯》，日本國立國會圖書館：http://www.ndl.go.jp/constitution/etc/j06.html

管轄。

A. 日本於一九一四年世界大戰開始接受委任統治或以任何名義奪取佔領之太平洋上之一切島嶼。

B. 東北四省（滿洲）臺灣及澎湖列島（ヘスカナール）。

C. 朝鮮。

D. 樺太。

五、關於日本之定義，除盟軍總部另有規定外，今後凡該部所頒發之訓令、指令、備忘錄等，均以本指令所定為標準。

六、本指令內諸記載不得認為係盟國間波茨坦宣言第八項所述關於各島最後規定之政策。

七、日本政府對本指令規定日本以外地域有關日本國內之政府機關應準備向本司令部提出報告。

八、關於上列第七項所述各機關之全部紀錄須加保存以備本部之檢查。〔註 8〕

該份指令除停止日本在本土及諸外佔領地的行政權外，主要明確規定了日本的領土範圍。此份文件中關於日本領土的規定，使原有的、被日本吞併的「琉球王國」被分解為兩個部分，即北緯三十度以北之琉球（西南）諸島屬日本（口之島除外），但北緯三十度以南之部分，並沒有明確的規定。這也就是說，在北緯 25° 40´～26° 之釣魚臺群島，不屬於日本領土，但具體屬於哪裏，沒有明確規定。

4、麥克阿瑟的指令再次明確「琉球」及「釣魚臺群島」不屬於日本

在盟軍指令下達幾天後，麥克阿瑟元帥在 1946 年 2 月 2 日再次下達指令，就「日本領土」再次進行明確，其具體內容如下：

一、日本領土限定於北海道、九州、四國、本州及附近之約一千個小島。

二、「南方」對馬及北緯三十度以北之琉球（西南）諸島屬日本，但「ケチノ（口之）」島除外。（ケチノ島疑係口永良部島）

除外之島嶼如下：

（甲）鬱林島、竹島、濟州島

〔註 8〕《日本疆域問題》，《明確指定日本疆界》，臺灣中央研究院近代史研究所檔案館所藏，《外交部檔案》073.3 / 0006。

（乙）北緯三十度以南之琉球諸島（包含口之島）伊豆、南方小笠原、火山群島及其他太平洋諸島（包含大東島群島、沖之島、南鳥島、中之島）。

三、「北方」除外諸島

（甲）千島諸島（約為北緯四十四度以北，東經百四十六度以東）、マボマイ群島（水晶島、勇留島、秋勇留島、オヒベツ、多樂島）及色丹島。

四、「東方」除外諸島

（甲）日本委任統治諸島。

（乙）日本戰時佔領之太平洋諸島（如南鳥島）。〔註 9〕

麥克阿瑟元帥的指令，全部內容就是規定與明確日本的領土範圍。與盟軍的「指令」有所不同的是，第四項「東方除外之諸島」中，規定為「日本委任統治諸島」及「日本戰時佔領之太平洋諸島」。由於這個指令沒有明確具體的時間概念，故似乎比「盟軍指令」的範圍更擴大些。

綜上內容分析來看，「開羅宣言」時期，中國本有要求收回「琉球」的時機和條件，但由於蔣介石在「琉球」問題上的曖昧，致使「開羅宣言」沒有公開提及「琉球」的歸屬，這為「琉球」未來的託管埋下了伏筆。「波茨坦公告」雖然規定了戰後日本的領土範圍，但沒有明確規定琉球將來的地位。筆者認為，此時期「琉球地位未定」，並不能影響到「釣魚臺群島」，因在歷史上即 1895 年以前，「釣魚臺群島」本為中國之島嶼。而「宣言」及盟軍指令中，已經明確將臺灣歸還「中華民國」，故其所附屬的「釣魚臺群島」，理應為中國領土。但由於「中華民國」交涉「琉球返還」的失敗，最終使「釣魚臺群島」莫名其妙地成為了「琉球」的領土而被美國託管。

二、民國爭取「琉球返還」及「釣魚島」劃界

1. 琉球歸屬問題浮出水面

前文曾多次提到，在開羅會議期間，羅斯福有將「琉球」交還中國的意向，並向中國代表蔣介石提出。根據以上記載分析，羅斯福似對中國與琉球歷史上的宗藩關係有所瞭解與承認，並認為戰後中國有權力要求歸還琉球，同時，似

〔註 9〕《日本領土》，《盟總指定日本疆界》，臺灣中央研究院近代史研究所檔案館所藏，《外交部檔案》073.3 / 0006。

乎也認為以蔣介石所代表的「中國」，在會議時可能會主張琉球應歸屬中國，但令人遺憾的是，蔣介石當時僅要求與美國共同管理琉球群島。

蔣介石究竟出於何種原因，筆者沒有深入的研究，推斷可能與「大西洋憲章」有關。此憲章中的「領土不擴大原則」以及「對國民意志的尊重」，可能是蔣介石沒有提出琉球領土要求的根本原因。

蔣介石早在抗日戰爭期間，就對琉球在中國國防上的重要性，有著深刻的認識：「以國防的需要而論，上述的完整山河系統，如有一個區域受異族的佔據，則全民族，全國家，即失其天然屏障。河、淮、江、漢之間，無一處可以作鞏固的邊防，所以琉球、臺灣、澎湖……無一處不是保衛民族生存的要塞。這些地方的割裂，即為中國國防的撤除。」〔註 10〕從此上述內容分析來看，蔣介石早就從地緣政治上認識到，琉球對中國國防的重要作用。

但琉球與臺灣在歷史上與「中國」的關係是不同的。臺灣在歷史上明確為中國之領土，而琉球雖與中國有著宗藩關係，但在 1879 年被日本吞併以前，名義上是獨立的「主權國家」。如果蔣在此時對琉球有領土要求，可能會引起以前曾是中國屬國的國家的疑懼，也會起其他國家的反感，故蔣介石要求與美國共同佔領琉球。這也表明他認為中國對於琉球應該享有相關權利。

1945 年 4 月，美軍開始進攻琉球本島，6 月美軍佔領了整個琉球。8 月 15 日，美軍以琉球知識分子為核心組成了「沖繩諮詢會」，來負責琉球本島的民生工作。這表明日本投降之時，美軍已經完全接收了琉球。

1946 年 1 月 29 日，盟軍發布對日政府指令，規定日本領土為四個主要島嶼（北海道、本州、四國、九州）及對馬島北緯三十度以北之琉球群島（口之島除外）約一千個小島。根據該指令，北緯三十度以南之琉球，已經不再屬於日本。故琉球的歸屬問題再次浮出水面。

美國對琉球的未來也曾一度考慮。1946 年 4 月 16 日，麥唐納爵士在下院主張琉球是中國領土，中國應該收回琉球。〔註 11〕另外「當時美國若干官方人員認為，如果琉球群島轉移主權，應當交予中國或將該群島交聯合國委託管理，而中國單獨執掌行政事宜，則美國亦將同意。」〔註 12〕

〔註 10〕《中國之命運》，正中書局，1953 年，第 6～7 頁。

〔註 11〕《倫敦電報》，《琉球人對琉球歸之態度》，臺灣中央研究院近代史研究所檔案館所藏，《外交部檔案》419 / 0002。

〔註 12〕《琉球群島及其他自日本劃出島嶼處置問題》，《盟總指定日本疆界》，臺灣中央研究院近代史研究所檔案館所藏，《外交部檔案》073.3 / 0006。

以上美國方面於琉球歸屬上的表態，表明在琉球歸屬問題浮出水面後，美國有一部分以歷史上琉球與中國的關係為根據，支持中國收回琉球。這也是當時中國內部收回琉球論一時沸起之外部因素。

2.「中華民國」政府欲意收回琉球

而此時「中國朝野幾乎一致的主張要收回琉球，用的字眼為『歸還』。理由大概是：『琉球不論在歷史上，地理上，都應該是中國的。』」〔註13〕另外，「中華民國」政府也有利用「琉球革命同志會」等琉球內部的組織，「掌握琉球政權，冀於將來和會時，琉民能以投票方式歸我統治，或由琉球地方政府自內向外保持我在太平洋之鎖鑰。」〔註14〕

當時「中華民國」政府積極開始相關活動，密電駐琉紅十字會代表團收集相關資料（1946年11月26日）：「我國收回該群島領土主權之一切資料，似可密飭就地搜集，分電呈報國防部。」〔註15〕

在國內，1947年1月30日，長春縣參議院通過琉球應歸屬中國之決議案，並致電給國民政府主席蔣中正，請求政府早日收回琉球。

中央政府受此影響，策動「琉球同志會」，在1948年9月8日，向各省參議會發電，發起了全國各地自下而上的收回琉球運動。其電報內容如下：

> 全國各省市參議會公鑒：琉球為中國屬地，琉球人民即中國人民。琉球與中國，息息相關。自明萬曆三十七年日寇第一次侵琉以來，三百餘年間，琉球同胞，時受日寇凌辱，痛恨日寇，深入骨髓，誠欲食其肉而寢其皮。不幸至清光緒五年竟淪為日本郡縣，七十餘年間，琉球同胞日處水深火熱中，過著奴隸不如之生活，文字被滅，姓名被改，然而民族正氣長存，革命精神永固，琉球革命志士無時不與日寇作殊死鬥，以圖反抗強暴，復興民族，殺身成仁，前仆後繼，英烈史實，可以驚天地而泣鬼神。惟以祖國海洋遙隔，呼籲無門，僅有翹首雲天，呑聲飲泣而已。八年抗戰，日寇敗降，全琉人

〔註13〕《論琉球歸屬問題》，《琉球問題資料》，臺灣中央研究院近代史研究所檔案館所藏，《外交部檔案》419／0009。

〔註14〕《中央執行委員會秘書處給王部長世傑之電報》，《琉琉問題》，臺灣中央研究院近代史研究所檔案館所藏，《外交部檔案》419／0005。

〔註15〕《為電轉紅十字會日本代表團來函請轉知物資供應局沖繩島儲整處由》，《琉球問題資料》，臺灣中央研究院近代史研究所檔案館所藏，《外交部檔案》419／0008。

民，不分男女老幼，無不慶幸今後可以撥雲霧而見天日，重返祖國懷抱，呼吸自由空氣，享受幸福生活。茲者對日和會尚無確期，琉球歸屬問題，亦尚乏明顯決定，謹此簽請全國父母兄弟諸姑姊妹，深切注意：琉球與中國有千餘年關係，情同父子骨肉，琉球同胞歸還祖國之願望，誓必促其實現，絕不容任何人來分離；且從國防地理上說，琉球與祖國，更應成為一體，祖國無琉球，海防將遭威脅，琉球無祖國，民族將不能生存，琉球之應歸屬中國，於情於理，毫無疑義。全琉同胞，誓必繼續努力，爭取民族自由解放，敬乞全國同胞益加重視琉球問題，惠賜聲援與協辦，中琉同胞密切聯繫，共同努力，俾能早日達成歸還祖國之最後目標，國家甚幸民族甚幸。琉球革命同志會敬叩。〔註 16〕

在「琉球同志會」的呼籲下，其他各省市議會也陸續發電給國民政府，要求政府收回琉球。同年 12 月 31 日，永春縣參議會一致通過收回琉球之決議案。1948 年 1 月 14 日，北平市參議員將決議案，代電給南京政府外交部長王世杰，表示中央政府應表明收回琉球之意志。1948 年 1 月 21 日，崇安縣參議院發電；22 日，河北省臨時參議會；29 日，熱河省臨時參議會；2 月 5 日，湖南省參議會；24 日，江西省參議會；3 月 1 日，福建省汀縣參議會等，都通過琉球應予歸還中國的決議案，並將其公文寄給國民政府外交部，籲請盡快使琉球歸屬中國。〔註 17〕

雖然「中華民國」政府主張收回琉球，但對外卻沒有發布任何正式聲明。只是經由內部媒體積極表明中央政府對琉球的見解。而官方的正式表態，則是在 1947 年 10 月 18 日。當時行政院院長張群參加國民參政會駐會委員會第七次會議，提到琉球關係時，他表示：「琉球群島與我國關係特殊，應該歸還我國。」〔註 18〕這是國民黨政府要員首次明確表示對琉球領土態度。

如前所述，當戰後琉球歸屬問題再次浮出水面時，中國各地方政府似乎一致希冀琉球的歸還，當時的「中華民國」政府也為收回琉球，進行各種活動，探討琉球歸屬中國的可行性。同時，也密令外交部當局調查同盟各國對於琉球

〔註 16〕《快郵代電》，《簽請收回琉球》臺灣中央研究院近代史研究所檔案館所藏，《外交部檔案》019.12／0018。

〔註 17〕《琉球問題》，臺灣中央研究院近代史研究所檔案館所藏，《外交部檔案》419／0005。

〔註 18〕《琉球》行政院新聞局，1947 年，第 1 頁。

歸屬問題的想法，並就琉球回歸中國進行具體的研究分析。另外有相當多的檔案資料證明，當時國民黨意欲收回琉球之時，還就琉球的領土劃界問題及歸屬問題進行具體的研究。

3.「琉球」與中國劃界中涉及到「釣魚臺群島」

不管中國是否收回琉球，都必須先就「琉球」本身的範圍進行界定。當時的「中華民國」政府積極就此進行研究，提出自己的見解。

首先就「琉球」的區域範圍，見於國民政府外交檔案中的《琉球群島及其他自日本劃出島嶼處置問題》，這份文件用紙上注有「國防部第二廳」，故推斷可能為國防部所提出。它對戰後「琉球領土」的界定分為「琉球本部及其所屬島嶼」：

（一）琉球群島本部原分為北中南三部，中部為沖繩群島（包括伊平屋諸島及慶良間群島）；南部為先島群島（宮古群島、八重山諸島、尖閣諸島位於東經一百二十三度至一百二十四度及二十五度三十分至二十六度間及赤尾嶼位於東經一百二十四度至一百二十五度北緯二十五度三十分至二十六度之間）；在日本佔領時代合稱沖繩縣北部諸島，可分為種子諸島、吐噶喇列島、奄美群島三部，過去均屬於九州之鹿兒島管轄。盟軍總部指令脫離日本之琉球群島範圍係在北緯三十度以南包括口之島在內即為琉球原有之區域。

（二）琉球所屬東南之大東群島（北大東島南大東島及沖大東島）距琉球約二百海里，為琉球之前衛，在行政系統上原屬琉球島（尻）郡管轄，故仍應屬琉範圍。〔註19〕

值得注意的是，儘管此文件將「釣魚臺群島」放在琉球領土範圍內，但卻將其經緯度細緻地標寫出來。

其次就琉球與中國的劃界問題，「中華民國」駐日代表團曾在《關於解決琉球問題之意見》，提出琉球與中國的劃界問題。此問題包括兩個部分：第一為琉球與日本之劃界問題；第二為琉球與中國之劃界問題，此部分涉及到「釣魚臺群島」。其內容如下：

（甲）本問題之焦點在於八重山列島及宮古列島是否應劃入琉球之

〔註19〕《琉球群島及其他自日本劃出島嶼處置問題》，《盟總指定日本疆界》，臺灣中央研究院近代史研究所檔案館所藏，《外交部檔案》073.3 / 0006。

範圍。對於此問題，我方似可提出如下之意見；此二島昔當1878至1880年間中日交涉琉球問題時，日方因美總統格蘭特調停，曾建議將此二島割讓中國，因此二島位於琉球群島南部與中國領土相接近，規我國似可，根據此點要求將此二島劃歸我領土。

（乙）如八重山及宮古二列島未能劃歸於我，則尖閣諸島（位於東經一百二十三度至一百二十四度及北緯二十五度至二十八度之間）及赤尾嶼（位於東經一百二十四度至一百二十五度及北緯二十五度至二十八度之間）二地之劃歸問題似亦值得注意談。二地琉球史上未見記載，日本詳細地圖（如昭和十二年一月十日訂正發行之最近調查大日本分縣地圖並地名）雖亦載有該二地，然琉球地名表中並未將其列入且該地距臺灣甚近。目下雖劃入盟軍琉球佔領區，但究能否即認為屬於琉球，不無疑問。〔註20〕

從以上內容分析來看，「中華民國」政府對琉球的劃界，基本上是按照盟軍指令，但就中琉之界線，則有不同的考量。

要求「八重山列島」及「宮古列島」歸於中國，即是將中國與「琉球」的界線由歷史上的「黑水溝」，推到八重山宮古，而此種劃分要求的法理根據，是1880年時日本曾表達願意將此二列島劃給中國。另外，當時駐琉美軍以沖繩本島為主要統治區，位於琉球群島南部的宮古諸島及八重山諸島，尚未處於美軍的統治之下。

而值得我們特別重視的是，「中華民國」政府確定在上述要求不能達到之時，又退而要求將「釣魚列島」「赤尾嶼」劃歸給中國，也就是欲將「釣魚臺群島」作為中琉的邊界中方的一部，理由是「二地琉球史上未見記載」、「該地距臺灣甚近」等。從其理由來看，當時的「中華民國」政府，似乎對歷史上中琉以「黑水溝」作為邊界的事實並不清楚，另外，對日本偷偷竊取「釣魚臺群島」的歷史更不瞭解，雖認為琉球歷史上沒有相關記載，但是否為中國領土，有疑問，也不敢確定，故不能理直氣壯地將原本為中國領土的「釣魚臺群島」索回！

〔註20〕《關於解決琉球問題之意見》，臺灣中央研究院近代史研究所檔案館所藏，《外交部檔案》419／0009。

三、美國教唆菲律賓反對國民政府收回琉球

「中華民國」政府雖積極謀劃收回琉球，但基本上都是以民間議會的形式。由政府出面主張收回琉球，只有行政院張群院長在國民參政會時提及。張群此言並不是專門就琉球歸屬進行的，只是提出自己的見解，儘管這樣，國外馬上出現不同的聲音。

1947 年 11 月 15 日，「益世報」報導：「對我收回琉球要求，美認係『討價手段』，竟主張理論琉球歸日。」同一天的「東南日報」也同樣地報導「我要求收回琉球，美竟視為討價手段，認我在和會中可能讓步。」〔註 21〕

就連當時的戰敗國日本，也在 1947 年 11 月，以備忘錄的形式，向盟軍總部提出：「未來日本有機會要求收回琉球。」〔註 22〕筆者沒有查閱到此份文件的原檔，但記載出於「中華民國」外交部的文書，故推斷可能是日本政府，得到張群院長對琉球的發言之消息後，馬上向盟軍司令部表達自己對琉球未來的想法。而明確提出反對國民政府收回琉球的，則是菲律賓。

1947 年 11 月 3 日，《馬尼拉公報》第一版上登載記者 Rolph.G.Hawkins 的報導，稱「由菲律賓外交部職員方面探悉，菲律賓政府將反對中國收回琉球群島，菲外部人員並已準備採取步驟，在對日和會中提出反對，並在聯合國中表明其立場，蓋琉球之特殊地位足以影響菲律賓之安全，故菲律賓政府主張，如美國放棄琉球，則菲律賓將提議將該島交聯合國託管。又關於臺灣問題，則菲律賓政府主張民族自決云。」〔註 23〕

從此篇報導的內容分析來看，似乎是菲律賓政府反對「中華民國」收回琉球，但蹊蹺難解的是，此項報導揭出當日下午，菲律賓外長發表書面聲明，否認其事：「謂菲外部人員未發表此項聲明，亦未採取任何步驟，以反對中國之要求。」〔註 24〕

菲外長的「書面聲明」明確顯示，菲律賓方面似無反對「中華民國」收回琉球，但次日《馬尼拉公報》再次發表社論，「強調反對中國收回琉球，並主

〔註 21〕《琉球問題剪報》，臺灣中央研究院近代史研究所檔案館所藏，《外交部檔案》019.1／0020。

〔註 22〕《日本對琉球活動情形》，《簽請收回琉球》臺灣中央研究院近代史研究所檔案館所藏，《外交部檔案》019.12／0019。

〔註 23〕《菲政府反對中國收回琉球之內幕》，《琉球問題資料》，臺灣中央研究院近代史研究所檔案館所藏，《外交部檔案》419／0008。

〔註 24〕《菲政府反對中國收回琉球之內幕》。

張臺灣民族自決，略謂菲外部之動議，似係繼籍中國行政院長張群最近發表收回琉球之主張而來，中國之理由不外該島在歷史上曾受中國一度之統治而已，張院長之聲明乃係用以試探國際政治輿情之動向者。琉球在經濟上，並無價值，惟在軍事上則價值殊大。此次戰事，已經證實美軍在該島犧牲流血，為數甚巨，戰後建設耗費亦多，為是，蓋朝鮮之民族自決，已成為世界問題，臺灣人民或許願受中國統治，不過在國際會議中，應給臺灣人民以表示其意志之機會耳。」〔註 25〕

不但菲律賓方面，日本方面也於當時「發表收回琉球及共管臺灣之謬論」〔註 26〕。此消息記錄於臺灣中央研究院所收藏的外交部檔案《日本對琉球活動情形》中。筆者沒有查到更詳細的相關資料，但連日本都提出「共管臺灣」之言論，可推想這不太可能是出自日本政府的主張，而最好的隱形提議者，就是實際佔領琉球的美國。

而此推斷更由菲方報紙的主辦人得到證明。《馬尼拉公報》敢於與菲外交部相抗衡，自有其深刻之背景，即它是旅菲美國人所創辦。而報導之記者 Hawkins 的消息來源，是奉命研究對日和會菲方主張的菲外交部職員普羅帕度（Generoso Prorido）。

該人曾就此問題提出相關報告，內容屬秘密檔，沒有公開發表，但其在私人談話時曾有所流露。對於琉球問題，其主張交聯合國託管，認為「謹將歷史上該島曾受中國管轄，似不充分，若謂琉球為中國之屏藩，則該島亦係菲律賓之屏藩，以軍事而論，互有唇亡齒寒之感，故應以歸聯合國託管為是。」〔註 27〕

由於 Prorido 的言論早於張群發表談話之前，而其內容與《馬尼拉公報》又大致相同，故國民黨政府對未來菲律賓在琉球問題上的主張，持懷疑態度，也認為這可能出自美國的授意。

那麼美國為什麼不再願意將琉球交還給中國？筆者認為可能是出自以下幾個原因：

首先、戰後不久，同盟國各國尚未抹掉日本侵略之記憶，因此各國認為為阻止日本再侵犯，在日本附近需要軍事據點，美國國防部基於各國之意見，強

〔註 25〕《菲政府反對中國收回琉球之內幕》。

〔註 26〕《日本對琉球活動情形》，《簽請收回琉球》臺灣中央研究院近代史研究所檔案館所藏，《外交部檔案》010.12 / 0019

〔註 27〕《日本對琉球活動情形》。

硬主張美國不得放棄琉球群島。

其次、駐琉美軍在沖繩本島逐步建設軍事設施，逐漸擴大其規模，琉球已經逐漸變成為美軍在東亞的主要軍事基地。

第三、戰後美國雖單獨佔領了日本，但將日本改造為符合美國在亞洲和遠東戰略需要的附屬國，需要一段時間，故強大的軍事基地存在，可起著威懾作用。

第四、在冷戰格局下，蘇聯及中國與美國是敵對的，而琉球軍事基礎是美國形成對中國戰略包圍及對亞洲軍事威懾的基礎與保障。

第五、1945 年 9 月，美軍登陸韓國，朝鮮半島問題的羈絆，使美國意識到必須保有琉球的軍事基礎。

第六、國民黨政府在當時國內內戰吃緊，美國無法預知其未來，恐其自身難保殃及琉球。

基於以上幾點，儘管當時美國政府內沒有對琉球群島一致的政策，但駐琉美軍在沖繩本島逐步地建設軍事設施，逐漸擴大其規模，琉球變成為美軍在東亞的主要軍事據點與前沿陣地。而國民黨在大陸節節敗退，美國自不放心將「琉球」交還給「中華民國」。

四、風雨飄搖的「中華民國」政府態度的轉變

美國在挑唆菲律賓政府，以「臺灣民族自決」為利器，阻斷「中華民國」政府收回琉球的同時，又向國民政府的外交部門進行施壓。在外交部呈交給政府主席蔣中正及行政院長張群的《關於處置琉球群島之意見》中，言：「至於琉球群島，美對之亦甚注意，（近日）曾一再向我探詢態度。」〔註 28〕

另外，顧維均也向外交部發電表示：「兩年各方面情形已變，但美亦不贊成蘇聯染指。為中美計，最好改為聯合國託地，於若干年內助其獨立。但為應付蘇聯，請先由我根據歷史地理關係，要求為代治國，如蘇聯反對，改為中美代治，再不能同意，則最後先為聯合國直接代治，以圖根本打消蘇聯野心。但此層須先與美方密商，彼此諒解後，由我提出書面意見為妥。」〔註 29〕

根據這些資料分析來看，美國在戰後完全掌握了琉球歸屬問題的主導權，

〔註 28〕《關於處置琉球群島之意見（附琉球問題節略）》，《關於處理琉球群島之意見》，臺灣中央研究院近代史研究所檔案館所藏，《外交部檔案》419／0011。

〔註 29〕《紐約顧維鈞電》，《琉球問題資料》，臺灣中央研究院近代史研究所檔案館所藏，《外交部檔案》419／0008。

是唯一能夠決定琉球將來地位的國家。特別是在蘇聯與美國形成冷戰的態勢下，蘇聯可能有拿一些問題制衡美國。〔註 30〕在此情況下，作為美國盟友的「中華民國」，肯定無法忽視美國對琉球歸屬問題之意見。

根據王海濱在《琉球名稱的演變與沖繩問題的產生》中的研究，當時美國政府內部，對琉球未來的歸屬，沒有取得一致的意見，美國國務院和國防部的存在著嚴重的分歧，故對琉球的未來地位，沒有最後確定，但美國政府此時已經決定，在處理琉球地位的過程中，排除中國的影響。〔註 31〕

1948 年 4 月 24 日，「新民報」報導「我收回琉球議案，美國務院不評論。」〔註 32〕美國的相關資料筆者沒有查到，但單從此報導來看，表明美國政府不再願意承認「中華民國」政府對琉球有正當要求，故也可反證當時美國政府，已開始阻止中國收回琉球，並企圖單獨佔領琉球。

而此時期國民黨政府正處於風雨飄搖內戰吃緊之際，更需以美國為首的西方國家的支持，自不敢輕視美國之意見。同時，自身難保的「中華民國」政府，也認為目前討論「琉球的復歸」可能性也不存在，故當時國民黨政府外交部門，經反覆研究，以聯合國憲章為法理依據，尊重民族自決之精神為前提，以聯合國憲章中的國際託管制度，探討能否以「託管制度」來統治琉球群島。〔註 33〕為未來能夠有機會收回琉球創造條件。這樣即平息國內要求解決琉球問題之呼吁，同時也避免與其他國家的矛盾，特別是與琉球實際佔領國美國之間的暗鬥。

1948 年 3 月，「中華民國」政府外交部向行政院院長張群提交了《關於琉球問題審議結論摘要》，建議政府以單獨託管為主。其內容如下：

關於琉球問題之解決辦法，是資我國考慮之主張不外以下數端：

〔註 30〕蘇聯似意欲就地中海及太平洋取得託管治協定，曾投反對票，並聲明根據該項協定而成立託治理事會，為違反憲章，似存心力爭，意圖要挾，俾於將來處理美國屬地及日本太平洋島嶼時，堅持其要求作為取消反對之交換條件。參見：《紐約顧維鈞電》，《琉球問題資料》，臺灣中央研究院近代史研究所檔案館所藏，《外交部檔案》419 / 0008。

〔註 31〕王海濱，《琉球名稱的演變與沖繩問題的產生》，《日本學刊》，2006 年第二期，第 29～41 頁。

〔註 32〕《琉球問題剪報》，臺灣中央研究院近代史研究所檔案館所藏，《外交部檔案》019.1 / 0020。

〔註 33〕《籲請收回琉球》，臺灣中央研究院近代史研究所檔案館所藏，《外交部檔案》019.12 / 0019。

甲、歸還我國或交我託管

程序、一、我與美先行協商，先要求歸還，次主張由中國託管。因美已託管日前委任統治地，且可能託管小笠原、硫黃諸島，如再要求琉球託管，易遭反對，好似不能獲同意則可考慮准美國在琉球若干據點於一定期間內，建立軍事基地。

二、由對日和會決議琉球交中國託管。

三、中國提出託管琉球之協定草案提請聯合國核准。

乙、中美共同託管

丙、美國託管

丁、琉球為聯合國保護下之自由領土

辦法：一、盟國及日本承認琉球為自由區，並由聯合國安全理事會保證該區之完整及獨立。

二、自由區之總督或行政長官，由安全理事會任命之，總督人選且必須獲及中國之同意，總督不能為日人或自由區之公民，總督任期五年不能連任，薪津津貼由聯合國負擔。

三、自由區應絕對保持中立化，及非軍事化之原則，除及（沒）安全理事會訓令外，不准駐有武裝軍隊。

四、自由區不准有軍事組織或與任何國家訂立或商議任何軍事協定。

五、詳細辦法規定可比照脫里斯自由區議定。〔註 34〕

從「摘要」內容分析來看，「中華民國」外交部參照聯合國託管制度的相關規定，認為有四種辦法，但其重點是探討由中國單獨託管琉球的可行性。其內涵為若聯合國承認中國以託管制度管理琉球，即是中國能夠以間接方式收回琉球，將來可以享有對琉球的領土主權，且可以在未來以合法程序，由美國移交琉球管轄權。

另外，外交部門也將最後的研究報告，上報給蔣介石及行政院長張群：

經本部慎重研究，琉球與我止於朝貢關係，種族、文化，亦非

〔註 34〕《關於琉球問題審議結論摘要》，《琉球問題資料》，臺灣中央研究院近代史研究所檔案館所藏，《外交部檔案》419／0009。

> 相同，況盟國在戰時曾有不為自身擴張領土之宣言。我如要求歸併琉球，理由似尚欠充分。惟琉球隸我藩屬，歷有年所，過去日本強行吞併，我國迄未承認，且地處我東海外圍，密近臺灣，國防形勢，頗為重要，我似可主張由我託管，以扶植琉民之自治與獨立，必要時並可將其中大琉球一島，供給美方作為軍事基地，共同使用，此似可作為我對琉球之第一號辦法。
>
> 另有考慮者，琉球地瘠民貧，經濟上本難自足，我國今日實力未充，保衛及治理或恐難期周到，且美軍在攻佔琉球時，犧牲重大，近並建有永久性軍事設備，甚有作為該國在西太平洋基地之趨勢，我如不擬獨負託管責任，或美方不能同意由我託管琉球，此似可作為我對琉球之第二步辦法。〔註 35〕

從外交部提交給蔣介石的報告中可以看出，當時的「中華民國」政府，已經向美國妥協，認為要求收回琉球的「理由似尚欠充分」，不再要求收回琉球，而是要求成為託管國，以扶持「自治與獨立」，但也做出最後放棄之考慮，即是「我如不擬獨負託管責任，或美方不能同意由我託管琉球，此似可作為我對琉球之第二步辦法。」這就是說，當時「中華民國政府」內部，已經懷有最終由美國託管琉球的準備。

隨著國民黨敗退到臺灣，1950 至 1951 年美國對日和約時，「中華民國」政府沒有作為，任由美國處理琉球問題。

美國於 1950 年 10 月 20 日由國務院顧問杜勒斯向駐美大使顧維鈞提出對日和約七項原則節略，其中就琉球地位一節規定為：「同意將琉球及小笠原群島交由聯合國託管，以美國為治理國。」〔註 36〕後又於次年 3 月 28 日向顧維鈞提交對日和約初稿時，在第四條中將「琉球」未來改由美國自行決定是否要交「託管」:「美國得向聯合國建議，將……琉球群島……置於託管制度之下，並以美國為其管理當局。在提出此項建議並就此項建議，美國有權對此等島嶼之領土暨其居民，包括此等島嶼之領水，行使一切行政、立法及管轄之權力。」〔註 37〕而對於美國單獨對琉球的決定，「中華民國」政府表示「完

〔註 35〕《關於處置琉球群島之意見（附琉球問題節略）》，《關於處理琉球群島之意見》，臺灣中央研究院近代史研究所檔案館所藏，《外交部檔案》419／0011。

〔註 36〕《金山和約與中日和約的關係》，《中日外交史料叢編》（一八），中華民國外交問題研究會，1966 年，第 10 頁

〔註 37〕《金山和約與中日和約的關係》，第 15 頁。

全予以贊同」〔註 38〕。

綜上所述，在開羅會議期間，琉球歸屬第一次浮出水面，但由於蔣介石的失誤，致使在開羅宣言中琉球未來回歸「中國」的定位。二戰結束以後，「中華民國」政府也曾積極地主張收回琉球，這其中就包括了「釣魚臺群島」，更在中琉劃界問題上，提出以「釣魚臺群島」作為中國與琉球之中方邊界，但由於美國教唆菲律賓政府提出反對，並以「臺灣自決」相抗衡，至使風雨飄搖的「中華民國」，連退而要求將中琉分界線劃在「釣魚臺列島」以外的想法，也沒有實現。這樣「釣魚臺群島」就被裹挾到「琉球群島」中，進而以「琉球」的一部分，最後被美國所託管。美國擔心「中華民國」政府自身難保，更怕蘇聯染指琉球，更提出日本對「琉球」有「剩餘主權」，這為日後將琉球交給日本埋下伏筆，更為「釣魚臺」之爭種下了隱患之種。

〔註 38〕《金山和約與中日和約的關係》，第 32 頁。